U0631006

陇上学人文存

辛安亭　卷

辛安亭 著　卫春回 编选

甘肃人民出版社

图书在版编目（ＣＩＰ）数据

陇上学人文存. 辛安亭卷 / 范鹏，马廷旭总主编；
辛安亭著；卫春回编选. -- 兰州 ：甘肃人民出版社，
2022.12（2024.1重印）
ISBN 978-7-226-05893-0

Ⅰ．①陇… Ⅱ．①范… ②马… ③辛… ④卫… Ⅲ.
①社会科学－文集 Ⅳ．①C53

中国版本图书馆CIP数据核字(2022)第224265号

责任编辑：李依璇
封面设计：王林强

陇上学人文存·辛安亭卷
范鹏 马廷旭 总主编
辛安亭 著 卫春回 编选
甘肃人民出版社出版发行
（730030 兰州市读者大道 568 号）
德富泰（唐山）印务有限公司印刷
开本 890 毫米×1240 毫米 1/32 印张 11.625 插页 7 字数 293 千
2022 年 12 月第 1 版 2024 年 1 月第 2 次印刷
印数：1001～3000
ISBN 978-7-226-05893-0 定价：60.00 元
（图书若有破损、缺页可随时与印厂联系）

《陇上学人文存》第五辑

编辑委员会

名誉主任：林　铎
主　　任：梁言顺　夏红民
副 主 任：张建昌　范　鹏　彭鸿嘉
委　　员：管钰年　王福生　朱智文　安文华
　　　　　马廷旭　王俊莲　张亚杰　李树军

学术指导委员会

王希隆　王肃元　王洲塔　王晓兴　王嘉毅
傅德印　伏俊琏　李朝东　陈晓龙　张先堂
郝树声　贾东海　高新才　董汉河　程金城

总 主 编：范　鹏　王福生
副总主编：马廷旭

《陇上学人文存》第八辑

编辑委员会

总　序

陇者甘肃，历史悠久，文化醇厚。陇上学人，或生于斯长于斯的本地学者，或外来而其学术成就多产于甘肃者。学人是学术活动的主体，就《陇上学人文存》（以下简称《文存》）的选编范围而言，我们这里所说的学术主要指人文社会科学研究。《文存》精选中华人民共和国成立以来，甘肃人文社会科学领域成就卓著的专家学者的代表性著作，每人辑为一卷，或标时代之识，或为学问之精，或开风气之先，或补学科之白，均编者以为足以存当代而传后世之作。《文存》力求以此丛集荟萃的方式，全面立体地展示新中国为甘肃学术文化发展提供的良好环境和陇上学人不负新时代期望而为我国人文社会科学事业做出的新贡献，也力求呈现陇上学人所接续的先秦以来颇具地域特色的学根文脉。

陇原乃中华文明发祥地之一，人文学脉悠远隆盛，纯朴百姓崇文达理，文化氛围日渐浓厚，学术土壤积久而沃，在科学文化特别是人文学术领域的探索可远溯至伏羲时代，大地湾文化遗存、举世无双的甘肃彩陶、陇东早期周文化对农耕文明的贡献、秦先祖扫六合以统一中国，奠定了甘肃在中国文化史上始源性和奠基性的重要地位；汉唐盛世，甘肃作为中西交通的要道，内承中华主体文化熏陶，外接经中亚而来的异域文明，风云际会，相摩相荡，得天独厚而人才辈出，学术思想繁荣发达，为中华文明做出了重要贡献。

近代以来，甘肃相对于逐渐开放的东南沿海而言成为偏远之地，反而少受战乱影响，学术得以继续繁荣。抗日战争期间作为大后方，接纳了不少内地著名学府和学者，使陇上学术空前活跃。新中国成立之后，人文社会科学领域的专家学者更是为国家民族的新生而欢欣鼓舞，全力投入到祖国新的学术事业之中，取得了一大批重要的研究成果，涌现出众多知名专家，在历史、文献、文学、民族、考古、美学、宗教等领域的研究均居全国前列，影响广泛而深远。新中国成立之后，人文社会科学几次对当代学术具有重大影响的争鸣，不仅都有甘肃学者的声音，而且在美学三大学派（客观派、主观派、关系派）、史学"五朵金花"（史学在新中国成立之后重点研究的历史分期、土地制度史、农民战争史等五个方面的重点问题）等领域，陇上学人成为十分引人注目的代表性人物。改革开放以来，甘肃学者更是如鱼得水，继承并发扬了关陇学人既注重学理求索又崇尚经世致用的优良传统，形成了甘肃学者新的风范。宋代西北学者张载有言："为天地立心，为生民立命，为往圣继绝学，为万世开太平"，此乃中华学人贯通古今、一脉相承的文化使命，其本质正是发源于陇原的《易》之生生不已的刚健精神，《文存》乃此一精神在现代陇上得到了大力弘扬与传承的最佳证明。

《文存》启动于中华人民共和国成立六十周年之际，在选择入编对象时，我们首先注重了两个代表性：一是代表性的学者，二是代表性的成果，欲以此构成一部个案式的甘肃当代学术史，亦以此传先贤学术命脉，为后进立治学标杆。此议为我甘肃省社会科学院首倡，随之得到政界主要领导、学界精英与社会各界广泛认同与政府大力支持，此宏愿因此而得以付诸实施。

为保证选编的权威性，编委会专门成立了由十几位省内人文社会科学领域著名学者组成的专家指导委员会，并通过召开专题会议研讨、发放推荐表格和学术机构、个人举荐等多种方式确定入选者。为使读者对作者的学术成就、治学特色和重要贡献有比较准确和全面的了解，在出版社选配业务精良的责任编辑的同时，编委会为每一卷配备了一位学术编辑，负责选编并撰写前言。由于我院已经完成《甘肃省志·社会科学志》（古代至 1990 年卷，1990 至

2000 年卷）的编辑出版工作，为《文存》的选编提供了坚实的基础和基本依据，加之同行专家对这一时期甘肃人文社会科学发展的研究，使《文存》能够比较充分地反映同期内甘肃人文社会科学的基本状况。

我们的愿望是坚持十年，《文存》年出十卷，到 2019 年中华人民共和国成立七十周年之际达至百卷规模。若经努力此百卷终能完整问世，则从 1949 至 2009 年六十年间陇上学人以"人一之、我十之，人十之、我百之"的甘肃精神献身学术、追求真理的轨迹和脉络或可大体清晰。如此长卷宏图实为新中国六十年间甘肃人文社会科学全部成果的一个缩影，亦为此期间甘肃人文社会科学学术业绩的一次全面检阅，堪作后辈学者学习先贤的范本，是陇上学人献给祖国母亲的一份厚礼。此一理想若能实现，百卷巨著蔚为大观，《文存》和它所承载的学术精神必可存于当代，传之后世，陇上学人和学术亦可因此而无愧于我们所处的伟大时代，并有所报于生养我们的淳厚故土。

因我们眼界和学术水平的局限，选编过程中必定会出现未曾意料的问题，我们衷心期望读者能够及时教正，以使《文存》的后续选编工作日臻完善。

是为序。

2009 年 12 月 26 日

目　录

编选前言

　　屈指算来,辛安亭先生离开我们已经整整 34 个年头了。斗转星移,沧海桑田,唯有笔墨文字可以长存人世。整理编辑辛安亭文存,不仅是对他个人半个多世纪学术生涯的回顾,也折射着国家与时代变迁某些重要的历史片段。

一、生平简介

　　辛安亭(1904—1988),我国著名的教育家、编辑出版家和青少年通俗读物作家。1904 年 12 月 16 日,他出生于山西省离石县沙会则村一个农民家庭,少年时期在家乡上了冬学和初级小学,1920 年秋考入八十多公里外方山县的省立第二贫民高级小学。[①]1923 年考入山西著名的公立学校——太原进山中学,在进山长达六年的学业中,他阅读了大量五四新文化及马克思主义的著作,开始接受共产主义的思想理论。[②]

---

　　①高小三年辛安亭印象深刻,尤其怀念当时的张修校长。晚年撰写《纪念蔡元培先生逝世四十周年——兼怀张修校长》(《钟情启蒙 执著开拓——纪念著名教育家辛安亭诞辰 100 周年》,兰州大学出版社 2004 年版);《旧社会一位杰出的教育工作者张修》(《西北师院学报》社科版,1988 年第 4 期)两文以示纪念。

　　②辛安亭晚年撰写《"进山"六年》(《中学生文史》1985 年第 1 期)对进山中学严格的入学考试和学校生活均有回忆。这一时期的同学后来很多走上革命道路,以后成为国家重要领导干部,有的成为著名学者。

1931年夏，辛安亭考入北京大学历史系，是当年山西省唯一考上北大的学生。北大学术自由兼容并包的氛围，使他有更好的条件阅读马列著作以及进步的文学作品。入校不久他与进步同学共同组织了"宏毅读书会"，[①]研究探讨马列主义理论。由于经济原因，在北大读书前后，他先后在山西省祁县中学、运城师范、内蒙古呼和浩特正风中学、太原师范教书六年时间，太原师范期间曾因思想进步被捕入狱72天，对社会黑暗有了更深的感触。

全面抗战爆发后，辛安亭决定奔赴延安。1938年3月他到达延安，在陕北公学学习三个月，于7月1日被分配到陕甘宁边区教育厅，开始了长达十一年的教材编写生涯。1939年2月他加入中国共产党，年底被任命为编审科长，此后一直负责中小学课本和通俗读物的编写和审查工作。延安十一年辛安亭成果卓著，他编写的教材和读物约四十余本，大致有以下几类：初小和高小的语文、地理、历史、自然、卫生等课本；边区民众课本、冬学识字课本、日用杂字、农村应用文等民众读物；中国历史讲话、农村干部文化课本等教师读物；儿童三字经、儿童作文、儿童日记、儿童谜语等儿童读物；干部文化课本、干部识字课本等干部读物。此外，他还撰写了一批有关教材教学的论文，发表在《边区教育通讯》《解放日报》等报刊。辛安亭编写的课本和通俗读物，流传地域甚广，除陕甘宁边区外，华北、华中的抗日根据地和解放区多有翻印。当时，陕甘宁边区流传着"政府的林主席（林伯

---

①宏毅读书会的主要成员有：北大的宋劭文、张元美、刘岱峰、任伯超；清华的裴丽生、李裕源；北师大的狄景襄、席尚谦等一批进步同学，其中有好几位是进山中学时的同学。参见敬小行《辛安亭传略》，《钟情启蒙　执著开拓——纪念著名教育家辛安亭诞辰100周年》，第286页。

渠),编书的辛安亭"①顺口溜,足见其知名度。可以说,辛安亭为革命根据地的教材编写出版事业做出了卓越贡献,被称为共产党编写小学教材的"鼻祖"。②

1949年6月,辛安亭随军到西安、兰州,以军管代表的身份,先后接管了陕西师范专科学校(陕西师范大学前身)、兰州大学、西北师范学院(西北师范大学前身)等高校。他尽快处理各种复杂情况,除旧布新,稳定了学校秩序。军管结束后,辛安亭被中央人民政府先后任命为甘肃省人民政府委员会委员、西北军政委员会文化教育委员会委员,被政务院任命为甘肃省文教厅厅长,兼任兰州大学校务委员会主任。

1951年8月,辛安亭作为党的教材编写专家,被调往人民教育出版社(简称人教社)任党委书记、副社长兼副总编辑,主持出版社的日常工作。③人教社是国家统一编辑出版中小学教材的专门机构,直属国家教育部,汇聚了一批国内知名的专家学者。辛安亭与社长兼总编辑叶圣陶(1894—1988)先生密切配合,全力以赴地投入到人教社十一年的教材编写工作中。按照教育部制定的大纲,1954年辛安亭主持编写了我国第一套全新的中小学教材,为我国的基础教育做了奠基

---

① 牛喜林《教育家——"编书"的辛安亭》,《中国教育报》2005年3月5日第四版。

② 1979年,在全国教育学研究会的首届年会上,教育部副部长张健称辛安亭是我党编写小学教材的"鼻祖"。参见敬小行《辛安亭传略》,《钟情启蒙执著开拓——纪念著名教育家辛安亭诞辰100周年》,第292页。

③ 人民教育出版社1950年12月1日在北京成立,是新中国第一家教育出版社,负责统一编辑出版中小学教材,直属国家教育部。中央人民政府对人教社高度重视,毛泽东亲自为出版社题写了社名。参见郭戈《70年前人民教育出版社的筹建》,《中国出版史研究》2020年第4期。

性的工作;作为早期领导,他还为人教社初创时期的机构设置和制度建设做出了重要贡献;同时他积极从事相关的研究工作,创办了内部交流的业务期刊《编辑工作》,他自己在该期刊以及《人民教育》《语文学习》《教师报》等发表论文 20 多篇,为我国中小学教材编写出版和研究事业做出了开拓性和奠基性的贡献。

1962 年初,辛安亭再度来到甘肃兰州,受省委之命创办甘肃教育学院,任党委书记兼院长,短短几年时间将这个从无到有的学校办的有声有色。1966 年"文化大革命"开始后辛安亭被打成"走资派"和"反动学术权威"受到批判,1969 年教育学院被撤销,并入西北师范大学。1976 年粉碎"四人帮"后,年逾古稀的辛安亭再度焕发青春,他被任命为兰州大学的党委副书记、副校长,主持全校工作。1982 年辛安亭 78 岁高龄退居二线,1984 年 80 岁时离休。复出后直到去世的十一年,他以体弱多病之躯,每天写作阅读,出版了 3 部学术著作,多本青少年通俗读物,在各种学术期刊发表论文 60 余篇,可谓老骥伏枥,笔耕不辍。

从辛安亭丰富的个人经历中可以看出,他是一位集中小学教材编辑出版、通俗读物作家、高校领导于一身的教育家。他除了撰写出版教材及通俗读物外,还发表过百余篇相关的学术论文,字数近百万字。本文存从他已发表的论文及遗作中精选 24 篇论文,力求反映辛安亭一生所涉猎的主要领域和主要研究成果,根据不同的主题分为四辑内容:教材编写研究;语文教学研究;教育学与人才培养;历史文化及其他。本人根据自己的整理和粗浅阅读,对四部分内容依次给予介绍和评论,以见教于方家,也希望对各位读者有所帮助。

二、教材编写研究

辛安亭一生从事中小学教材编写工作长达 22 年,在延安编审科和人民教育版社各 11 年,因而教材编写研究在其论文中占有极为重要的地位。在长期的教材编审实践中,他积累了丰富的经验,形成了比较系统的见解和认识,并总结出教材编写的若干原则与规律。同时,辛安亭的教材编写实践,也见证和反映了延安时期和中华人民共和国成立初期我党中小学教材编写的发展历程,具有重要的历史价值和借鉴意义。文存第一辑选择论文 9 篇,延安时期 5 篇,人民教育出版社时期 4 篇。

辛安亭延安时期的 5 篇论文,有 2 篇写于 20 世纪 40 年代,另外 3 篇是 20 世纪 70 年代后期对延安教材编写工作的回顾。写于 1979 年的《编写陕甘宁边区小学及农村文化教材的几点体会》一文,近 4 万字,对延安时期的教材编写有系统性的总结,引用了相当丰富的课本资料,值得特别关注。初稿于 1949 年、修改于 1977 年的《回顾在延安十一年的教材编写生活》一文,与前文相得益彰,可视为姊妹之作。写于延安时期的 2 篇论文,分别讨论成人课本和初小课本。数文参照,可以较为完整地了解延安时期教材编写的基本情况。概括而言,最可关注的内容如下:

第一,延安时期三次小学教材改编。自 1937 年冬季开始,在陕甘宁边区教育厅编审科主持下,近十年的时间中,小学教材开展过三次大规模的编撰和修订,这是中国共产党建立后全面编写教材的开端,具有深远影响。辛安亭是三次教材改编的亲历者和主持者,其论文对此有比较完整的说明与讨论。第一次新教材的编写开始于 1937 年底,辛安亭 1938 年 7 月报到后,马上投入工作,他负责高小历史和地理课本的编写。这套教材的主旨是突出抗战主题,在抗日战争初期起到了动员全体同学奋起抗日的积极作用。随着陕甘宁边区政治局势逐渐稳定,自 1940 年开始,在科长辛安亭的主持下开始了第二套教材的编写,到 1942 年全部完成出版。这套教材更加注重小学教材的

教育特征及自身的系统性和完整性，并涵盖了初小和高小各年级全部阶段，内容包括国语、算术、历史、自然、地理、卫生等门类，共计八种三十三册，学科配套齐全，编制较为规范，被认为是在新教育方针指导下编出的一套完美的现代小学教材。延安整风开始后，编辑们反复学习毛泽东的整风文献，马列主义水平和为人民服务的意识有了新的提高，于是从1944年开始，用一年半的时间，对全套教材又做了大幅度的修订改编，于1946年第三次出版发行。与前两次相比，这次改编在方法上尤其注重走群众路线，内容上更加强调结合边区儿童的农村生活和家庭生活的实际。经过此次修订，陕甘宁边区两级小学的通用教材大体臻于完善，①这套小学教科书基本上使用到中华人民共和国成立前夕。三次小学教材改编，尤其是后两次的全套教材在共产党小学教材编写史上占有极为重要的地位，它们不仅在陕甘宁边区受到各界广泛的好评和表扬，其传播和影响也扩及到其他各根据地和解放区，同时也为建国后全国统编教材打下了深厚和良好的基础。

第二，成人课本和成人读物的编写。延安时期辛安亭不仅主持编写了三套小学教材，还编写了多种成人课本，主要有农民识字课本和干部识字课本等。他认为成人课本在编写方面应注意两个问题：一是要区别对象。成人不同于儿童，在编写课本时要针对他们生活经验丰富而文字知识贫乏的特点，教会他们快速识字掌握知识，并学以致用，而不是机械地采用小学课本的编法；还要区分干部和农民的不

①陕甘宁边区两级小学是指当时边区初小和高小两种形式。根据1938年8月《陕甘宁边区小学法》的规定，"边区小学修业期限为五年，前三年为初级小学，后二年为高级小学，合称为完全小学，初级小学得单独设立"。参见陕西师范大学教育研究所：《陕甘宁边区小学法》，《陕甘宁边区教育资料·小学教育部分（上）》，教育科学出版社，1981年版，第11页。

同，区乡干部有工作和学习的特殊需求，一般也比农民的理解力稍高，在教材内容上要有所区别。二是教材的编写形式要恰当。辛安亭主张可以用他们喜闻乐见的方式，比如格言式、谚语式的编法，"以简练精粹的词句，表达丰富而深刻的内容，使学的人既无生字太多的困难，也不感到内容的浅薄"①。他编写的农民识字课本，都是采用三字经、杂字书等旧形式编写，但内容是全新的，"课文采用旧《三字经》的形式，但装上了新的内容，用精练、通俗而有韵的词句，既宣传了党的政策，又没有儿童的腔调，很适合成年农民学习"②。辛安亭用这种形式编成的《边区民众读本》《日用杂字》《识字课本》以及《干部识字课本》和《干部文化课本》③等在边区流传甚广，受到普遍的欢迎。

　　第三，总结了若干教材编写的经验与规律。通过三次系统性的小学教材改编以及编写各种农民读物、干部读物、教师读物等，辛安亭在实践中总结出若干教材编写的原则和规律，《编写陕甘宁边区小学及农村文化教材的几点体会》一文对此有系统的说明。首先，教材编写要贯穿马克思主义理论和新民主主义思想。正如他以后的回忆："抗日战争以后，老解放区的小学语文课本，除在编写方法上批判地继承了以前语文教材改革的成果外，在内容方面以毛泽东思想为指导，初步运用无产阶级的立场与辩证唯物主义的观点，结合中国革命的实践和劳动人民的生产与生活的实际，从根本上前进了一

---

①辛安亭《关于农民识字课本的编法问题》，《教材编写琐忆》，陕西人民出版社 1981 年版，第 126 页。

②辛安亭《编写陕甘宁边区小学及农村文化教材的几点体会》，《教材编写琐忆》第 44 页。

③据辛安亭相关论文介绍，1940 年编写的《边区民众读本》，内分《抗日三字经》《实用四言常识》《新五言杂字》三部分；1944 年编写了《日用杂字》《识字课本》《农村应用文》；1948 年编写了《干部识字课本》和《干部文化课本》。

大步。"①具体说，三套小学教材贯彻了政治思想教育、阶级观念、劳动观念、群众观念、理论联系实际、德智体全面发展等等，都是马克思主义理论、观点、方法以及中国革命实践在教材中的反映和体现，也是区别于旧式教材和国统区教材的核心与关键；在其他各类读物的编写中，辛安亭也始终坚持结合边区实际、走群众路线、区别不同对象、实事求是等符合时代潮流的思想方法。其次，对教育规律本身的积极探索。尤为突出的是三套小学教材的编写，在系统性和科学性上下足功夫，辛安亭总结为综合连贯、精简集中、深入浅出、启发心智等，表现出编者在小学教育和教材编写方面精益求精的专业水准。作为普及教育的重要载体，三套教材在通俗化、大众化、儿童化方面更是用了大量的心思，不论是题材、内容、语言、编排都体现了科学化和儿童化的特征，有些课文今天看来都堪称经典，具有永久的传承和借鉴价值。

第四，保存了大量的原始资料。由于各种原因，延安时期的很多教材已经散落遗失。辛安亭论文的重要特色是以事实为依据，在论证的过程中经常引用教材原文，今天看来这都是极为珍贵的历史资料。事实上，辛安亭主持编写的三套小学教材和其他各种读物，具有极强的时代感和区域特点，基本反映了延安时期方方面面的大事，包括共产党的主要政策、大生产运动、政权建设、学习劳动英雄、扫盲运动、减租减息、土地改革等等；同时也记录了陕甘宁边区的地理风貌、物产资源、风土人情、耕地种子、医疗看病、富人穷人、土匪官吏等等，多角度多方位地展示了陕甘宁边区广大农村儿童和农民的生活状况，以及时代变迁带来的各种发展和变化，具有极为珍贵的史料价值。

---

① 辛安亭《小学语文的阅读材料必须丰富起来》，《论语文教学及其他（增订）》，甘肃人民出版社 1982 年版，第 25—26 页。

　　第五,记录了延安时期教材编写团队。延安时期的编审科隶属于陕甘宁边区教育厅,工作人员多时十几人,大多情况下只有三四人,是一个非常精干而专业的团队，他们普遍有多年的教学或普及教育的经验,工作热情和工作效率是前所未有的。辛安亭生动地记述:"当时编写的同志共四人,同住在一孔土窑洞里,除了集体讨论外,白天各写各的,很少说话;晚上直写到十一点钟才熄灯上床,次日一早起来,就又开始工作了。一天工作大约十一二小时,并且天天如此,只感到愉快,不知道疲倦,全副精神都倾注到工作中,那种情景今天想起来,还历历如在眼前。"①根据各自的特点和专长,几位编辑的基本分工是：辛安亭编写高小历史和地理,以后又加了自然和卫生;刘御(1912—1988)编写初小国语;马肖云(1904—1992)编写高小国语;霍得元(1920—1988)编写初小和高小的算术和自然。②这几位都是共产党优秀的教材编写精英,他们经过延安时期的磨练,以后也成为我国教材编写的主要骨干和教育战线上的重要领导。

　　辛安亭在人教社十一年的教材编写工作中，不仅主持编写了1954 年全国第一套中小学统编教材,③而且不断研究各种新问题,发表论文 20 多篇,提出了很多编辑工作的原则、方法、措施等,为新中

---

　　①辛安亭《回顾在延安十一年的教材编写生活》,《教材编写琐忆》,第 1 页。

　　②据辛安亭论文和其他相关文献，辛安亭和刘御从未离开编审科直到新中国成立初期;马肖云曾有三年时间在绥德专署任教育科长,后重回编审科直到新中国成立国初期;霍得元加入较晚,但此后一直在编审科到中华人民共和国成立初期。

　　③全国第一套中小学统编教材 1955 年部分出版,1956 年秋季在全国陆续使用。这套教科书包括课本 41 种 97 册,教学参考书 23 种 69 册。参见吴小鸥、石鸥《新中国第一套统编教科书——1955 年人民教育出版社编辑出版的教科书研究》,《课程·教材·教法》2010 年第 10 期,第 10 页。

国的教材编写做出了新的开拓性贡献。这里选取其中的 4 篇,可以大致反映这一时期辛安亭对教材编写的主要探索和想法,涉及到新编教材的特色、教材编写的原则以及教材编写中一些不可忽视的问题。

第一,学习苏联经验需要与中国实际相结合。中华人民共和国成立初期学习苏联是基本国策,在各行各业学习苏联的热潮中,教材编写也积极走在前列,辛安亭有多篇文章论及当时的情况:从 1951 年开始人教社把苏联十年制学校的各科教学大纲、教科书、教学法都陆续翻译成中文,供编辑们研究体会;数理化科目在中华人民共和国成立初期的课本和 1954 年全国第一套统编教材几乎是完全照搬的,"只是作了度量衡的相应改变和一些技术性的处理,内容几乎没有变动"。[①]对于语文、历史等不能直接照搬的教材,也做了相当程度的借鉴和效仿。最突出的是 1956 年的中学语文课本,仿照苏联的俄语和文学分科,将语文改为汉语和文学两门课,以加强语言训练和文学教育。[②]辛安亭认为学习苏联的经验,成绩是很大的,"如我们许多教科书的思想性、科学性、逻辑性比较强,这主要是吸收了苏联先进经验的结果。如果单凭我们自己摸索,需要很长的时期才能达到这样的水平。"[③]

但与此同时,教条主义的问题也很突出。1956 年辛安亭发文专门对此讨论,他归纳为几点:一是机械照搬较多。尤其在植物学、动物

①辛安亭《三十年来中小学语文课教学的回顾》,《论语文教学及其他(增订)》第 128 页。

②1956 年中学语文分为汉语和文学两门课的教学,实行了三个学期。参见方成智《艰难的规整——中小学教科书研究》(湖南师范大学博士论文),第 95 页。

③辛安亭《课本编辑工作方面的经验教训——对朝鲜教育考察团报告的一部分》,《辛安亭论教材》,人民教育出版社 2020 年版,第 116 页。

学、自然地理、外国经济地理等课程中，很多内容完全是讲苏联的情况，与中国实际相差很远；二是教学内容偏重。苏联的课本普遍内容多且重，导致学生学习压力大，身体健康受到很大影响，不能做到因材施教；三是忽略了我们自己的教育经验。一方面忘记了老解放区与实际相结合的好经验，另一方面也忽略了我国传统行之有效的教学经验。而这些教条主义的错误都源于思想方法上的盲目迷信，缺乏具体分析和独立思考的冷静头脑。他强调学习苏联经验一定要与中国实际相结合："如果我们对中国社会的实际、中国历史的实际、中国自然的实际，特别是中国教学的实际了解得多一些，并强调和这些实际尽量结合，好多错误是可以避免的。"①

第二，教材编写的原则与方法。辛安亭在人教社发表的文章中，谈论教材编写原则与工作方法的很多，文存所选的 4 篇都与此相关。他明确指出教材是培养未来人才的精神食粮，也是体现国家政策的重要材料，因而是一件非常严肃的工作，不能有半点含糊。关于教材编写的具体原则，辛安亭提出很多专业的意见：要恰当地处理抽象理论与实际练习的比例；注意学生的已有知识，尤其是破除已有的错误知识；对学生要有系统研究，把一般了解与重点研究结合起来；教科书要有稳定性，以利于教学的进行等。在工作方法上，辛安亭主要强调教材编写不是个人创作，不可闭门造车，一定要走群众路线，了解师生的要求，有的放矢。具体的办法大概有：以书面或座谈会的方式征求专家、教师或业务部门的意见；必须处理好读者来信；认真组织参观教学，地点不仅在北京，还应该去外地；积极走访调查，面向更广

① 辛安亭《课本编辑工作方面的经验教训——对朝鲜教育考察团报告的一部分》，《辛安亭论教材》第 118 页。

大的基层工农群众征求意见。所有这些方式,他都做了细致的说明并提出具体的办法,具有相当的实用性和可操作性。他特别指出,工作上能落实好,一定源于思想上对群众观念的真正重视:"必须在编辑同志的思想上建立起群众观点,建立起为人民群众服务和向人民群众学习的观点,群众路线的执行才能彻底;才不会是形式主义的,而会收到实际的效果;不会是照例去做,而会随工作情况的改进而改进。"①这些意见是非常中肯和切合实际的。

第三,教材编写的细节不可忽略。辛安亭认为教科书是一个整体,每一个环节都不可忽视,包括课本中的数字、插图等,他有两篇文章对此专门讨论。首先,精确性。辛安亭指出,教科书中的每一个字都应该经过认真的衡量,这里所谓每一个字,不单指文字,也应包括数字。"有人把数字称为'数字语',是很有道理的。数字也是一种表达意思的语言,而且是很精确的、很科学的语言。"②事物的量的状况与质的差异要用准确的数字才能够表示明确。同样的道理,课本中的插图也要求精确性,图画本身以及与文字配合的准确性都要特别注意。其次,明确性。数字使用还应该注意它的明确性,即利用有最大表现力的最小数字,就是说数字的形式十分简单,说明的问题却十分清楚。图画也应做到显明,使人能够一目了然。"图画和语言、数字一样,也应讲求最简明有力的表现形式。"③再次,使用的计划性。不论是数字还是图画,使用的目的一定要很明确,做到通盘筹划,抓住教材的重点,补充教材的不足,切不可随意为之。这三点意见他列举了很多课

①辛安亭《谈课本编辑工作的群众路线问题》,《辛安亭论教材》第100页。
②辛安亭《课本中的数字使用问题》,《辛安亭论教材》第68页。
③辛安亭《课本内的图画问题》,《辛安亭论教材》第106页。

本中的例子,具体到几册几页几段,说理与举例相结合,体现出非常高的专业水准和高度的责任心。

三、语文教学研究

语文教学研究是与教材编写研究互为表里的重要内容,辛安亭教材编写生涯中,曾长期负责语文课本的编辑审定,因而对语文课本的编辑及语文教学都有相当深入的研究。①文存第二辑选取了 6 篇文章,主题高度集中,时间跨度从 20 世纪 50 年代到 80 年代,不仅反映了他对中小学语文教学的主要看法和意见,也从一个侧面展现了中华人民共和国成立后中小学语文教学的主要改革和基本发展脉络。大致而言,这一部分论文主要讨论了以下一些问题:

第一,语文课的性质问题。关于语文课的性质和任务长期以来都存在争论,辛安亭在多篇文章中表明自己的观点,他认为语文课是一门中国语言训练的课程,具有工具课的性质,其自身的科学性和系统性要给予高度重视。他明确反对两种倾向:一是把语文课作为政治课来上。中华人民共和国成立后,语文课从选材到教法,都忽略了语文课自身的特点和性质。他认为一定要回归到语文课的自身规律:"语文课是工具课,是培养学生掌握语言文字这一工具的课程。它的主要

---

①辛安亭在人民教育出版社期间主要负责小学语文教材编写工作。据当时语文编辑文以战先生回忆,在辛安亭主持下,组成了强有力的小学语文教材编写班子,有语言学家蒋仲仁、儿童文学家陈伯吹、还有陆静山、袁微子等人。此外文学家叶圣陶、语言文学家朱文叔、语言学家吕叔湘、张志公等专家也加入讨论。"总之,这样的编辑力量,堪称小学语文编辑史上中国的第一。"参见文以战《辛安亭与新中国小学语文课本》,《钟情启蒙执著开拓——纪念著名教育家辛安亭诞辰 100 周年》,第 188 页。

任务应该是训练学生识字、写字,培养学生的阅谈能力和思维能力,培养学生口头语言和书面语言的表达能力。"[1]也就是说,语文课的主要任务是培养学生掌握语言文字,一切内容和手段要围绕这一任务,在课文的选编和教学上不必考虑太多的政治因素。二是把语文课作为文学课来上。辛安亭认为语文课主要的功能是解决学生的口头和书面表达能力,文学虽是其中不可或缺的部分,但绝不可以占主导地位。尤其是小学的语文课,教学时不要把过多的时间花费在分析主题思想、故事情节、人物性格等方面,把语文课教成文学欣赏课或文学创作课。在他看来,语文课最不可忽略语言成分的教学,应该注意语言的精密细致,讲清楚字、词、句、篇章的确切意义,使儿童真正理解课文,进而提高阅读和写作能力。

第二,低年级集中识字问题。小学阶段的识字任务是以低年级集中识字为主,还是将识字教学均衡地分散在各个年级,始终是语文教学中有争议的问题。早在延安时期,辛安亭借鉴中国传统的语文教学方式,就主张低年级应集中识字。中华人民共和国成立后 50—60 年代他写过多篇文章,系统阐述了对集中识字的观点和看法,并指出这是语文教学的一项重要改革,应该引起高度重视。辛安亭认为,一二年级的教学任务主要是集中识字,只有快速解决了识字问题,才可以为高年级以阅读为主的语文教学提供条件。"为什么低年级要以识字为重点呢? 因为词句是用字组成的,字是语言的符号,不认识这个符号,或认识的太少,就不能利用它,不能阅读和写作。所以及早加强识字教学,识到两千左右字,就好进行阅读和写作的教学了。我国传统的语文教学,总是先识字,后阅读,先集中地大量地识字,然后才开始

①辛安亭《三十年来中小学语文课教学的回顾》,《论语文教学及其他(增订)》,第 134 页。

阅读,这是很有道理的。"①也就是说,低年级和高年级要有不同的侧重点,如果一二年级可以认识两千左右的汉字,而不是拖到三年级以后,那么高年级的语文教学就顺畅很多。若识字与阅读并驾齐驱,结果是两方面都很难达到目标。

低年级集中识字是否可以实现呢?辛安亭认为关键是教学方法要随之改革,他提出了很多具体的办法:首先教师要明确重点,将大量的时间放在识字教学上,改变识字与阅读并重的教学方式;其次,采用的具体方法非常重要,教师可以根据自己的擅长和经验,自行选择。他的个人看法是要从中国语言教学的历史传统中汲取养分:一方面吸取中国两千年来编写识字教材"以类相聚"和"便于诵读"的经验,另一方面吸取民国以来小学语文课本尽可能每课配有插图的经验。"归纳起来,我的意见是集中识字课本的主要编写方式应采取多样化的以类相聚,同时要便于诵读,配有插图。"②这既是课本的编写方式,也是教学依循的原则。

从识字教学改革的实际情况看,辛安亭的回顾和总结也非常有价值。中华人民共和国成立初期,在学习苏联的热潮中大家有一点共识,即苏联的小学课本之所以分量大且内容丰富,是由于苏联的拼音文字儿童大约半年就可以掌握,为以后的大量阅读奠定了基础。③中国汉字学习也可以尝试在低年级集中突破,这与他多年来对识字教

---

①辛安亭《对小学语文教学的一些意见》,《论语文教学及其他(增订)》,第37—38页。

②辛安亭《我对小学集中识字的一些看法》,《论语文教学及其他(增订)》,第17页。

③苏联小学四个年级课本译成中文总字数达到80万字,而当时我们六年的小学语文课本总共才30万字。参见《对识字教学争论的一点建议》,《论语文教学及其他(增订)》,第157页。

学的看法不谋而合。在此背景下,人教社1954年编写的新课本突出了一二年级的识字教学,这是语文教学上的一个重要改革。但由于各方面准备不够充分,致使改革半途而废。辛安亭晚年回忆时指出其不足,但对这一改革方向充满信心:"一二年级多识字,三年级以后大大丰富教材内容,我至今仍认为这是语文教学的重大改革。这一改革是有充分的道理的,也是可以行得通的。"①事实证明,他倡导呼吁了几十年的识字教学改革很有道理,今天的语文教学已经贯彻了低年级集中识字的教学要求。

第三,精讲精读与略讲略读问题。精讲精读是语文课堂主要的教学方式之一。辛安亭认为语文课是语言学习的课程,因此讲与读是必不可少的。所谓精讲,是指老师对课文的讲解,一定要中肯实在,符合学生的实际,而不是高谈阔论满堂灌:"但所谓精讲,不是要讲得多,讲得细,尤其不是要讲得高深,而是要讲在点子上,要讲得简明扼要。不要什么都讲,尤其不要离开课文架空讲。不要把课堂的活动主要弄成教师的讲授,而要给学生留下不少的阅读和思考时间。"②辛安亭不主张太多讲语法,他认为对中小学生而言,语法既弄不清楚,又用处不大,不如少学一些;他也反对让学生大量抄黑板。正确的做法是精讲之后,指导学生多多诵读,如个人读、集体读、朗读、默读、分段读、全篇读、反复地读等等,"精读才能把书本上的语言化为自己的,用到时得心应手。"③他强调这是中国语文教学行之有效的传统经验,需要

①辛安亭《对识字教学争论的一点建议》,《论语文教学及其他(增订)》,第158页。

②辛安亭《中小学语文教学改革的两个大问题》,《论语文教学及其他(增订)》,第9—10页。

③辛安亭《我与语文教学——三十多年来我在中小学语文教学方面的主要意见》,《西北师院学报》(社科版)1984年第4期,第86页。

很好地继承发扬。

与精讲精读相辅而行的是略讲略读。辛安亭认为与前者相比,略讲略读是语文教学的薄弱环节,也是与低年级集中识字并列的一个重点改革内容。他指出要提高语文的阅读和写作能力,仅凭精讲精读一些课文是远远不够的,尤其是对三年级以上的学生,课堂教学中就应该培养他们读书的能力、兴趣和习惯,而略讲略读正是养成这种能力和习惯的重要方式。为此,语文课程在教材和教学方面都要进行改革,一是语文课本的阅读材料一定要大大丰富起来,课文的选择可以不拘一格,尤其不要害怕长课文,重点是要内容生动,深浅适度,写法上有某些优点。二是教师的教学要有所改变,可采用指点方式,不必面面俱到。"略讲略读的课文其作用在于增长学生的知识,开阔学生的眼界,丰富学生的语言,提高学生的思想,培养学生读书的兴趣、习惯和能力,这对写作是很有帮助的。"①只要学生有兴趣,总是会在课文中获得思想上、知识上、语言上的益处。他认为当时的教材与教学在这方面严重不足,需要大大提高所占的比重,应该说这是很有见地的教学改革思路。

第四,作文教学。语文教学的重要任务是提高学生的阅读和写作能力,作文是培养写作能力的重要训练方式,辛安亭对此高度重视,相关的论述很多。早在延安时期,他就发表过数篇作文教学的文章。②中华人民共和国成立后研讨语文教学的论文,也大多涉及作文教学。辛安亭几十年来对作文教学的观点,简而言之主要是以下几点:

----

①辛安亭《改进语文教学提高教学质量》《论语文教学及其他(增订)》,第141—142页。

②延安时期辛安亭发表过《〈儿童日记〉编者的话》、《〈儿童作文〉编者的话》、《文从写话起——想说什么,就写什么话怎样说,就怎样写》,都是讲作文教学的。

首先,作文写作要循序渐进,即由说到写,由述到作,从叙到议。也就是说,作文的练习应该遵循从简单到复杂的原则,逐步提升。第一步由说到写。就是把说的话写下来:"作文不过是写在纸上的话,口头语言是书面语言的基础,说话是作文的基础。说话能做到用词、造句连贯,语言都很通妥,作文就容易了。"①先让学生口头说,话怎么说就怎么写,破除写作的为难情绪。第二步由述到作。就是记述比较复杂的一些的内容,比如一次活动、一次参观等,内容上需要取舍选择,这就是创造性的作文了。第三步从叙到议。在叙述的基础上,可开始练习发表议论,这个难度就更大一些。"小学中年级一般不必写议论文,高年级可很少地试写几次,也不应写那些抽象的大题目,应该结合儿童的生活写一些。"②在他看来,整个小学阶段还是以由述到作为主,中学可以增加议论文的比例。

其次,作文的要求应该始终如一,即"言之有物,言之有序,词句通妥,字号正确"。③不论什么年级这四点要求是同样的,只是深度、宽度有所区别。言之有物是要求学生的作文必须写所见、所闻,写真心实意,不说空话;言之有序是要求学生作文应该语言连贯,层次有条理,不东拉西扯;词句通妥是说用词要妥当,造句要通顺;字号正确是说文字和标点符号都应该没有错误。辛安亭尤其强调一定要言之有物,说真话实话,很反对说假话或华而不实:"我们在指导学生初学作

①辛安亭《对小学语文教学的一些意见》,《论语文教学及其他(增订)》,第43页。

②辛安亭《对小学语文教学的一些意见》,《论语文教学及其他(增订)》,第45页。

③辛安亭《对小学语文教学的一些意见》,《论语文教学及其他(增订)》,第45页。

文时，一定要求说老实话，还要提倡写得平实、朴素，反对堆砌词藻，矫揉造作，华而不实，使作文和说话一致起来。"①让学生老老实实地把所见所闻和真实的思想感情用自己的话写出来，这是作文最基本和最核心的要求。

再次，教师指导作文不能有太多条条框框。作文命题要贴近学生生活，否则"会惯成学生抄袭成文、生拉硬扯、浮夸、瞎吹等各种坏习气"②；对作文内容不能要求过繁过死，这会严重束缚学生的头脑；对作文的批改要中肯，讲求实效，并贯彻上面几点要求。在辛安亭眼里，教师肩负着引导学生形成良好文风的重要使命，一定要让学生敢说话，说自己的心里话，从而写出真切朴实的作文。这些原则和要求今天看来仍然非常有价值和指导意义。

四、教育学与历史文化的相关研究

文存第三辑"教育学与人才培养"和第四辑"历史文化及其他"主要是辛安亭晚年的论文，共计 9 篇，基本写于 20 世纪 80 年代，这些论文涉及的问题相对分散。在教育学和人才培养方面有 3 篇论文，分别讨论大学优秀人才培养问题；学龄前幼儿教育的开发；孔子教育思想研究。历史文化部分有 6 篇论文，其中 2 篇讨论青少年的历史文化教育；2 篇是历史人物研究；另外 2 篇是人物追忆。下面依次做一点简单梳理：

第一，大学优秀人才培养问题。辛安亭的后半生主要担任大学领导工作，因而对大学教育和优秀人才的培养极为重视，有多篇论文对

---

①辛安亭《怎样指导学生作文入门》《论语文教学及其他(增订)》，第 149 页。
②辛安亭《如何加强中学语文的基础知识教学与基本技能训练》，《论语文教学及其他(增订)》，第 69 页。

此讨论。打开国门后年过七旬的辛安亭最先关注的是世界教育的发展趋势,他敏锐地注意到欧美国家科学技术的发展日新月异,使原有知识急速地陈旧化,教育要跟上时代步伐,就要与科技尽快结合,不仅教育的内容要不断更新,教育手段也要现代化,教育观念更要与时俱进。辛安亭尤其关注大学课程设置的重要性,对欧美大学强调的通识教育很认可,他举例说:"美国麻省理工学院的学生,除学自然科学的公共必修课外,还必须学人文和社会科学七十二个学分,占了四年大学全部三百六十个学分的百分之二十。"①可见现代社会通才培养是至关重要的。与此相关的是国际知名大学课程设置中选修课比例非常高,他认为这是现代科学各学科之间互相渗透、使课程内容综合化的结果,也值得中国大学好好借鉴:"我们应该鼓励教师开出各式各样的课,特别要鼓励他们开出新兴学科与不同流派的学科"②,这不仅有利于发挥教师的学术专长,形成百家争鸣的学术气氛,更是培养新型人才所必须的。针对兰州大学的具体情况,他还提出破格培养优秀学生的一系列办法,如单独编班、课程优化、提供更自由宽松的学习环境等,足见辛安亭对培养人才的迫切心情。在 20 世纪 80 年代早期,辛安亭的人才理念具有相当的前瞻性,体现出在他在人才培养方面开阔的眼界与见识。

第二,学龄前幼儿智力开发研究。发表于 1980 年的《对三岁前幼儿语言发展教育的试验》是一篇过万字的长文,在其晚年论文中占有独特地位。他很赞同国内外教育界的一种说法:"过去人们把婴幼儿

①辛安亭《改进教学更有效地培养人才》,《辛安亭论教育》湖南教育出版社 1983 年版,第 68 页。

②辛安亭《改进教学更有效地培养人才》,《辛安亭论教育》湖南教育出版社 1983 年版,第 73 页。

的智力都估计过低,以致儿童有很大的潜力没有充分发挥出来;如果发挥出来,教育的成效会是惊人的。"①儿童的语言能力是其智力水平的主要标志,因此辛安亭有目的有计划地对身边一岁四个月的外孙乔岳进行语言方面的训练开发,在一年零八个月指导他学习语言的过程中,随时记录一些教法和收到的效果以及某些体会,并逐渐具体化为十一条指导原则。同时辛安亭归纳了取得的八项成果,其中包括会用的词句、儿歌、谜语、快板、故事以及观察力与注意力、记忆力与理解力等,非常翔实具体。从研究方法看,这一个案研究,借鉴了生理学、心理学、教育学等多学科的理论和方法,并参照了当时国际上最流行的幼儿智力开发的一些观点和意见,其第一手的实证性数据和成果有极好的参考价值。辛安亭希望借此引起教育工作者和家长更多地关注比较薄弱的幼儿智力开发问题:"我殷切希望担任婴幼儿教育工作的同志和婴幼儿的父母,认真学习国内外关于婴幼儿教育的理论与经验,加意培养祖国可爱的花朵,高标准、高要求地教育我们的新生一代,使其顺利成长为明天祖国的栋梁之才。"②

第三,孔子教育思想研究。"文化大革命"时期,孔子及儒家教育思想被否定。辛安亭1981年发表2万余字的《孔子的教育思想》长文,以图恢复孔子及其教育思想的本来面貌。全文包括复杂的社会经历、高度的好学精神、教育的目的与对象、教育的内容、教育的方法、对社会生活的教育六个方面,对孔子的教育思想给予全面的梳理分析。他在开篇对孔子评价说:"孔子称得上是我国历史上一位杰出的思想家与伟大的教育家。他整理古籍,传播文化,对我国古代文化的发扬光大起了很大作用。他聚徒讲学,积累了丰富的教育经验;对教

①辛安亭《对三岁前幼儿语言发展教育的试验》,《辛安亭论教育》,第1页。
②辛安亭《对三岁前幼儿语言发展教育的试验》,《辛安亭论教育》,第20页。

育提出好多创见,在中国教育史上、甚至世界教育史上影响极大。在教育目的与教育内容的某些方面,因其与政治有较直接的关系,不免有保守与消极的成分,但他在教育对象、教育方法与社会生活教育方面的经验,却有很多创新,是积极与进步的,今天还应该借鉴、学习和继承。"①他还指出,孔子的某些教育经验和社会生活经验,经过长期传授与沉淀,几乎成了中华民族的共同心理结构,是民族文化的重要组成部分;他的不少言论,几乎成为广泛流传的格言谚语,也是人们长期以来评论是非的共同标准。在具体研究上,辛安亭对许多问题的阐释合情合理又不乏新见,体现了深厚的学术功力,得到了学术界的广泛认同与好评,也为孔子研究的正本清源做出了积极贡献。

第四,独具特色的历史文化观。作为一个青少年普及读物的作家,辛安亭晚年出版了多本青少年通俗读物,主要有文言文作品选编和中外历史人物介绍。②文存选入的《文言文读本》前言,重点谈作品的选择标准,他很强调突出思想性:"不应只限于文学作品范围,而对讲哲学思想、政治思想、教育思想、历史知识、社会知识、科学知识的文章都应吸收,不然,就抛弃了不少宝贵的文化遗产。"③他进一步解释说从思想性出发的多元选择,可以开阔青少年的视野,引发他们多方面的思考。《中国历史人物》序言则表明,其重点在于彰显中华民族历代先贤的杰出贡献和他们的家国情怀,"我认为在增进青少年文史

①辛安亭《孔子的教育思想》,《辛安亭论教育》第258—259页。

②辛安亭晚年出版的通俗读物主要有:《新编儿童谜语》、《中国历史人物》、《外国历史人物》(一、二、三册)、《中国著名现代人物选》,选编了《文言文读本》。还再版了他早年流传甚广的《儿童三字歌》、《历史歌》、《中国古代史讲话》等。

③辛安亭《〈文言文读本〉前言》,《辛安亭论教材》第311页。

知识的同时,结合对他们进行爱国主义的思想教育"。①不难看出辛安亭对青少年倡导和传递的历史文化观。有关历史人物的学术研究,《崔述及其〈无闻集〉》最有特色。辛安亭指出自民国以来,学术界对清代考古学家崔述(1740—1816)的研究主要集中在他的皇皇巨著《考信录》上,却很少关注他有一本充满人民性的《无闻集》,这不公平。辛安亭对《无闻集》的文章做了系统的归类分析,其中有多篇救荒策,多篇治理河水,还有反映民间疾苦、吏治黑暗、鼓励老百姓敢于争讼等文章。辛安亭认为书中的每一篇都是裨益于社会、实惠于民生的实在之论,这与历史上许多应接酬酢、游山玩水、歌功颂德、溢美虚功的文集大不相同,"但这30来篇文章,我却认为是沧海明珠,是崔述遗书中最宝贵的东西,它富有很高的人民性,在中国学术思想史上应占突出的地位"。②由此足见辛安亭的历史观中人民性具有的重要地位。此外,孔子研究是辛安亭晚年重要的学术关切,除上述孔子教育思想长文外,还选入1篇讨论孔子中庸思想的读史札记。

第五,人物追忆。辛安亭一生经历丰富,阅人无数,他晚年追忆的人物都对他一生有过重要影响。文存选入的《德智体全面发展的光辉典范——怀念徐特立同志》一文,对他与革命前辈徐特立先生在延安和北京22年的交往娓娓道来,徐老"学而不厌,诲人不倦"的形象跃然纸上。尤其是延安十一年,辛安亭与徐老交往频繁,他用具体事例表现了徐老的博学多识和平易近人,徐老身上体现出共产党人的平等和民主精神更让辛安亭十分怀念。另一篇《纪念蔡元培先生逝世四

---

①辛安亭《〈中国历史人物〉序言》,《中国历史人物》甘肃人民出版社1983年版,第2页。

②辛安亭《崔述及其〈无闻集〉》,《西北师院学报》(社科版)1983年2期,第40页。

十周年——兼怀张修校长》，则高度赞扬了蔡元培在新文化运动中主张的思想自由："蔡先生用了这样一个似乎对新旧思想无所偏袒的口号——'循思想自由原则，取兼容并包主义……苟其言之成理，持之有故……悉听其自由发展'，团结了一批进步学者，在北大占下了一个传布新文化、向旧思想斗争的阵地，实际上大大削弱了旧思想的势力，发展了新文化的力量。"[①]辛安亭上高小时的张修校长，受新文化运动影响积极宣传各种新思潮，让他十分赞佩和怀念。应该说，新文化运动所倡导的自由民主理念，也是辛安亭一生最重要的思想底色之一。

纵观辛安亭一生的学术生涯，可以看出其特有的学术特征与学术贡献：第一，涉猎领域广泛，成果丰硕，具有很强的开创性。辛安亭一生钟情教育，在基础教育、大学教育、人才培养、通俗读物撰写、传统教育思想研究等诸多领域都有建树，尤其在教材编写和语文教学方面造诣高深。作为中国共产党中小学教材编写的开拓者，其相关研究不仅记录和反映了中国共产党中小学教材编写的发展历程，而且总结出一系列教材编写的原则和规律，具有相当的开创性和超越时代的普适性，也有很高的史料价值。辛安亭本人对教材编写研究最为看重，晚年曾打算将四十年间的相关论文再集辑出版，可见在他心目中的地位。[②]第二，务真求实，具有鲜明的时代性。辛安亭的著述与论

①辛安亭《纪念蔡元培先生逝世四十周年——兼怀张修校长》，《钟情启蒙执著开拓——纪念著名教育家辛安亭诞辰100周年》，第361页。

②辛安亭《序言》："1938年至1949年，我在陕甘宁边区教育厅编审科写过十一年教材；1951年至1962年又在人民教育出版社领导编写教材十一年。在这二十二年中，我写过不少评论编写教材的文章。在此之后，直至1986年有时也回顾研究，还写过一些关于编写教材的论文。前后所写文章约计四五十篇，登载于各时期的刊物和报纸上。以后报刊多已散失，现在仅收集到长短十六篇东西，汇集成一册，希能出版。"《钟情启蒙执著开拓——纪念著名教育家辛安亭诞辰100周年》，第355页。

文,其问题意识都是源于时代和实际的需求,有很强的针对性和务实性,满足时代之需始终是他关注的核心;在研究方法上,辛安亭强调实地调查,走群众路线,不搞闭门造车。他认为解决广大师生和工农群众的实际问题,才是有价值的真学问。第三,通俗易懂,具有广泛的大众性。辛安亭的学术志趣从不刻意向上看,而是始终向下看,心中有芸芸众生。他在一次访谈中说,"就我的特点而言,主要是特别重视通俗读物(包括小学教材)的作用,我的理想是要写出深入浅出、雅俗共赏的作品"。①辛安亭的著作和论文都充分体现了这个特点,其文风平实朴素,抽象理论少,事实说话多;文字朴实明了,很少华丽词藻。他用一首诗来表达自己的追求:"深入浅出苦用功,雅俗共赏最称神;阳春要学黄花曲,定要千人做赏音。"②这的确是他一生写作风格及学术特征的真实写照。在 21 世纪的今天,辛安亭的学术成果、学术思想和学术风格,依然有历久弥新的生命力,对我们当今相关领域的研究和建设仍具有重要的借鉴和指导意义。

辛安亭不仅是一位成就突出的专家学者,还是一位共产党的高级领导干部。他一生清正廉洁,淡泊名利;他崇尚真理,凡事以理为准,不媚上不媚俗;他平易近人,待人以诚,从来不把自己当成什么"官";他尊重知识,爱惜人才,对有才能的青年积极奖掖,放手使用,对有专长的学者,处处给予支持和帮助。在长期的领导岗位上,他得到了大家一致的好评与爱戴,是十分受人尊敬的学者型领导和人民的教育家。

在即将搁笔之际,我想以另一身份向辛安亭先生——我的祖父

---

①敬小行《辛安亭传略》,《钟情启蒙执著开拓——纪念著名教育家辛安亭诞辰 100 周年》,第 303 页。

②辛安亭《〈中国历史人物〉序言》,《辛安亭论教育》,第 249 页。

致敬！我和祖父朝夕相处二十多年，点点滴滴尽在心头。整理编辑文存，是我与祖父的一次心灵对话，也是一次学习和提升，更是对祖父最好方式的纪念。在此，我要特别感谢西北师范大学蹇长春先生的热情鼓励和大力支持，促使我下决心去完成这一责无旁贷的任务。还要感谢《陇上学人文存》的主编范鹏先生、副总编马廷旭先生的信任和支持，感谢甘肃省社科院赵敏老师的多次沟通和交流。此外，人民教育出版社的郭戈总编和曹周天老师以及兰州大学的杜林致教授都提供过宝贵的意见和帮助，一并表示感谢！由于本人水平所限，文存的编辑可能有诸多不足，但衷心希望文存的出版可以为相关的研究者和广大读者提供更多的便利和参考，我想这也是辛安亭和我们共同的愿望！

卫春回

2022 年 6 月于上海

第一辑
教材编写研究

关于农民识字课本的编法问题

（1945 年 2 月）

1939 年，我们边区用的冬学识字课本是《新千字文》。《新千字文》的编法有没有问题呢？现在从第一册中举出如下几课，然后分析说明。

第一课

一二三四，四三二一。

三四五六，四五六七。

七八九十，十九八七。

第二课

一石十斗，一斗十升，

一升十合，千合一石。

第三十三课

小妹妹纺纱，大姐姐织布。

妹妹快纺纱，姐姐快织布。

纺纱纺纱快纺纱，织布织布快织布。

1940 年春，边区教育厅召开社会教育工作指导会议时，许多同志反映，群众不喜欢这一类课文。理由是太啰唆没有意思，不如旧杂字中把"石斗升合"缩成一句，来得直截了当。

这个批评对不对呢？我认为是对的。因为学冬学识字课本的人，一般都是成年、青年，而成年、青年在生活上、知识上都有很大的特点,与儿童很不相同。儿童对这类课文,也许感兴趣,因为他们识字少而知识也少,学习"一石十斗"时,一方面认识了石字斗字,同时也学得石斗关系的知识。而成年、青年生活经验相当丰富,"一石十斗"的关系他们早已知道了,所以感到勉强凑成四句是多余的,不如直截了当地缩成"石斗升合"一句。

生活经验丰富而文字知识贫乏,这一特点,对编写农民识字课本是一个很重要的问题。应该是一方面依照旧杂字的编法,把许多常用字排列在一起,只要声音调谐,便于阅读,同类相聚,便于翻查就行,不必勉强凑成内容空虚的课文;同时应该采用格言式、谚语式的编法,以简练精粹的词句,表达丰富而深刻的内容,使学的人既无生字太多的困难,也不感到内容的浅薄。

但是编写《新千字文》的同志没有注意到成年、青年的这个特点,因而也就不会去想如何编写课本,以适应这个特点;而是机械地采用了小学课本的编法,把字句的多次重复,当作天经地义的教条。于是,结果不得不失败。

接受了这个教训,1940年的冬学识字课本是利用了《三字经》、杂字书等旧形式编成的。书名叫《边区民众读本》,内分《抗日三字经》《实用四言常识》《新五言杂字》三部分,并附有一些散文译述与日常应用文。1943年再版时,删掉译述散文,改称《民众课本》第一册。五年来,这课本广泛地流传于边区,为一般群众所欢迎,为县、区、乡许多干部所称赞。其中《新五言杂字》,在今年晋西北冬学课本中也附印进去,这都证明了这种编法对成年、青年是适宜的。

今年我们新编的冬学课本有两种形式:一种是用简练精粹的长短句编成的《识字课本》,另一种是利用旧形式编成的《日用杂字》与《庄稼杂字》。两种课本都是打破了小学课本的编法,根据成年、青年的特点编成的。这次课本印出来以后,延安市群众纷纷购买,这固然是与内容适应群众生活有关，但同时也证明这种形式是适合于群众学习的。

但是不同的意见还是有的，余志平同志写的《关于编识字课本的意见》（见 1944 年 11 月 2 日《解放日报》），就是一例。

余同志的文章说："辛亥革命以后，小学课本抛弃了那些三字一句的'人之初'，四字一句的'天地玄黄'，不但在思想上，而且在识字教育的方法上，在语文解放上，也是一个很大的进步。"这话是对的。但由此就肯定说利用旧形式编的《日用杂字》或千字文之类的书籍，不可做"主要的识字课本"，而主张识字课本的编法，"最好是一天一课，一课三个生字"，"尽可能使学过的生字能够在课本中反复出现"，这就又犯了不顾成年、青年经验丰富的特点，硬要他们跟着幼稚的小孩子学习"一石十斗"之类的课文的错误。

其实小学课本应该不应该机械地每课只限用三四个生字，每天教的生字都要认会写会，也还是一个值得考虑的问题。陶行知先生说："说话（指小学一册国语）一门，也不必太拘于生字之多少。只要是小孩子爱说的话，便多几个字也不要紧。若是头一课只限于四五个字，编不成好听的话，那么，比十几个字还难认。认字和写字也不必同时兼顾，若认的字一定要写，那么，只好限于几个字，而流于枯燥了。"陶先生对小学课本的编法已有这样主张，我们对成年、青年的识字课本，反而提出那样的意见，未免太保守了。

余志平同志对于编识字课本时生字排列的先后次序，主张"由浅入深""先易后难"，把笔画稀少的"形旁"字（如木、言）与"声旁"字（如包）列在前边，把由它们做基础造成的字（如桃、李、说、话、袍、跑等）放在后边，这主张对不对呢？我认为也不全对，因为他看到一面，但也丢掉了一面。原来排列教材顺序的原则主要有两个：一个是"先易后难"，另一个是"由近及远"。难易指事物本身的繁简，远近指事物与学习者关系的亲疏。就事物本身的繁简说,先学所谓形旁的字,后学用它构造成的复杂的字,这是对的;但就事物与学习者关系的亲疏说,笔画的多少不但不是决定学习难易的唯一标准,而且不一定是主要的标准。因为成年、青年学习的能力比儿童强,求用的观点比儿童更切。一个字如果与他的关系密切,对他有用,他学习的情绪就高,即使笔画稍多(太多了当然不行),也不难学会。一个姓"王"的人对"王"字比对"土"字更感兴趣,一个炊事员认"油"字比认"由"字还要容易。许多成人识字组教字时,先从姓名、村名、村长、乡长、食物用具等开始,得到群众欢迎,收效很大,这绝不是偶然的。

对"形旁""声旁"字的研究,如果是作为识字教学过程中比较研究的方法之一,如已教过榆、槐、松、柏、桌、椅等字,提醒学生注意:凡是"形旁"相同的字,含义同类或有关。或已教过抱、炮、袍、砲、跑等字,提醒学生注意:凡是"声旁"相同的字,读音相同或相近。这样利用适当机会,随时指点学生了解许多字相互间的关系,是很好的;但如果一定要把"形旁""声旁"的字在编排上放在前边,不管这些字与读者的关系是否密切,那就犯了只知其一(先易后难)不知其二(由近及远)的错误。

(原载《解放日报》1945 年 2 月 9 日)

今年儿童节的感想

（1946 年 4 月）

　　我做的是小学教材的编审工作，但是说起来很惭愧，对儿童的了解直到今天还是很少的。过去，由于所受旧教育的影响，对儿童只是这样一般地去看：儿童是喜欢新奇的，儿童是喜欢模仿的，儿童是喜欢游戏的，儿童是喜欢故事的，儿童是喜欢……。但是白区城市儿童与边区乡村儿童、贫苦农民家儿童与地主富农家儿童，他们感觉新奇的具体事物与喜欢模仿的具体事物是不是相同？他们所喜欢的具体游戏与故事是不是相同？这些问题从来就没有在自己头脑里明确地提出过，正确地解决当然更谈不到了。

　　经过 1942 年与 1943 年的学习，又经过 1944 年与 1945 年的两度下乡，在与儿童的接触中，增加了我对他们的感性认识。于是我才渐渐有了如下看法：

　　儿童的兴趣（他们所喜欢的）有其相同的方面，也有差别的方面。由于他们年龄幼小、阅历较浅之故，比起成年和青年来说知识缺乏，生活上经验甚少，经济生活上负担极微（有些儿童是毫无经济负担的）。这个生活上的共同特点，形成他们喜欢新奇、模仿、游戏等心理上的共同特点，这是对的。但是另一方面，由于他们各人的家庭成分与社会环境的不同，生活因而有了差异，其经验与兴趣的具体内容，自然也有了差别，教育上的要求也有差别，这也是对的。因此，给乡村农民家的儿童编写教材，应该从他们自己的生活、经验与兴趣出发，从劳动农民的要求出发，不应该从城市小资产阶级家庭出身的儿童出发，不应该从小资产阶级甚至资产阶级的要求出发。这是很浅显的道理。可是白区的小学课本，绝大部分却是对农民家儿童讲着城市有产者儿童的话。这点我们且不管它。就是我们边区的课本，虽然逐年在改进，1942年的课本比起抗战初期的已普遍有了进步，但存在这样那样的缺陷。

现在从1942年出版的初小国语新课本第一册中举例说明如下：

第12面：

> 太阳出来了，
>
> 妈妈起来了，
>
> 爸爸起来了，
>
> 小娃起来了，
>
> 大家都起来了。

编者以为这是反映农民家生活的，对儿童会有教育作用。其实大大不然。边区农民家，一般都在天色快亮就起来了。直到太阳出来后才起来的，那是二流子和懒汉。课文所写既与实际不符，儿童自难发生亲切之感，教育作用当然更谈不上了。

第30面：

> 爸爸爱我，
>
> 妈妈也爱我。
>
> 我要吃果果，
>
> 爸爸给我吃果果。
>
> 我要吃糕糕，
>
> 妈妈给我吃糕糕。
>
> 爸爸叫我小宝宝，
>
> 妈妈叫我好宝宝。

这种近乎娇生惯养的生活,在有产者家也许并不少见,在普通农民家却是绝无仅有的。让农民家娃娃念这些东西,不仅无助于培养劳动人民的思想感情,而且可能滋生好吃贪嘴的心理。

第二十八面:

> 方云洗脸洗澡,
>
> 都用自己的手巾,
>
> 不用人家的手巾。
>
> 方云喝水吃饭,
>
> 都用自己的碗筷,
>
> 不用人家的碗筷。

这样讲卫生,又是反映了城市有产者家庭儿童的生活、要求与兴趣;今天边区一般儿童不可能做到。这不是说儿童不应讲卫生,而是说卫生的实施不应离开社会条件与儿童的卫生情况而主观提出。如今年新编的初小国语二册中如下一课,我觉得那提法就是比较适当的。因为它反映了边区农村儿童不注意卫生的一个方面,而且经教育是可能加以克服的。课文是:

> 二狗子,跑回家,
>
> 路边有个烂香瓜,
>
> 拾起吃了多半个,
>
> 肚子痛了叫妈妈。

新编初小国语第三册中《酸毛杏》一课,有同样的重要意义,因为课文较长,不再引证了。

1942年初小国语新课本第一册47面:

> 早起到学校,
>
> 见了先生就行礼。
>
> 晚上回家来,

　　　　见了大人就行礼。

　　　　同学相见了，

　　　　互相行一礼。

　　出身上层社会的士绅与在白区城市中住的有产者，自然是喜欢这样有礼貌的孩子的。但边区农民的生活决定了边区农民的心理，他们对这样烦琐的礼节，感到不愉快，觉得可厌。农民儿童的生活也决定了农民儿童的心理，他们对这样烦琐的礼节，不喜欢去行，觉得是一个沉重的负担。曾有这样的事实：我们一位认真的青年教师，教这一课时，老老实实要学生回家给父母行鞠躬礼（课本的插图画的是行鞠躬礼），但是效果怎样呢？有一个学生对他疲劳了的父亲行了鞠躬礼后，所得到的不是父亲的高兴夸奖，而是一阵生气的责骂。这不是笑话，而是一个沉痛的深刻的教训。我们不要把自己的兴趣，当作别人的兴趣，把一部分儿童的心理，当做另一部分儿童的心理。我们能说农民是讨厌礼貌的吗？绝对不能。假如我们了解农民的生活、经验、思想、感情，教小学生回家勤劳动，帮助大人做事，替疲累的大人收拾农具，给老年人端水端饭。这样，农民是不会不喜欢的。

　　第一册第 21 面：

　　　　游游游,鱼会游,

　　　　鱼在水里游,

　　　　游得快来游得好。

　　　　爬爬爬,蛇会爬,

　　　　蛇在地上爬,

　　　　爬得快来爬得好。

　　边区鱼很少,"鱼在水里游"的景况,边区儿童不能亲切感到;但如果以泥鳅游水的感性认识做基础,"游得快来游得好"的情趣,儿童还是可以领会的。可是对蛇爬的感觉就有大问题。本来蛇是爬行动物,边区儿童从生活经验中知道它是又可怕又可恨的。"爬得快来爬得好",这种欣赏、赞美的感情,只有有闲者在动物园里才可感到,对边区农村儿童则是不可想象的。

第一册 40 面:

> 一个雀儿来偷米,
> 偷了一斗一升一合米,
> 的儿的儿向南飞,
> 飞去又飞回。
> 十个雀儿来偷米,
> 偷了一石一斗一升米,
> 的儿的儿向南飞,
> 飞去又飞回。

看见鸟雀偷米而那样感觉有趣,是不知生产艰难的土改前地主家儿童的心理;农民家儿童对此现象绝不会采取欣赏的态度,而是对鸟雀的厌恨与追打。这并不是说农民家的儿童缺乏欣赏自然的感情,问题在欣赏自然的感情并不是抽象的、脱离实际的,而是和他们的生活条件有着密切的关联的。如像去年临时国语第一册课本中如下两课,小孩子自然会感兴趣:

> 两只弯弯角,
> 一个大尖头。
> 你猜我是谁?
> 我是大黄牛。
>
> 我有两只鸡,
> 身穿花毛衣。
> 一个天明叫我起,

一个下蛋抱小鸡。

以上举出许多例子，都是为了说明我今天的这样一点认识：儿童不是抽象的，而是具体的。儿童的心理是随着儿童的出身和生活经验的不同而有所不同的。抹杀了出身和经验不同的儿童在心理上的差异，是不科学因而也是不符合儿童心理实际的。我们编审边区农村儿童教材的同志与讲授这些教材的乡村教员们，不应再犯这些错误，而应该具体地研究边区农村的儿童，具体地了解农村儿童的生活经验与兴趣。在这方面，我是一个小学生，知道得很少，愿意和同志们一同努力。

近两年，我一方面觉得不应抹杀各种儿童中间的差异，另一方面也觉得不应夸大儿童与成年人、青年的距离。旧社会的儿童工作者，似乎有这样的看法：儿童的世界是独立的王国，儿童的生活与成年人、青年的生活是毫不相关联的两个圈子。因而把儿童心理神秘化、绝对化，把它与成年人、青年的心理完全对立起来，以为儿童的兴趣、经验与认识方法与成年人、青年的毫无相同之处。

实际上并不如此，儿童不是孤立地生活，而是与成年人、青年生活在一起的。由于儿童的模仿与社会的教育，成年人和青年对儿童生活的影响作用相当强大。而且儿童将会成长为青年、成年，他们的生活是一步一步地向青年、成年人的生活发展的。随着年龄的增长，其经验与兴趣也就会与青年、成年人的经验兴趣接近。这意见如果对的话，教材的编选与教学就不应绝对地强调儿童化与故事化，而不顾学生的具体年龄与所受家庭的影响。就今天的边区说，初入学的儿童都在十岁左右，而他们已经参加了或正在参加着家庭的生产劳动。因此，边区儿童的心理与青年、成年人心理的距离，比白区城市儿童更小。许多三四年级的小学生喜欢看《群众报》，喜欢抄录书报上治病的单方，喜欢收集关于种植方法的材料，这绝不是偶然的。我不否认这与边区缺乏儿童读物有不少关系，但实际生活的迫急的需要形成了他们求实用的心理，也是绝不可否认的事实。在这样的情况下，过分强调教材的儿童化与故事化是不必要也不合理的。

1942 年编印的初小国语新课本，在这方面也有偏向。例如：

第一册 67 面：

> 北风起，穿棉衣，
>
> 穿着棉衣冷，里边加毛衣，
>
> 加上毛衣还是冷，外面加皮衣。

第二册 59 面：

> 天气很热，香玉穿着厚布衣服。
>
> 妈妈说："夏季的衣服要薄才风凉。"
>
> 香玉就换上黑色的薄布衣服。
>
> 妈妈又说："热天穿黑衣服不如白的凉。"
>
> 香玉就换上白棉布衣服。
>
> 妈妈又说："热天穿棉布衣服不如夏布衣服凉，穿薄绸布衣服也很好。"
>
> 香玉就换上白夏布衣服，果然很风凉。

那样怕冷，又那样怕热，有那样多种多样的衣服，有那样多穿衣的讲究，这分明不是农民家儿童的生活。这一点，编者不会不知道，他不过是想在这两课里教一些关于衣服方面的字，并讲一些穿衣服的常识罢了。但是为什么不直截了当地讲这些知识，而硬要凑成这两课所谓故事性的课文呢？没有别的，那就是因为编者受了资产阶级儿童心理学中洋教条的影响。总以为儿童心理是特殊的，儿童的世界是故事的世界，儿童只喜欢故事，只能了解故事。可是事实怎样呢？并不如此，许多儿童曾对这两课提出意见，他们不但不喜欢，而且讽刺说："那是写的两个鬼，一个是冻死鬼，一个热死鬼。"

又如第三册 55 面：

　　妈妈拿油炒菜，给孩子吃，都说菜淡。

　　妈妈说："你们说菜淡吗？那么，你们去找盐来。"

　　老大和老二就出去找盐，有个老人告诉他们说："向东走，走到海边，可以用海水晒成盐；向西走，可以找到盐池，盐池出盐。"

　　老大向东走，走到海边，果然看见有人拿海水晒成盐，他就买了些回来。

　　老二向西走，果然找到一个大盐池，盐池边积着很多盐，老二也买了些回来。

　　妈妈先拿油炒菜，再加上盐，菜果然很有味，很好吃了。

这样荒诞的故事，小孩子也都知道不是事实，如何能发生兴趣？因此，古代的神话、传说和具有浪漫主义色彩的民间故事，儿童们很喜欢，但那是具备了奇巧、曲折等儿童文学的条件，又包含有深刻而明显的寓意和教育作用的缘故。这里的课文却完全不具备这些优点。明明目的是在讲食盐的作用与产地的常识，却硬要把这样的常识凑成一个故事，既浪费词句，又不符合事实（家里炒菜，等着从东海去找盐，不符合事实；盐池在边区西边，这样说，也很不妥），有什么好处呢？这仍然是抽象地了解儿童的心理，也可以说是把儿童心理绝对化的结果。

以上许多材料，说明我们 1942 年的边区初小国语新课本中还因袭了不少旧社会教材中的观点，存在着不少资产阶级教育思想的影响。这种思想片面地过分地强调儿童化、儿童兴趣，它是资产阶级教育思想中儿童心理学的兴趣主义。它认为儿童生活于空想中，生活于幻想中；认为儿童的世界是童话的世界，是神话的世界；认为儿童的世界是独特的世界，与成人的世界是截然不同的；认为儿童的精神生活与原始人的相同,与现实生活截然不同;认为儿童教育应满足儿童的特殊生活,不应考虑现实生活的要求。这些观点,从思想方法上说是主观主义的,不符合客观实际;是形而上学的,不符合辩证法。从社会效果来说,不是为边区劳动人民服务的。边区是一个新社会,教材要适合这个新社会的要求,适合边区群众和革命事业的要求,必须把这些资产阶级教育思想的影响彻底肃清。

以上所说,是我今年在欢度儿童节时的一些感想。是否妥当,希望参加儿童工作与关心儿童问题的同志们加以指教。

（原载《边区教育通讯》1 卷 5 期,1946 年 4 月 20 日）

课本中的数字使用问题

（1954 年 4 月）

数字的使用，不单是关系科学性的问题，同时也是有关政治性的问题。马克思在《资本论》中用了很多统计数字，其目的都是为无产阶级对资产阶级斗争服务的。马克思主义的统计学是认识社会的武器，是对敌斗争的武器，是建设社会主义的武器。革命导师列宁曾经说过："社会主义首先就是计算。"在《苏联社会主义经济问题》中，斯大林同志指示在修改政治经济学教科书初稿的时候，应该组织一个人数不多的委员会，可是这个委员会内必须有一位有经验的统计学家，负责检查数字的使用并增添新的统计材料。

关于这个问题，毛主席在《党委会的工作方法》一文中讲得更具体。他说："对情况和问题一定要注意到它们的数量方面，要有基本的数量的分析。任何质量都表现为一定的数量，没有数量也就没有质量。我们有许多同志至今不懂得注意事物的数量方面，不懂得注意基本的统计、主要的百分比，不懂得注意决定事物质量的数量界限，一切都是胸中无'数'，结果就不能不犯错误。"[①]可见对数量精确的表示离不开数字，明确地划分数量与质量的界限也离不开数字。

---

①当年作者撰写这篇文章时，毛主席的文章还未公开发表。这段引文是 1978 年出版《论语文教学及其他》著作时作者补充进去的。

教科书中的每一个字都应该经过认真的衡量,这里所谓"每一个字",不单指文字,也应包括数字。有人把数字称为"数字语",是很有道理的。数字也是一种表达意思的语言,而且是很精确的、很科学的语言。

我社出版的课本对数字的使用不够注意。最近我把各种地理课本粗略地翻查一次,发现能正确使用数字的固然不少,但使用数字不确当的地方也很多。所谓不确当,包括数字的不正确、不明确和使用数字缺乏计划三个方面。现在为了说明问题,选取一部分使用不确当的例子归类分析说明如下。

一、数字的正确性

数字不但能够明确地表示出事物在量方面的具体情况,而且能够明确地表示出事物的突出特点。这也就是说,事物的量的状况与质的差异要用数字才能够表示明确,可以说用数字说明是最科学的说明。但是如果使用数字不正确,与事实不符,那就会把最科学的说明变成最不科学的说明。就我社所出版的地理课本中存在的问题来看,弄错数字有各种原因,有的由于抄写或折算时的粗心大意,有的由于引用的数字不可靠而未加考究,有的由于不明确倍、分、增、减等词的意义和用法,有的由于疏忽了计量单位的不同,有的由于未注意零整必须统一,有的由于未注意同一数字必须各处一致。分别举例如下。

1. 1953 年春季用的初中《中国地理》讲到我国铁路时说:"平均每一百平方公里面积有铁路三公里。"按实际只应有零点三公里,搞错了增加到十倍。这种错误本来很容易避免,但是或者由于抄写的粗心,或者由于折算的马虎,就那么弄错了。这是不能容许的。

2. 现行初中《中国地理》下册 131 面中写道:"1949 年青海牲畜数比 1937 年减少百分之五十二,1952 年比 1937 年增加百分之八十五强。"这就是说青海省的牲畜数如以 1937 年为一百,那么 1949 年是百分之四十八,1952 年是百分之一百八十五强。新中国成立后三年发展到将近四倍,这不要说一省的牲畜发展不可能这样快,就是最突出的一群羊的发展也不可能这样快。全西北区新中国成立后三年中牲畜只增加了五分之一,青海一省怎么会这样特殊? 这数字虽来自有关业务机关,但这并不能作为我们引用的充分根据,只能说明该机关是盲目统计数字,我们是盲目引用数字,都是在玩弄数字,而不是严肃地使用数字。

3. 高中《外国经济地理》上册 36 面中写道:"苏联石油产量 1913年有九百万吨,到 1950 年达三千七百八十二万吨,约增加四倍。"按实际只应说"增加三倍",或说"增加到四倍",不应说"增加四倍。"因为"增加"等于"增加了",是指超过数,不包括原数在内;"增加到"等于"增加为",是指达到数,包括原数在内。

4. 过去我社出版的一种地理课本上说:中央亚细亚海拔六千公尺。按实际中央亚细亚的高山也只有两千多公尺。弄错的原因是把英尺误认为公尺了。

5. 高中《中国经济地理》上册第 7 面中写道:"我国现在设市的城市共一百五十九个,……人口在五百万以上的一市,二百万以上的二市……五万以上的六十市。"按全部加起来只有一百五十二市,比开首所提的市数少了七个。

6. 同一地理事项的数字各书讲法不一致处甚多。如北京市人口,高中地理上是三百三十万,初中地理上是二百四十万,高小地理上是一百五十万。重庆市人口、四川省人口、新疆石油储量、自贡市盐产量、东北防护林面积、东北农业生产合作社社数等,各种讲法都有出入。

二、数字的明确性

使用数字不但应该注意它的正确性,还应该注意它的明确性。应该利用具有最大表现力的最小数字,这就是说应该使数字的形式十分简单,说明的问题却十分清楚。要做到这点,首先要弄清使用数字的目的。如目的在使人了解事物本身的数量情况,应该用绝对数;如在使人了解事物的变化或相互关系,应该用比例数。用绝对数时,如只求知道大体,应该用概数(近似数);如力求精确,应该用全数(精确数)。用比例数时,应求简明易识,几个数字汇列时必须用百分比,或者用适当的同母比或同子比,以便比较。无论绝对数或比例数,排列时又必须按着次序,或从大到小,或从小到大,以便了解或记忆。地理课本对这方面也注意不够,举例如下。

1. 高小地理对新疆维吾尔自治区面积只注明了绝对数一百七十一万平方公里。其实对高小学生讲新疆维吾尔自治区的面积,更重要的是应该让学生知道新疆维吾尔自治区占全国面积的比重。因此,指明新疆占全国六分之一比讲出绝对数能给学生更明确的印象。

2. 高小地理讲美国面积是"七百八十三万九千平方公里",对高小学生来说,这数字太繁了。只讲"七百八十多万平方公里"很够了,多增两位数字,加重学生的负担,是不必要的。

3. 初中自然地理上册 37 面中说:"三角洲的面积逐渐向海扩大,如黄河三角洲每年约伸展半公里,长江三角洲每四十年伸展一公里。"这样表达很不明确,不便比较,不便记忆。应该把时间或里程统一成一种说法,改成"每伸展一公里,黄河三角洲只需两年,长江三角洲需四十年",或者改成"每四十年,黄河三角洲伸展二十公里,长江三角洲只伸长一公里"。

4. 高中《外国经济地理》下册 84 面讲英国殖民地给英国工业供

给的原料数写道:"如果不包括苏联在内，黄金产量占世界的三分之二，镍占十分之九，锰占三分之二，锡、铜、锌、铝等占百分之三十到百分之四十，橡胶和羊毛占二分之一。"这样讲法有两个缺点:第一，既不统一百分比，又不统一同母和同子比，而是乱七八糟用各种分数形式表示，使人看了眼花头昏，无法比较;第二，先后次序随便写下，未依数量大小排列。这种地方，在统一形式、排定大小次序后最好用表格的方式写出来，更便于理解。

为了使数字的意义明确，还应注意两点:第一，计量单位必须统一，不可有时用公吨，有时用桶;有时用公顷，有时用亩。第二，给数字划界限时必须明确，不可界限不清，如高中《中国经济地理》下册135面说:"全区(西北)工业生产总值到1952年已超过新中国成立前最高水平的一两倍以上。"究竟是一倍以上还是两倍以上?如果是"一倍以上"，"两"字就用错了，如果是"两倍以上"，"一"字就用不着。这叫做划界不清。以上、以下，从多少到多少的用法，也往往含混不清。如一百以上、一百以下的说法，一百是包括在一百以内呢?还是包括在一百以外呢? 不明确。应该说一百以下是包括一百在内的，对一百以外的应说成一百零一以上。又如从六岁到十岁、从十岁到十五岁的说法，也不明确。应改为从六岁到十岁，包括六岁与十岁在内;从十一岁到十五岁，包括十一岁与十五岁。这就不重复、含混，十分明确了。

三、使用数字的计划性

使用数字除应注意数字的正确性和明确性外，还必须有计划，要作通盘筹划。要想使用数字有计划性，必须做到使用数字的目的性明确。从目的上确定对事物的重、轻、主、次之后，才好解决对数字的取舍、详略，就是哪里该用，哪里不该用，哪里详细，哪里简单，这就是计划性了。对数字的使用，绝不可随材料的有无和多少而决定。我们的地理课本在这方面也有许多欠考虑的地方。例如：

1. 高中《中国经济地理》讲湘鄂赣区的棉产,用了九个数字来说明,实在不必要。因为该区只有湖北一省是主要棉产区,而湖北在全国棉产省区中目前也只排到第五位。该书总论中叙述林业部分用了三十来个数字,也是不必要的,因为林业在我国农业中不是重点。

2. 同书总论中"新中国成立后工业的改造,恢复和发展"一段,四处用到数字,共用了十四个,但对最重要的一个问题,即新中国成立以来工业恢复发展的总情况,却没有用数字来表示,而只用了如下一句抽象的话轻轻带过,"各种工业的生产量已经恢复,并且大部分超过了历史上最高的水平。"这叫做轻重倒置。该书总论中讲到铁路运输,对全国几条主要的铁路都讲明了长度,但对最长的中长铁路却偏偏没有讲明。

3. 同书对英美两国共讲了 34 面,引用数字也不少,但对两个很重要的问题, 即英美在经济上的矛盾和两国各与其殖民地在经济上的矛盾,却几乎没有用数字来说明;用到数字时,说明的意图也表现得很不清楚。

综上所说,我们在课本中使用数字时,首先应该考虑取舍、详略问题。这就是说哪里该用,哪里不该用,哪里详细,哪里简单,必须认真研究一番。其次,对所用数字要切实考究,使它正确无误;与数字有关的文字都必须一再审查,务求妥帖。最后,对数字的表现形式还应细加推敲。力避烦琐,力避杂乱,尽量做到简明易识,一目了然。

叶圣陶跋：

辛先生这篇文章大有意义,咱们应该仔细地读。

书本里列入一些数字,一要正确可靠,二要体例一致,三要想清楚为什么要这些数字。这几点其实是编辑工作方面的一般要求,不是什么太高的要求。唯有做到了这几点，数字对读者才有用处，否则就是徒乱人意，甚至是让人上当。

读了这篇文章，该会领会到一层意思，咱们往后不能看见数字就抄，像我们苏州人说的"拉在篮里就是菜"了。别处的数字只是咱们的原料，咱们对这一堆原料必须先做一番审查、整理、选择的工夫，把它化为当前合用的材料，然后写在咱们的书里。编课本应该如此，写旁的书也应该如此，因为出版物绝不能徒乱人意，尤其不能让人上当。

（原载人民教育出版社内部刊物《编辑工作》第 2 期，1954 年 4 月 12 日）

谈课本编辑工作的群众路线问题

（1955 年 5 月）

　　课本里的教材是学校教育的主要内容，是体现国家教育政策的重要材料，是新生一代赖以成长为祖国社会主义建设者和保卫者的精神食粮。课本内一句话不正确，就会在学生的知识上造成一个缺陷；一个词不明确，就会在学生的理解方面投下一块暗影。至于思想政治和科学知识上的错误，那危害之大更是不消说的了。

　　课本既具有这样的严肃性，编辑课本当然是十分艰巨的工作。除了编者应该苦心钻研、社领导应给以指导帮助之外，还应该采用各种方式，广泛吸收社外多方面的意见。我们常说编写课本要走群众路线，也正是这个意思。

　　我社从成立的时候起，对吸收社外意见这一工作就注意到了；但是由于布置不具体、编辑任务繁重、有些同志对这一点又重视不够，几年来实际做得很差。就 1953 年以前说，地理和历史两个编辑室在新编书稿征求意见、召开专家和教师座谈会、联系有关业务部门等方面还做了不少工作，收到一定的效果，但其他编辑室的活动就很少。1954 年情况不同了，各编辑室在这方面的活动逐渐多起来，这是一个进步。但无论从广度或深度说，这项工作至今还存在不少缺点。现在我提出一些关于改进这项工作的意见，供大家参考。

一、做好书稿征求意见和召开座谈会工作

过去我社吸收社外意见时,采用送阅书稿(包括教学大纲、课本、教学参考书、有关原则问题)和召开座谈会的方式最多,收效也最大。这方面的工作要做得更好,首先应该充分准备,我们希望解决的问题提明确,根据问题的特点来决定向那些人请教,用什么方式请教。请教专家呢,还是请教教师,或者请教有关业务部门?用书稿上批注意见寄回的方式,还是送阅书稿后定期召开座谈会?座谈会采用大型的,还是小型的?专家和教师分别座谈,还是一起座谈?这些问题都应根据不同的要求来确定。必须准备充分、目的明确、对象适当、方式相宜,才可收到更大的效果。

过去我们在这方面是有缺点的,除往往准备不够充分、目的不够明确之外,有些同志对专家和教师的看法还有偏向:有的认为专家只谈空洞原则,大而无当,难于执行;有的认为教师水平较低,只能提些枝枝节节的意见,用处不大;于是有的只开专家会议,有的只开教师会议,这都是不对的。我们应该充分利用两方面的所长,在科学知识方面多听取专家的意见,在教学要求方面多注意教师的意见。还有一个缺点是我们征求意见的地区一般只限于北京,我们很少像体育组那样向全国各地征求过意见,这就使我们对于不同地区和水平较低的农村及小城市教师的意见没有听到。今后在这方面应尽可能改进。

征求意见时还应特别注意先进经验。不单对别人在座谈会上谈出来的和在书稿上批注出的属于先进经验的意见应该重视,而且在主持座谈会和发通知提出问题时,就应该向这方面引导,使对方能够本着改革教学的要求,在学习先进经验的前提下考虑问题,在理论结合实际的原则下考虑问题。比如小学的阅读教材应该丰富起来,那么教学长课文的经验就是宝贵的,征求意见时就应充分注意这方面的

成功经验。这样,不但可使我们得到有创造性的意见,而且也可启发对方,使他们注意研究新的理论和经验。

还有一点,我们对座谈会上听到的和书稿上批注出来的意见必须严肃地处理。这些意见有的关系重大,有的无关紧要,相互间又有不尽相同甚至恰恰相反的地方。我们必须经过认真的研究,确定哪些问题可以听由责任编辑自行取舍,哪些应由编辑室讨论决定,哪些还应请示责任副总编辑决定。这样,宝贵的意见才不至于在责任编辑的疏忽下被轻轻抛弃。近来召开座谈会次数很多,但有些编辑室对座谈会上提出的意见并没有严肃地处理,这是不符合我们召开座谈会的目的的,应即改正。

二、处理好读者来信

1954年读者给我社来信六千八百多件,对课本提出许许多多的意见和问题。处理这许多来信固然是一个不简单的负担,但认真严肃地处理这些来信,对编辑工作的改进也有很大的帮助。事实上我们每年登勘误表和小修改课本时,根据的材料多半就是从读者来信中得到的。

可是我社有的编辑室对来信的处理是不够好的,或者处理不及时,把许多信拖到三四个月甚至半年以后答复;或者处理不认真,让助理编辑随便解答问题,往往解答的不够正确;或者不研究处理方法,经常忙乱,还是应付不了。这样,使读者很不满意,有好的意见再不肯寄来了。去年数学编辑室对来信的处理是比较好的,他们每星期用一个下午集中处理一次,从不拖拉;让编辑同志解答与自己所编课本有关的问题,既可使编者了解情况,又可减少解答上的错误;发现了同样的问题时,在刊物上来一次综合的公开的解答,以减少继续来信,甚至预计有什么问题将会发生,就写文章发表出去,以指导教师。

这些办法都是各编辑室应该学习的。

读者来信中提出重要意见或问题时，应把来信在《编辑工作》上刊出，让大家研究参考。这一点我们已经这样做了，今后当然还应继续做下去。

对读者来信中大量普遍的意见必须重视，因为这种意见即使是错误的，也因它已经和广大群众结合起来，是一个物质力量，对我们的工作会有很大影响。例如小学识字教学方面主张四会（每识一个字，同时要求会读，会写、会讲、会用）的意见是错误的，不科学的；但因为它得到了广大教师的支持，曾对语文教学的改进起了很大阻碍作用。对这类错误意见必须大力地耐心地进行解释，才能减少我们工作上的阻力。至于大量普遍的意见中包含的正确部分，那是更应该充分吸收采纳的。当然，重视大量普遍的意见并不等于盲从。科学上的问题不能用少数服从多数的表决办法，因为真理有时在少数方面。尾巴主义也是要反对的。

处理读者来信还有一点很重要，那就是我们应该从来信中注意发现热心提意见而又水平较高的读者，发现后应注意通过侧面了解，确知各方面条件相宜时就约他为我社通讯员，送他书本和新编书稿，请他更多地给我们帮助。我们过去这样做的很少，今后应向这方面努力。

三、认真组织参观教学和新课本的试教工作

教师对课本提的意见只能限于他认识到的，至于他还没有认识到的问题，当然不会提出来。因此，编者亲自参观教学有时还会发现新的问题。如北师附小一位教师教初小语文六册内"雷之歌"一课，教师对这一课的内容深浅并没有感到有问题，可是我社小学语文编辑室同志从参观教学中看到学生的反映，考虑了诗的内容，就认识到这

一课深了一些，放到四五年级去教比较适宜。可见参观教学和听取教师的意见有不同的作用。

而且教学的改革不单体现在教材方面，同时也体现在教学方法方面。参观教学不只能发现教材本身的优点和缺点，同时也可发现教师教学方法上的优点和缺点。我们的群众路线不应只限于被动地接受教师的意见，而且应该主动地在实际教学中了解情况，发现问题，对教师提供意见，以便全面改革教学工作。就这一点说，参观教学比召开座谈会、书稿征求意见、看读者来信等方式有更重要的意义。

参观教学还有一种作用，就是在参观教学中看到教师怎样千方百计地说明教材，学生怎样聚精会神地学习教材，立刻会感到课本的严肃性。在参观教学中看到课本上因一个小小的缺点或错误而造成教学上的困难，立刻会感到编辑课本的责任之重大。这对于锻炼我们对工作的责任感是大有益处的。

过去我们参观教学不多，对这一工作的经验也很少，往往去时匆匆而去，参观后只得到些零零碎碎的印象，收效不大。今后参观教学时，必须有明确的目的，为了解决什么问题必须心中有数。针对目的选择适当的学校、班级、教师及课文，做好必要的准备，再去参观。这样效果一定会好的。

新课本的试教工作比参观教学更进了一步，因为试教的新课本当然是改进较大的教材；布置试教时在教学方法上也一定有更明确的要求。这样试教的结果如果成功，那在教学改革上就会有很大的意义。今年秋季我社有几种新课本要实行试教，对这一新的工作我们必须拿出一定的力量，在试教前周密布置，试教过程中多多研究，多给指导，以保证这一工作的顺利进行。

四、初步试做群众访问工作

访问工作我们过去也做了不少,如生物组、本国史组向专家的访问,地理编辑室向有关部门访问。但这只是向专家或专业机关的登门请教,不是向广大工农群众的访问。向工农的访问我们还没有正式做过。我在这里只提出应该这样做的理由,至于如何去做,大家可以研究。

我们的课本是在学校里使用的,是让教师去教的,因此教师也就是我们的直接的群众,我们应多向教师征求对课本的意见。但教师最注意的是儿童年龄特征和可接受性的教学原则,他们的意见一般是偏重在教学的要求方面,偏重在分量轻重、内容深浅、教材安排顺序等方面。他们对社会生活的需要,对广大工农群众的要求,有时也反映一些,但不一定全面,也不一定具体。

我们的国家的政策是社会生活需要的集中表现,它反映了群众要求的重要方面。因此有关业务部门和专家从理论和政策出发,对课本提出意见时,也就会牵涉到群众的要求,但缺点也是不够全面,不够具体。

为了补救这一缺点,为了更彻底地走群众路线,我们应向社会上更基层的群众,即广大的工农群众征求意见。根据今天我们课本编辑工作的发展,根据我们今天的编辑人力,要系统地大规模地做调查,以广泛征求工农群众对课本的意见,当然是不可能的;但有目的、有计划、结合工作中的具体问题、量力而行地初步试做这种调查访问工作,则是可能做到而且应该去做的。

首先,我们对一些关键性的问题应向基层群众做一些调查访问。最近有人在农村做了一些调查,听到农村干部、学生家长和参加了生产工作的学生,对教材提出这样的要求:小学教材内加强劳动教育不应只限于鼓动学生参加生产的热情，而且应该结合科学知识教给学生一定的农业生产的知识和技能，教给学生农业生产合作社工作上需要的简单统计、会计方面的知识和技能。目前及今后相当时期内高小和初中毕业生很大一部分不能升学，而要参加社会生产。我们的课本，特别是语文、算术和自然科学各科，究竟怎样本着综合技术教育的精神，结合我国社会主义建设和社会主义改造的实际情况以充实教材的内容，这不单是一个理论问题，也是一个实际问题；不单应和专家教师一起商讨，也必须和基层群众一起研究。

其次，课本固然是根据学生年龄特征用社会主义思想和先进的科学知识武装学生的；但这些思想和知识还必须结合社会生活的实际情况，才能让学生学习时更顺利，理解得更明白。我们不能要求编课本的同志像文学作家一样，深入工农群众，长期体验生活；但如果一个同志本来不熟悉广大工农群众的生活，而又永不和他们接触，要想编好课本，那是绝不可能的。我们不是常常因为缺乏社会生活知识而采用了报刊上某些个别的夸张失实的材料，或者虽不夸张却不够典型的材料吗？不是常常对于有关工农业生产的一些名词术语不会注解或注解错了吗？当然我们不是要求一下就了解工农群众的全部生活；而是要通过编辑工作中某些具体问题，有目的地去找群众商量，以逐渐增加我们对工农群众生活的了解，逐渐使我们的课本内容切合社会生活的需要。

以上所讲群众路线的各种方式都应该认真去采用，但所谓认真采用并不是不顾工作的实际情况而一味地在这方面多费时间，也不是对各种方式平均使用力量。应该是按照需要和主观力量适当地使用人力；方式应求灵活，应着重实际效果，不可过于讲究形式。

上边主要是从工作方面讲的，思想方面讲得很少。但是工作上群众路线的贯彻决定于思想上群众观点的建立。必须在编辑同志的思

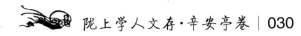

想上建立起群众观点，建立起为人民群众服务和向人民群众学习的观点，群众路线的执行才能彻底；才不会是形式主义的，而会收到实际的效果；不会是照例去做，而会随工作情况的改进而改进。编辑同志对工作的态度也不会是敷衍塞责，而会抱有高度的责任感；不会是为了表现个人的创作欲而自由写作，而会为了人民利益和国家教育政策来编写教材；不会过分相信自己的能力关门自写，而会相信群众的智慧，在好多问题上虚心听取别人的意见；不会把革命理论和国家政策的学习当作一种负担，而会把这些学习看作改进编辑工作的有力保证。这是一个关键性的问题，必须逐渐求得解决。

（原载人民教育出版社内部刊物《编辑工作》第 7 期，1955 年 5 月 15 日）

课本内的图画问题

（1956 年 8 月）

　　课本内的图画(包括故事画、景色画、科学画和地图)和课文应该是有机地组织在一起的。图画是利用特有的形象化的长处来补充课文的语言之不足的,它是课文不可缺少的一部分,它和课文真有"相得益彰"的关系。

　　两三年来,我社所出课本内的图画日渐增加,这对教学上是很有好处的,因此教师都表示满意。图画的质量也逐年都有改进,《编辑工作》第九期对绘图工作提供了好多宝贵意见之后, 改进想来更大一些。但是由于客观方面任务的繁重,主观方面努力的不足,我们课本内的图画的缺点至今还是不少。现在把我从很少的课本中看出的问题归类提出,并顺便谈谈我对改进绘图工作的一些意见。

一、图画选材的计划性

　　一册课本哪些课该配图画,哪些课不必配,应该做通盘筹划。该配图画的课文,应配几幅、该画什么,也还要进一步研究,不能采取"捡在篮里便算菜"的态度,遇上什么就画什么,或者想画什么就画什么。全书也好,一课也好,图画选材都应遵守这样的原则:抓住教材的重点,补充课文的不足。这就是说应该在教材的重要地方,而且这些重要地方还必须是文字不易说清楚的,才加图画。图画必须起这样的作用:要让学生对课文内一些重要而简单、抽象的词语能有详明而具体的了解。

可是我们的课本在这方面还是有缺点的。举一例子,高小地理第二册《北京》两课内有五幅图画,却没有天安门的图,这首先就是一个大缺点。其次,五幅画中北京市区、天坛祈年殿等可说是必要的;但"故宫的一角"取景太和殿的北面及中和殿的侧面,这就不是必要的了。如果要用故宫的一幅,应该取太和殿的正面。至于"前门箭楼"一幅就更没有必要,如果定要再用一幅,倒不如取北海的白塔。这虽只是一个例子,也可看出我们对图画选材不够认真,缺乏通盘筹划。

二、图画形象的正确性

确定图画的选材后,首先应要求画得正确。图画形象的正确性主要应体现在符合实际方面。我们课本内的图画与实际大不符合的固然不一定有,但在细节上画得不够精确的却绝不是没有,而且还不少。比如一幅画中物象的远近大小不符合透视原理,对动植物形态的某些方面画得不像,对工农劳动的姿势画得不合实际,对人物应有的喜怒哀乐没画出来等,这样的缺点是各种课本内都可找到的。这类缺点看起来并不算严重,但既画得不够精确,不能把物象的细节及人物的神态描画出来,那自然也就不能让人对事物有明确的印象,对感情有深刻的体会,这就失掉了图画配合课文、补充课文语言之不足的作用了。因此,对于这种缺点也应认真加以注意,并设法一一克服。

图画的正确性还应体现在图画跟课文的一致性方面。最严重的不一致是图跟文的内容有矛盾。如新编高小历史二册的课文中说"荷兰人狼狈地退出台湾",配的一幅图画则是"荷兰人在台湾投降郑成功"。究竟当时荷兰人是退走,还是投降,或者主要是退走,还是投降,使人弄不清楚,这种错误造成了教学上的困难。

图文不一致的另一种表现形式是图跟文所用的名称不统一。如同书《清朝前期的疆域》一图跟课文的写法有许多不符合，课文中说"征服了天山南路的维吾尔族"，图上天山之南却不写"维吾尔"，而写"回部"；课文中说清朝的疆域"南接印度和印度支那"，图上则把印度支那改写成"缅甸、暹罗、安南"。名称不一也给教学上增加了困难。

图文不一致的再一种表现形式是地图与课文的内容详略不同。如上述课文中说"清朝的疆域东到太平洋"，而图中却没有写出"太平洋"，倒写出"朝鲜"和"琉球"。更突出的例子是同书"郑和航海路线图"，课文中对南洋国家只提到一个地名（占城），而图上则写出了十个，而且都是学生所不知道的。该图在明代疆域以外东、西、北三方面又写出十几个与课文无关的地名，而且大半也是学生所不知道的。地图上所标的地名，有时也可以比课文所讲多一些，但我认为绝不可太多，而且多标地名时必须有充分的理由，绝不可随意增加。图文内容的详略不同，也增加了教学上的困难。

图画的正确性还应体现在处理画材的逻辑性方面。我们课本内处理画材不合逻辑的现象是有的，如初小语文第二册71面把行进中的火车、汽车、轮船画在一张画面上，并排紧接在一起，不合逻辑，不符事实，教学上不能培养学生有条理的思维，而是形成学生的糊涂观念。这样处理画材是很不恰当的。

又如初小语文一、二、三各册中都有这样的画，把几种大小悬殊的动物用几乎同一大小的图形画在一幅画面上。学生看到这样的画，对其所熟知的动物（如鸡和狗）会提出问题问教师，为什么把它们画得一样大，对其不熟知的动物（如狐和熊）会误认为它们的形体大小是一样的。一方面引起学生的怀疑，增加当前教学上的麻烦；另一方面形成学生错误的观念，留下将来纠正的困难。这一类画在艺术上虽不是完整的统一体，画出时不必遵守严格的大小比例，但也必须适当照顾其实际情况，不然，在教学上会产生不良的恶果。

三、图画形象的明确性

图画的形象不只应做到正确，而且应做到显明，使人能够一目了然。这一方面我们课本中的缺点是比较多的。如高小地理课本内的好多景色图（如青藏高原上的景色、久经垦植的黄土高原和渭河平原、太湖风光、洞庭湖、重庆市等）都是由大幅画缩小画成的。画面太小，印刷技术又差，成书后很难看得清楚，徒然增加教学上的困难，并不能达到补充文字不足的目的。高小历史课本上"荷兰人在台湾投降郑成功"一图也有同样的缺点，内容太繁，画面太小，模糊一片，连哪些是荷兰人都不容易看清楚。从这里我们应得出如下几点教训：

第一，课本内采用内容复杂的大幅照片时，应该放弃求全思想，尽可能只选取其突出部分摹写，以保证印在书上清楚美观，便于教学。第二，如果必须摹写大幅照片的全局，也绝不可机械地照描，或只做人物的改头换面，应该是根据课文教学的要求，考虑到课本版本的限制，取材可以减删，画法应下一番加工再创造的功夫。第三，给课本绘图的同志必须学得一种经验，就是要能够预料到一张较大的图画缩小到书本上一定尺寸时的结果。如果没有这一经验，画得虽好，印在书上就可能看不清楚。为了避免这种现象，绘图同志应在精减物象、节省闲笔方面下一番功夫。图画和语言、数字一样，也应讲求最简明有力的表现形式。

初小语文一、二册上也有一些图画是形象很不显明的，这里就不多说了。

有一种情况也可说是明确性不够的表现，这就是画面上没有做到重点突出，让学生一看图画就对课文有更明确的理解。如高小历史二册内"岳家军在郾城大败金军"一图，没有能够把拐子马被歼灭的情况画出来，教师学生都觉得是一个遗憾。这是前些日子我在某地时听到的。

又有一种情况也是明确性不够的表现，这就是历史上的疆域图的画法不能让学生对历代疆域的实际得到一个显明的印象。如宋朝的疆域远比清朝的为小，但在书本上（高小历史二册）所占的画面反比清朝为大。为了给学生一个正确而显明的印象，1939 年我在延安编写高小历史课本时，疆域图曾采用日本出版的一种地图的画法，即把每一朝代的疆域都画上两条国界线，一条是当时的，一条是现在中国的。用今天中国的疆域做了一个尺度，和每一朝代疆域做比较，当然就很容易看出各代疆域的大小程度了。请历史编辑室研究一下，我们的高小历史课本上的疆域图是否也可采用这样的画法。

还有一种情况，本来是由于学生缺乏知识，不能理解图意，但表面上看来也是图画的明确性不够。如高小历史二册内"玄奘"一图，玄奘背上背的是书箱还是行李，看不出来。像这样的图，画法是有根据的，当然不必修改；但为了便于教学，应加图注来说明。

要把课本内的图画搞好，一方面要绘图同志平日勤学苦练，提高绘图水平，工作临头又能细心研究，体会课文的要求；同时编写课本的同志也必须把图画看作课本内容不可缺少的一部分，从全书出发，通盘考虑配图的计划，并与绘图同志共同研究每幅图的要求与画法，对绘图同志的画稿又必须详加审阅，提出修改意见。编辑同志与绘图同志真正做到密切合作，这是提高课本内图画质量的关键。

我还想到改进绘图工作的一种临时措施，就是特意召集两三次讨论课本图画的座谈会，征求教师和专家的意见，然后由绘图科和有关编辑室整理研究，再参考《编辑工作》第九期上许多同志的意见，特别是叶社长①的指示,提出今后改进工作的切实办法,交由编辑部部务会议讨论、通过,付诸实施。可否如此做,也请同志们考虑。

（原载人民教育出版社内部刊物《编辑工作》第 18 期,1956 年 8月 15 日）

---

①指叶圣陶先生,当时叶圣陶时任教育部副部长,兼人民教育出版社社长。以下文中出现不再重复注释。

课本编辑工作方面的经验教训
——对朝鲜教育考察团报告的一部分
（1956 年 12 月）

这里只谈谈最近两年我们编辑工作方面的几点主要经验，供朝鲜同志们参考。

一、教科书的内容和中国实际相结合

我们在 1951 年开始提出教科书的编写方针是学习苏联的先进经验，同时结合中国的实际。从那时起我们把苏联十年制学校的各科教学大纲、教科书、教学法都陆续翻译成汉文，让编辑干部认真研究，体会其优越性。几年来学习苏联的成绩是很大的，如我们许多教科书的思想性、科学性、逻辑性比较强，这主要是吸收了苏联先进经验的结果。如果单凭我们自己摸索，需要很长的时期才能达到这样的水平。但是因为我们领导方面过去偏重强调学习苏联，比较放松结合中国实际，编辑干部又对中国实际了解不多，因而学习苏联的成绩虽然很大，但也产生了不少教条主义的毛病，不能和中国的实际相结合。如我们前些日子检查教条主义时所发现的：植物学上介绍苏联"草田轮作制"的理论和实际，这对中国是没有用处的。动物学上动物形态构造的插图是从苏联课本上搬过来的，和中国的动物形态构造有很多不一样。自然地理内讲到一种深水的鱼，中国的教师连它的名字都不知道。外国经济地理对欧洲讲得比亚洲详细，这是适合于苏联而不

适合于中国的。从这些例子可以看出我们教科书的内容和中国社会、中国自然的实际的结合是有缺点的，这些缺点当然影响教学的质量。另外苏联教科书的分量一般比较重，我们的教科书分量也跟着失之于重；苏联的高中世界史和高中物理学分量特别重，我们也特别重；苏联的达尔文主义基础太偏于抽象道理的说教，我们也跟着作抽象的说教。这在教学上当然增加了困难。因学习苏联而增加了教学上的困难，这也就是结合中国教学实际不够的表现。

中国语文和中国历史虽然不能直接搬运苏联的教科书，但我们对苏联的先进经验也是认真研究过一番的，就一年来新编出的中小学中国历史、中学文学说，比旧教科书确实有很大进步。但结合中国实际不够的地方也是有的，如中学文学分量过重，高中古典文学一开始就讲《诗经》《楚辞》等，给教学上增加了很大困难，各方面意见不少。高中历史分量也较重，并引用文言材料，给教学上也增加了一些困难。这就是说我们文史教科书的编法和今天中国的教学实际情况，也有不相适应的地方。

教科书内教条主义的产生，直接原因如前边所说是我们领导方面强调结合中国实际不够，编辑同志了解中国实际不多。如果我们对中国社会的实际、中国历史的实际、中国自然的实际，特别是中国教学的实际了解得多一些，并强调和这些实际尽量结合，好多错误是可以避免的。固然，中国社会实际、中国历史实际和中国自然实际主要应利用科学界研究的成果，不一定要我们亲自去探索；但我们必须亲自做一定的参观、调查，对中国教学的实际有相当的了解，才好下笔写教科书。虽然我们也开过不少教师座谈会，也参观过教学，征求过教师对教科书的意见，但是这些活动过去几乎只是在北京举行，而北京的教师和学生的水平较高，不能代表全国的要求。至于有计划地了解各地教学情况，我们目前才刚开始。为什么我们过去没有强调编辑干部去了解中国教学实际呢？为什么对实际教学情况不了解就能够下笔写书呢？这不能简单地归因于工作太忙，没有时间去做调查工作。而应该着重从思想方法、工作方法方面找出它的根源。我们有许多同志正是由于研究了苏联教科书，研究了专业科学知识，研究了教学理论，对教科书的编法找到了一定的科学根据，形成一定的主见，就满怀信心地开始下笔写书的。这种做法有一半是对的，那就是做了必要的理论研究工作；但有一半是不对的，就是没有去研究教学实际就下笔写教科书。"闭门造车"，出门不一定合辙，是很自然的。要知道科学知识、教学理论、先进经验如果不和中国的教学实际相结合，不从中国教学实际出发，即使再好也是没有用处的。认为不研究科学理论不能写下去，不研究教学实际却能写下去，这是重视理论而忽视实际的思想，是相信自己而看轻群众的思想。这是思想方法、工作方法上教条主义、官僚主义、脱离实际、脱离群众的表现。这应该是教科书内教条主义产生的根本原因。从这种思想方法和工作方法所产生的教条主义当然不会只表现在学习苏联经验方面，也可以表现在别的方面。

我们的编辑同志和审稿同志对科学理论和教学实际可以说都缺乏研究。但两方面比较起来，对教学实际的研究更加缺乏。这也可以说是一般知识分子在思想方法、工作方法上比较普遍的共同弱点。因此要保证教科书的内容、写法、分量跟教学实际相结合，首先需要在思想方法、工作方法上做到科学理论的研究和教学实际的研究相结合。中国共产党第八次全国代表大会又一次向我们敲起警钟，要我们学习实事求是和群众路线的观点和作风，反对主观主义和官僚主义，警戒脱离实际和脱离群众。我社同志正在学习这次大会的文件，我们也正在准备分批到各地进行实际教学的研究，我们相信今后在这方面会有一个比较显著的改进。当然对教学实际的研究也不能只靠我们自己,同时也要充分利用教育行政部门的调查资料。

二、重大的改革和充分的准备相结合

中国语文和中国历史教科书的学习苏联是间接的,困难是比较多的。不单要认真学习苏联文学、俄语、历史等科的教科书,体会它的优点;还要费更大的力量研究中国语言、文字、文学、历史各方面的许多问题,求得适当的解决。我们为了改进这方面的教科书,曾增加了这些教科书的编辑干部,并让他们做了比较充分的研究工作。这样做是必要的、正确的,因而也就获得不小的成果。如确定中学汉语和文学分科教学,小学一二年级语文教学以识字为重点,提高中小学语文的选文质量,丰富中小学的阅读教材,汉语教材重视从语言实践中掌握语言规律,用多种多样的练习使语言知识巩固在说话和写作上,历史的写法力求以较有中心的叙述代替头绪纷纭的罗列,以具体事实代替多余的抽象理论,……这些成果将会使汉字教学、语言教学、文学教学、历史教学进一步走上科学的道路,大大提高教学质量。

但是这些成果也还有人不够了解,特别在语文方面,用老一套的做法反对这种改革。为什么会有这种现象呢?为什么在一个轰轰烈烈的改革一切的国度内还会有这种保守的现象呢?这好像是一件怪事,其实也不奇怪,因为我们企图在教学上做一次重大的改革,却草率从事,没有做充分的准备工作。对于有关改革的重要问题,不只没有在整个社会上发动讨论,就连教育界也没有广泛征求教师、专家和教育行政干部的意见。我们的意见和做法基本上是正确的,但也不能说没有错误的地方。而且就是正确的部分在目前实际教学方面能做到什么程度,也还需要研究。为了顺利地进行改革,社会上必须展开充分的讨论,一方面使大家了解我们的意图,争取舆论对我们正确部分的同情;另一方面吸取别人正确的意见,改正我们的缺点和错误,并使不适合于目前实际教学的部分也得到必要的改正。这样才能使改革的意图建立在可靠的基础上面。因为准备工作很不充分，正确的意见未得到别人的了解与支持，错误和缺点也不能及早克服，以致引起教学上一定的困难，遭受到不少责难。这是我们工作上很大的缺点。

教科书的改革是一件科学的工作，也是一件群众性的工作。要有科学理论上的根据，又要千千万万教师去贯彻。如果只重视前者而忽略后者，使广大教师不能接受，改革的意图就会陷于"光荣的孤立"，改革就会遭到不应有的损失。这一点教训是我们不应该忘记的。

教科书的试教工作本来是准备工作的一个方面，小学一年级语文和中学一年级文学的新教科书都曾在少数学校试教过，我们借此听取了不少意见，改正了不少错误。可是后来轻易改变了计划，决定小学二年级语文、初中二年级文学、高中一年级文学的新教科书都不再试教，就在全国学校推行。如果这三种教科书也继续试教，初中文学分量过重、高中古典文学教师不会教、初小语文生字较多等意见，很可能反映出来。那我们就可适当地减轻一些初中文学的分量，把高中古典文学减少一些篇幅，并附上现代汉语的译文，把初小二年级语文的生字减少一些，或者调换一些课文，更好地体现以识字为教学重点的意图。因为我们没有试教，这就减少了我们听取意见的机会，增加了教师教学上的困难，拖延了供应教科书的时间，引起多方面的责难，使我们处于十分被动的地位。这种轻易改变计划，削弱准备工作的错误做法，也给了我们深刻的教训。

教材的改革要求教学方法也相应地改革，小学低年级的识字教学、高年级的历史教学、中小学的长课文教学都是显明的例子，如果用旧的教法，就无法教新的教材。可是因为我们的准备工作不充分，没有在社会上展开讨论，没有把试教工作继续下去，没有把教学方法改革的必要性展开讨论，没有把试教中发现的好教法广为介绍，让各

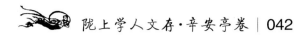

地教师研究学习，没有使广大教师在改革教学法方面获得思想上的准备。这就给我们的改革工作增加了阻力。这也是我们不应忘记的。

三、教科书的稳定问题

过去几年我们的各种教科书不断在修改，也有不少是反复重编的。教科书不稳定，影响所及，增加了编辑同志的忙乱，增加了出版和发行工作的困难，增加了教学上的麻烦，浪费了国家的纸张（因旧书不能利用）。教科书经常修改或重编的现象，客观上是由于有些教科书质量不高，错误缺点甚多；主观上是由于编辑干部不了解教科书不稳定的害处，领导人又对修改和重编工作控制不严。我们有不少教科书的修改或重编不是根据教学经验的总结，不是经过社的领导人的研究考虑，而是由编辑室决定，甚至由直接编书的同志决定。这样轻率地处理事情当然是很不好的。两年来我们力求克服这种现象，但至今仍没有彻底克服。还有一些重要的情况，这就是没有教学大纲，或者有教学大纲而也不稳定，教学计划也在不断地改动，这更使教科书无法稳定下来。最近教育部和我社都深感教学计划、教学大纲、教科书的经常改动，很不利于教学的进行，决定明年一年内从理论和实际两方面来认真研究，最后比较彻底地修改教学计划和教学大纲，然后根据大纲改编教科书以求做到教科书的稳定。认真地执行这一决定，可以比较彻底地克服教科书不稳定的现象。

（原载人民教育出版社内部刊物《编辑工作》第 20 期，1956 年 12 月 15 日）

回顾在延安十一年的教材编写生活

（1949 年春初稿，1977 年夏修改）

一、接受了新任务

1938 年春天，我来到革命圣地——延安。三个月的陕北公学生活，开会、唱歌、爬山、行军、听报告、出墙报……很快地飞过去了。七月一日，中国共产党成立十七周年纪念日那天，我到了边区政府教育厅。

在伟大的抗日战争中，在党中央所在地工作，热情自然是很高的。教过七年中学，曾担任过五六种课程的教学；在这些经验的基础上编写小学课本，劲头是很足的。当时领导上要我同时编写高小历史和地理教材，我稍加考虑，即承担了。先写出编写计划和提纲，经过讨论，接着就双管齐下，写几课历史，再写几课地理，积极地工作起来。写出一部分，马上审查、修改，立即油印发出，供学校使用。

当时编写的同志共四人，同住在一孔土窑洞里，除了集体讨论外，白天各写各的，很少说话；晚上直写到十一点钟，才熄灯上床。次日一早起来，就又开始工作了，一天大约工作十一二小时，并且天天如此，只感到愉快，不知道疲倦，全副精神都贯注在工作中。那种情景，今天想起来，还历历如在眼前。

二、贯彻抗日教育政策

当时编写教材的方针是什么？就是党中央在抗日救国十大纲领中提出的"抗日的教育政策：改变教育的旧制度、旧课程,实行以抗日救国为目标的新制度、新课程"(《为动员一切力量争取抗战胜利而斗争》)。如何贯彻这一方针呢？我们的口号是教材要抗日化。化法有两个方面,一方面是内容上增加抗日的比重,如历史课本第一册从"九·一八"事变讲起,"一·二八"抗战、察北抗战、"八一"宣言、西安事变……一直讲下去。地理也把敌人对东北、华北资源的掠夺、各省的军事要地等内容,讲得较详。别的同志编的小学国语,更是如此,关于猫儿狗儿的物话,也都装上抗日的内容。

另一方面是在教材的组织编排上适应战时的环境。如历史课本的编排是先今后古,中外混合的。第一册讲"九·一八"以来的国内外大事,第二册讲中国近百年史及第一次世界大战与俄国革命,第三、第四册讲中外古代史。地理编排是中外混合,以战区分区、螺旋式地安排教材内容。第一册就把全国大体讲到,但重点是华北与东北；外国则讲与抗日关系密切的日本。第二册又是全国大体讲一遍,中心在西北与华北,这样编排的理由是：抗战时期,学生不一定能在学校住到底,注重教学当前最重要的知识,才好与战时生活相适应。

但是过了一年之后,抗日战争进入相持阶段,陕甘宁边区更加巩固,有了相对安定的环境。于是群众的要求高了,对课本的批评也渐渐听到了："猫儿也抗日,狗儿也抗日,一般的宣传材料太多,基础知识的教育成分太少,过分注意当时当地,教材的编排太没有系统了。还是要考虑长远需要,讲点科学知识,注意儿童特点。"

三、科学化与儿童化

各方面对课本的意见不断反映来,编写的同志起初还不大注意,渐渐地听得多了,才认真加以考虑。接着研究、讨论,认为别人的意见虽不免夹杂了一些传统的不正确的观点,但在纠偏的意义上还是对的,应该吸取,以求改进工作。于是 1940 年又开始了改编工作。改编的方法是在贯彻抗日的教育政策,坚持抗日化的前提下,要着重一般文化知识,注意科学化与儿童化,长期性与全国性。

这套课本在 1941 年大半编写完了,宣传动员性质的课文大大减少,科学知识是相当丰富的。不仅历史、地理和自然,就是高初级国语,也包含了社会、自然两方面的许多知识。历史课本可以说是这方面的一个典型。前三册中国史,第四册世界史,都是从古到今讲下来。对政治、经济、文化等几方面都讲到了,课文又力求中心显明,社会发展的前因后果都力图交代清楚;每一历史事件又叙述得简明扼要,具体生动,一字一句也再三推敲,力求妥当。儿童化方面,初级国语可说是一个典型。要求每一课达到既科学化又儿童化,内容是常识,表达用诗歌或故事形式。对课文,编的同志费心真不少,有一些课文在技巧上当时认为简直是天衣无缝,实在是一件完美的艺术品,我审阅时十分满意。

这套课本在 1942 年出版后,确也如编者所料,曾博得不少小学教师和关心教育的同志们的赞扬,认为是在新教育方针指导下编出的一套完美的小学教材。

四、初步认识了洋教条

这套所谓科学化与儿童化的新课本有没有缺点呢? 在伟大的整风运动中我们才对这个问题有了一个正确的认识。一九四三年整风学习中,逐渐听到一些对新课本的批评了,有的说:"新课本基本上还是洋教条",有的说:"课本里有浓厚的资产阶级与小资产阶级的思想情绪",还有讲其他话的。编写的同志们反复学习毛主席的《改造我们的学习》《整顿党的作风》《反对党八股》和《在远安文艺座谈会上的讲话》等文献,对照文件进行思想检讨与业务检查;意见是在不断听,常常在会议上争论,也常常在想问题。时间久了,头脑开了些窍,心里逐渐明亮起来。于是慢慢在完美中也看出了缺点,从无缝的天衣上也找出了破绽。

拿我自己编的历史课本来说吧,对历史事件的论断是有错误,那是学术上的问题,且不管它。单就分量与内容说,那样重,那样深,小孩如何接受得了?即使取材妥当,组织严密,一字一句有讲究,但教师教不了,学生学不下,优点还不是只在书本上?革命工作是为人民服务的,让学生学习的课本,结果学生学不下去,解决了什么问题呢?这些问题,说明我们在编写教材时是从一些科学上的抽象概念出发,而不是从实际的群众需要出发;在主观愿望上是为人民服务,但在客观上却没有给人民解决问题。正如主席批评的:"做宣传工作的人,对于自己的宣传对象没有调查,没有研究,没有分析,乱讲一顿。"(《反对党八股》)说不是主观主义、教条主义是什么呢?

就拿初级国语来谈吧,试举两课如下:

麻雀偷米

一个雀儿来偷米,

偷了一斗一升一合米。

的儿的儿向南飞,

飞去又飞回。

十个雀儿来偷米,

偷了一石一斗一升米。

的儿的儿向南飞，

飞去又飞回。

这一课我们先前认为写得很好，因为它不但很生动地表现了一个自然现象，而且还包含了石、斗、升、合的常识及其十进位的算法。同时词句流畅易读，生字反复出现，很适合儿童学习。但整风后的看法不同了：小孩子看着麻雀偷米还高兴地欣赏，那一定是不知生产艰辛的地主家的子弟；农民家的子弟是没有这种心情的，他们对偷米的麻雀只会憎恨，不会欣赏。因此，这一课的思想感情是不对头的，不符合工农群众的要求，阶级立场是有问题的。

另一课是：

马在路上跑

跑跑跑，马会跑，

马在路上跑，跑得快来跑得好。

飞飞飞，鸟会飞，

鸟在空中飞，飞得快来飞得好。

爬爬爬，蛇会爬，

蛇在地上爬，爬得快来爬得好。

游游游，鱼会游，

鱼在水里游，游得快来游得好。

这一课原先也认为是很好的，因为它有计划有系统地说明了几种动物的活动方式和活动场所，而且生字、句调多重复，描写也很生动，适合儿童学习。这时的看法呢？当然也不同了。马跑和鸟飞两节没有问题，但鱼游与蛇爬就有问题了。鱼游，在陕北很少见，儿童没有亲切之感，这问题还小。蛇爬，陕北儿童都有经验，知道它是会伤人的，他们对蛇的情感是恐惧与憎恶，绝不会有"爬得快来爬得好"的感觉。原来这课文是拿国民党统治区大城市公园中的生活做背景写的，在那里蛇的活动有固定的区域，不会危害到看的人；而看的人呢，当然大多是些老爷、少爷、太太、小姐，至少也是中上层社会的洋学生，这些人才会感到蛇是"爬得快来爬得好"的。于是这课文的思想和阶级感情就又成问题了。

此外，对卫生，对礼貌，对生产，在国语中虽然讲了许多，但很多是不实际的，是抄来的洋教条。科学化不是建立在广大工农群众需要的基础上，不是从边区农村生产与家庭生活的需要出发，而是建立在主观愿望的基础上，是从抽象概念出发的；儿童化不是从广大农村的农民儿童的生活出发，而是从城市上层社会的儿童生活出发的。结果就脱离工农大众，不能满足群众的要求。这些都是教条主义的，是洋教条，而且有些还包含了剥削阶级与小资产阶级思想的毒素。这些也说明，我们编写的同志在"灵魂深处还是一个小资产阶级知识分子的王国"（《在延安文艺座谈会上的讲话》）。

五、结合实际的经验教训

1944 年《解放日报》上发表了两篇关于教育的社论：《论根据地的普通教育的改革问题》和《论普通教育中的课程与学制》。看了之后，在整风学习中获得的对新旧教育的看法更明确起来。就教材来说，一方面从科学化与儿童化的外衣之下，看清了整风以前课本的教条主义实质与某些在阶级观点上的错误；同时对教材编写的结合实际问题有了初步的了解。认识到编写教材不应从主观愿望出发，而应从边区客观实际出发，要结合实际。

边区实际首先体现在政府的政策方面，因为革命政府的政策，不是随意决定的，而是根据政治形势，经过调查研究，集中了群众的目前利益与长远利益规定出来的。如支援抗战与发展生产是当时政府的两大政策,同时也正是群众利益的主要方面。

贯彻了政策观点,教育服从政治,教育为政治服务才不是空谈,才有了实际意义。但我们过去是不懂这一点的,我们常常是把空洞的政治概念代替了党的政策。因此有的同志在抗日战争时期写出这样的课文:"春种一粒谷,秋收千粒籽,农民没土地,仍旧饿肚子。"好像是要求平分土地了,这显然是违反当时党中央制定的减租减息政策的,因而受到了批评。后来把第三、四句改成"地主不减租,农民饿肚子",才符合了政策的要求。

其次,边区实际表现在群众生活方面。群众生活是多方面的,比政府政策的内容更丰富。如切合实际的卫生习惯,反迷信的科学知识,待人的礼貌,做事的能力,这些虽与政策的关系不多,有的甚至没有关系,但都是群众生活中不可缺少的,教材对这些方面也必须有所反映。而且教材贯彻党的政策,一部分也还要通过群众的生活,才能具体表现出来,不能脱离生活抽象地去讲政策。

在此新的认识下,1944年我编出了供农村冬学用的《日用杂字》《识字课本》《农村应用文》等书。编写这三本书,费时并不多,每本不过一个月左右。编写的过程是先做调查,如访问农村,了解农民生活及群众的要求,收集农村流行的各种杂字书与应用文;然后再根据党的路线、政策对收集的材料加以研究和整理,决定如何取、舍、增、改;再后就写出初稿,请人提意见;最后斟酌修改完成。这个过程,说来也很简单,但与过去的编法是有很大不同的;主要注意力不仅是放在写作上,而且是放在研究我们的服务对象及其需要上。

《日用杂字》和《识字课本》初印出来就受到群众的热烈欢迎,以后年年再版,却供不应求。《农村应用文》印数不及《日用杂字》等,但流行的地区却更广,各解放区略加增减翻印的版本,在延安见到的就有五六种。

为什么《日用杂字》和《识字课本》能受到群众的欢迎呢？因为它的编法适应了成年人和青年人的特点，不同于儿童识字教材的写法，采用篇幅简短而内容丰富，生字较多而不强求重复的形式，能够满足群众费时少而识字多的要求。《农村应用文》之所以受到欢迎，是因为写的简明、通俗，便于识了一千字左右的农村干部模仿应用，能满足他们的实际需要，起了"雪里送炭"的作用。

过去高小《历史课本》的失败与这次《日用杂字》等三书的成功，给了我很深刻的经验教训。这就是，编教材时，注意力首先应放在调查研究、了解实际、掌握读者对象及其要求方面，不应放在研究书本、追求写作方法方面。

以上是结合实际的成功经验，1944年编写工作中也有失败的教训。当编写高初小国语时，认为教材要为政治服务，结合实际，就应紧跟实际，宣传新人新事、真人真事，于是课本从报纸上编选了许多各方面的模范人物与事件。当课本出版后，在教学过程中，真人真事有些起了变化，弄得很被动，不好处理，这是一次深刻的经验教训：课本与报纸不同。报纸每天出版，今天宣传这个，明天形势变了，不再宣传就是了。课本的编写与印刷过程很长，至少要半年，到学校又要使用半年。一年内形势与人事方面往往变化很大，一变化课本就不好办了。因此，课本不能像报纸，要考虑得稍远一点，要保持一定的稳定性。密切结合形势的要求，应让学校自行处理。

六、结合实际的科学化与儿童化

整风前编的全部小学教材，在新的观点看来，都有严重的缺点，需要重新编写。这种工作在1945年夏天调来几位同志后，才正式开始。用了一年半时间，全套课本便大体完成了。

这次课本编写前，一方面下乡，对边区小学与农村儿童做了初步调查;另方面对过去所编课本,也做了一番研究、检讨,做了较深刻的批判。在编写过程中,再次进行认真的研究与讨论,有时还到学校或机关去调查访问。因此,这次编出的各种课本,都较过去所编的提高了一步。洋教条清除了,简单化的政策宣传、抄袭报纸新闻的现象也克服了。

例如:高初级国语,不但在形式上根据边区儿童的程度,注意了分量的轻重,生字生词的搭配;而且更重要的是在内容上从边区的政治形势和革命需要、从儿童的农村生活和家庭生活出发,并使二者密切结合。如在国语教材中,注意了对学生进行革命观点、劳动观点与群众观点的教育。初小国语教材中有近百分之三十的课文是对学生进行劳动教育的。这一方面是反映和配合了当时的大生产运动,同时也教育学生从小憎恶剥削阶级,热爱劳动,热爱劳动人民。再如初小国语的课文,不是像过去提倡每天洗澡,每顿饭后刷牙,而是针对边区儿童几种最需要的卫生习惯,提出不吃青毛杏,不吃烂香瓜,不喝脏水,好饭不吃得过分饱等。再如高小国语讲破除迷信,不是简单地从正面讲科学知识,而是针对农村流行的具体迷信加以分析批判,如对梦的解释,对毛鬼神、探家子的说明,对红孩儿、女妖精的揭露等,结合批判讲科学知识,让儿童在破除头脑里的迷信的基础上,接受新的科学知识。

高初小算术教材,完全从实际出发,进行了很大的改革。习题方面不再出现利息、年龄、钟表等许多不实用的计算,而是把实际生活中最实用的算题按深浅分列在各册中。算术基本内容各部分的比重,也随需要的程度而做了调整,如百分数比分数用得多,教材内的比重就大一些,这与过去的课本相反;如面积中不规则地形的算法用处较大,就特别多讲一些。农村对儿童的算术主要要求能理解题,会运算,至于算的快慢,关系不大,放到第二位,因而将应用题的比重加大了些，式子题相应减少。又如把边区儿童玩耍方法中有助于儿童学算的，也有选择地编在教材里，虽属小事，也还是创举。

高小自然，打破历来以城市生活为背景的取材，而代之以农村生活，于是风雨雷电等自然现象的说明，实用的生理卫生知识，边区正在提倡的农业与畜牧的改良方法，都成了主要内容；而单纯讲道理的电学、机械等科学知识与边区不实用的水产物等，分量就相应地减少了。高小史地，大大减少了分量，并采用简明的写法，比早先的课本容易学习得多了。每课的立场与观点，当然更是再三斟酌了的。

七、计划外的工作

1947 年春，蒋胡匪军进犯陕北，我背着行李在安塞、子洲一带的民办小学作调查。看到许多地方买不到课本，以致有教旧《三字经》的。我当时就地根据需要，用三字句形式，帮助编写了几段课文，后来传抄教学者不少。于是我在 1948 年回到延安后，把零星编下的整理修改一番，又补充了一些内容，把儿童最必要的思想品德与生活知识都包括进去，共分十部分，编成一本内容、体系都较完整的小册子，初次在延安出版，名为《新三字经》。

这本小书很快得到广泛流传，中华人民共和国成立后，还先后有五六个出版社出版过，改名为《儿童三字经》印发全国，一直流传到"文化大革命"前夕。这给了我一个明确的认识：一本通俗读物，如果要较长期地流传，应着重讲最基本的较固定的知识，不可过分强调紧跟形势，过多讲临时性的东西（任务是宣传时事的例外）。同时一定要做到篇幅简短，语言简明扼要，通俗易懂。

1948 年春，西北形势大变，将要全部解放了。为了准备迎接革命的新形势，各项工作都紧张起来，教材编写工作也不例外。我当时有一个想法，就是边区小学教材编下了，农民识字教材也编下了，儿童读物也有了几种。但干部中的文盲、半文盲为数还很大，还没有解决教材问题。1942 年毛主席在《文化课本》的序言中说："一个革命干部，必须能看能写，又有丰富的社会常识与自然常识，以为从事工作的基础与学习理论的基础。"毛主席当时是就机关干部讲的，边区广大农村的文盲半文盲干部，同样有学识字与学文化的需要。边区的劳动人民养活自己已达十年之久，自己是从事文化教育工作的，对农村广大干部这一问题不能解决，总觉得于心不安。于是就在照顾其他工作之外，抽空、挤时间，在八个月之内，编出一本《干部识字课本》，两本《干部文化课本》。编写前曾在地干班学员中了解情况和要求，在编写过程中又同民政厅干部随时交换意见。编写时十分注意干部特点，力求满足他们的要求。既注意他们理解水平高、文化水平低的特点，把课文编得内容丰富，篇幅简短，以满足其便于学习的要求，又注意他们工作上、思想上的特点，对课文多方取材，全面照顾，把文化学习与思想、政治、工作方法等教育内容都综合编进去，以满足他们多方面的要求。书稿编出后，民政厅有两位同志看了，认为很适用；教育厅领导同志就让很快出版发行了。

八、未能实现的愿望

1949 年春，眼看要离开边区向西安进军了。一天和两位地方干部随便谈到编书问题，他们说：干部学了识字课本和文化课本，识了两千来字，也有了一些常识，可以看《群众报》了。但还有一些很实际的知识，应该集中地向他们指导一下，对他们在工作上、生活上能有较大好处。一是应编一本通俗易懂的专讲工作方法的书，把毛主席历来对工作作风、工作方法的指示，集中在一起，分类通俗解释一番，便于干部自学，便于他们随时翻查，这是一本。再一本是关于家庭教育的书，边区在经济上、文化上还是较落后的，无论干部或群众，在对儿

童教育方面,封建迷信残余,不卫生的习惯,乃至打骂现象等,还是很普遍的。如能编一本关于家庭教育的书,向他们说明应把革命队伍中的民主精神也贯彻在家庭生活中,改变对待儿女的态度,再能就儿童的思想品德、良好习惯的养成,观察事物、增进知识方面,以及健康教育应注意之点,都切合实际地给他们讲讲,这对边区新生一代的成长,将会有不少好处。我听之后觉得很对,自己也很愿意亲自编这样两本书。可是要编成这样两本书,估计约得半年时间。我对教育厅领导同志谈了这件事后,回答是大西北就要解放了,形势逼人,新的更迫切的任务在等待我们,恐怕顾不上这些了。事与愿违,我也只得搁下这个念头,忙着手上的工作,准备在新的革命形势下迎接新的任务。

（原载《甘肃师大学报》社科版,1977 年第 4 期）

编写陕甘宁边区小学及农村
文化教材的几点体会①

（1979 年 6 月）

从 1937 年到 1949 年，我们在延安先后三次完整地编出了初小、高小的全套课本，而且针对不同对象，还编出了《干部识字课本》《干部文化课本》以及《农民冬学课本》《农民识字课本》等教材。这些教材根据革命群众的需要和边区的特点，对国民党地区使用的旧教材进行了根本性的改革，它在解放区的教育和宣传工作中发挥了积极作用。我们现在的历史条件和面临的任务，当然和过去已经大大不同了。但是，教育工作、包括教材编写在内，有其固有的、人们必须遵循

①这篇长文不同部分在期刊上分别发表情况：（1）"启发心智"部分以《启发心智——〈陕甘宁边区编写教材的经验〉的一部分》发表在《甘肃师大学报》（社科版）1979 年第 2 期。（2）又以《启发心智——陕甘宁边区编写教材的经验》发表在《课程·教材·教法》1981 年第 3 期上；（3）"精简集中""综合连贯"和"深入浅出"三部分以《谈编写教材的原则》为题发表在《陕西师大学报》（社科版）1979 年第 4 期上；（4）"精简集中""综合连贯"两个部分以《精简集中和综合连贯——陕甘宁边区编写教材的经验》为题发表在《课程·教材·教法》1981 年第 1 期上；（5）："深入浅出"部分以《深入浅出——陕甘宁边区编写教材的经验》为题发表在《课程·教材·教法》1981 年第 2 期上；（6）："结合边区实际"和"区别不同对象"中的部分内容经改写，以《编写教材必须注意联系实际——延安时期编写教材的经验》为题发表在《课程·教材·教法》1982 年第 1 期上。

的客观规律。对这些规律的认识和掌握，并不那么容易。我们在延安编写各类教材的过程中，许多同志花费了大量的心血，经过反复的实践和摸索，积累了许多经验，也接受了不少教训。这些东西，对于从事教育工作，特别是从事教材编写工作的同志，都是有参考价值的。现在我根据自己的回忆，把过去的一些体会整理出来，供大家讨论和参考。

一、教材必须注意政治

我们办教育的目的，是要培养无产阶级革命事业的接班人。我们要想按照革命的需要来教育儿童和青年，教材首先必须注意政治。早在土地革命时期，毛泽东同志就提出"以共产主义精神来教育广大的劳苦民众"，"使文化教育为革命战争与阶级斗争服务"。抗日战争时期，毛泽东同志更具体地指出，抗日的教育政策就是要"改变教育的旧制度、旧课程，实行以抗日救国为目标的新制度、新课程"。由于党中央的直接领导，陕甘宁边区的教材编写工作，从 1937 年一开始，就有明确的政治方向。教材必须突出抗日，必须为抗日救国这个总的目标服务，这一点在国民党统治区是根本办不到的。以这样明确的革命的政治方向编教材，在中国历史上也是从来没有过的。

为了贯彻党的抗日教育政策，我们当时的口号是教材"抗日化"。怎么"化"呢？首先是在内容上增加关于抗日方面的比重。例如，历史课本第一册全是讲抗日的：从"九·一八"事变讲起，然后依次是"一·二八"抗战、察北抗战、"八一"宣言、"西安事变"……一直讲下去。地理则是把敌人对东北、华北资源的掠夺，各省的军事要地等内容，讲得比较详细。国语课本，更是"三句不离抗日"，一切飞禽走兽、猫儿狗儿，都被用来编成抗日故事。讲钢铁、棉花、汽车、轮船时，也都与抗日联系在一起。至于人，张口闭口都是"打日本"。

第二是在教材的编排组织上，尽量适应战时的环境。历史课本先今后古，中外混合。第一册讲"九·一八"以来的国内外大事；第二册讲中国近百年史及第一次世界大战与俄国革命；第三、四册，讲中外古代史。地理也是中外混合，以战区分区，螺旋式地安排教材内容。第一册就把全国大体讲到，但重点是华北与东北；外国则讲与抗日关系密切的日本。第二册又是全国大体讲一遍，重点讲西北与华中，外国则讲苏联。

这种编法，在烽火连天的战争年代，对于宣传抗战，的确曾经起了很大的作用。但是，作为教材来说，它本身又有严重的缺陷。这就是，内容比较单调，表现手法也很生硬。特别是 1938 年的初小国语课本，群众反映说："猫儿也抗日，狗儿也抗日，一般的宣传材料太多，基础知识太少。"这种批评是十分中肯的。还有一个问题：我们许多参加编写工作的同志，从上海或其他城市来到延安的时间不久，虽然热情很高，但对马列主义的学习还不够，对党的政策的认识比较肤浅。所以，有些课本抗日虽然讲得很多，但谁是抗日的主力和基本队伍，从整个内容来看，还有些模糊不清。

随着我们深入学习和反复实践，上面那些偏差，逐步得到纠正。例如，继 1938 年以后，1942 年和 1944 年，在整风前后两次新编的教材，前面所说的问题逐渐解决，特别是 1946 年编的一套教材，质量大大提高了。以初小国语课本为例，既注意为政治服务，又体现了语文课本的特点。这套课本，抗日还是讲的，不过比重减少了，写法上故事性也强了。例如，第六册有《张连长之墓》一课，说张连长抗日殉国，部队转移时，三班长在他的墓前立了一块牌子，写着"抗日英雄张连长之墓"九个大字，鬼子扫荡时看见牌子，一脚踢翻，结果牌子牵引的地雷爆炸，几个日本侵略军立刻作了张连长的祭品。又如《架枪训话》一课，描写的是我们冀中九分区的一连子弟兵，伪装敌宪兵，利用架枪训话，缴了伪军一个中队的枪，并占领了敌人碉堡的故事。因为这时抗日战争已经胜利结束，所以课文不是着重通过宣传敌人的残暴来鼓舞抗日热情；而是着重宣传我军的英勇机智，培养儿童对解放军的崇敬与热爱。另外，课本对于军民团结、官兵团结的内容也很重视。有一篇题目是《枣子的故事》的课文，讲人民军队不拿群众一针一线。有一个新战士摘了老乡的一颗枣子，班上就开会批评他，老乡知道这件事后很受教育。这是宣传我军的纪律和人民军队的本质的。至于对当时正在进行的解放战争的写法，就大不同了，如《蒋匪军到了李家庄》一课，描写了蒋匪军在李家庄如何作恶多端，最后说："只有大家齐心干，消灭蒋匪才安康。"这种写法，是为了鼓动群众积极起来支援前线，消灭蒋家王朝，争取全国解放的。一九四六年陕甘宁边区战时教育方案中指出，要"揭露蒋军奸淫掳掠，无恶不作的残暴行为；揭露蒋管区贪污腐化，横征暴敛，民不聊生的惨状；指出战争的性质，提高胜利的信心。"课本的内容与这个精神是完全一致的。

在注意政治的过程中，政策观念和政策界限是一个很重要的问题。开始在这方面，我们并没有多少认识，常常是以自己的感情或空洞的政治概念来代替党的政策。例如，1938 年的国语课本里有这样的课文："中国要生存，汉奸要杀尽。"大家对汉奸的愤恨是完全可以理解的。但是，对汉奸不区别对待而统统杀掉，显然不符合党的政策。又如，1942 年的国语课本里有这样的课文：

> 春种一粒谷，秋收千粒籽，
> 农民没土地，依旧饿肚子。

这个课文当时人们看了，觉得我们要进行土改了。可是，抗战时期党的政策则是减租减息。这种违反政策的讲法，当然应当受到批评。后来我们把后两句改成"地主不减租，农民饿肚子"，这就符合政策的要求了。

　　教材要注意政治,内容是多方面的。首先要注意宣传党在这个历史阶段的基本路线和中心任务,同时也要注意对学生进行社会主义和共产主义的教育。毛泽东同志指出,新民主主义的文化是"民族的科学的大众的文化",但是"当作国民文化的方针来说,居于指导地位的是共产主义思想"。在这种思想指导下,我们当时一面在教材中宣传革命战争,宣传共产党和八路军,宣传抗日战争时期的政策;同时也适当地安排了宣传社会主义和共产主义的内容。例如,政治课讲一些社会发展史的常识,历史课讲巴黎公社、十月革命的故事,语文课则较多地编选歌颂革命导师和革命领袖的歌谣和故事,像《列宁在理发馆》《蜜蜂引路》《毛主席在戏院里》《三湾改编》《朱德的扁担》《志丹陵歌》《好领袖》《好军队》等,都是比较好的课文。

　　历史课是一门政治思想性很强的学科。1942 年,我们在编写高小历史课本时,除了讲解一般历史知识外,特别注意对学生进行阶级观点和群众观点的教育。例如,在中国古代史当中,一方面充分揭露反动统治阶级的罪恶行径,另一方面则大力歌颂劳动农民反抗地主阶级的英勇斗争。在《蒙古帝国》一课中有这样三段:

　　　　蒙古贵族进入中国以后, 抢夺了许多土地作为牧场。……当时大官、地主和寺院也集中了大片土地。农民的土地失掉了,生活非常困苦。

　　　　元朝的政府,又常常征调大批民众去修道路、开运河、建造宫殿。它恐怕汉族反抗,不准民间藏有兵器。每十家设一个甲长,监视一切。政府大官,也不让汉人担任。

　　　　民众既受地主大官的剥削,又受蒙古贵族在政治上、宗教上的压迫,弄得饥荒遍地,哭声震天,各地农民纷纷暴动起来。

这里充分揭露了元朝统治阶级对汉族人民进行残酷阶级压迫与民族

压迫的罪恶。又如《赵匡胤》一课中有如下两段：

赵匡胤本来是五代末期的一位大将，有一次正当出征的时候，他布置好亲信的人，忽然把黄龙袍披在他的身上，就这样做了皇帝。称为宋太祖，开始了宋朝。

宋太祖统一全国以后，恐怕帮他打天下的那些大将，也来一次"黄袍加身"，夺取他的帝位，于是趁一次饮酒机会，就把这些大将的兵权解除了。

这里把统治阶级如何搞阴谋诡计，争夺权位的丑恶嘴脸暴露得十分清楚。

关于中国古代的农民战争，从陈胜、吴广开始，凡是大规模的起义，都在适当的课文中讲到了。

在中国近代史课文中，一方面揭露了帝国主义对我国的侵略罪行和军阀、官僚的卖国勾当；另一方面又歌颂了革命人民和进步党派反帝反封建的斗争。像《鸦片战争》《英法联军》《中日战争》《八国联军》等课文反映了一个侧面，而《太平天国》《戊戌变法》《义和团》《辛亥革命》等课文则反映了另一个侧面。

为了提高教材的政治思想性，我们还在国语课本里注意宣传党的革命传统和革命作风。前面提到的《枣子的故事》，讲的是军民团结和人民军队的本质。《欢迎》一课，也讲的是人民军队爱人民，人民欢迎解放军。《杨步浩送麦》一课，写延安劳动英雄杨步浩给毛主席和朱总司令送麦子的故事，讲的是人民爱领袖，领袖爱人民。还有《农民见工人》一课，讲的是工农联盟，全文如下：

农民见工人，拉手笑吟吟，
你已得解放，我也翻了身。

你住在城市，我住在乡村，

住虽不一处,根是一条根。

要论力量大,农民人数多,
要论力量强,工人老大哥。

你造工业品,我种田和地,
办起合作社,两头来联系。

工人和农民,咱是同盟军,
建设新社会,靠咱一条心。

此外,关于讲互相学习、互相帮助、团结友爱、批评和自我批评等革命作风的,在小学国语和《干部识字课本》《干部文化课本》中都有一定数量的课文。

二、必须重视劳动教育

各种教材不但要注意政治,培养学生有明确的政治方向;同时又要重视劳动教育,使学生从小就树立起劳动观点。几千年来统治阶级总是说,"劳心者治人,劳力者治于人"。毛泽东同志在延安时说,"革命的或不革命的或反革命的知识分子的最后分界,看其是否愿意并且实行和工农民众相结合。"边区教育的一个显著特点就是:不但组织学生实际地参加各种劳动,而且把劳动观点、劳动教育具体贯彻到教材中去。根据1946年出版的初小六本国语课本的统计,共二百四十三课,其中从各方面进行劳动教育的就有七十课,占总课数的百分之三十。

马克思主义的一个基本观点,就是劳动创造了人类,同时创造了人类世界。这个大道理对于小学娃娃,当然一下子是讲不清楚的,但

是,根据儿童的特点,通过他们亲眼看见的东西,却可以说明劳动的伟大作用。例如,初小国语第一册中有这样一课:

> 左手和右手,两个好朋友;
>
> 不论吃和穿,动手样样有。

还有一课说:

> 我的手,会扫地,
>
> 爸爸的手会种地,
>
> 姐姐的手会洗衣,
>
> 妈妈的手会缝衣。

这两课都是在手上作文章,语言形象,又以儿歌的形式出现,活泼有趣,便于记忆,使孩子们容易懂得:人的双手能够劳动,创造财富。

为了通过国语教材进行劳动教育,编者曾下了很多功夫,采取了多种形式,确有不少的创造。尤其是下面几种做法,很有参考价值。

一是大处着眼,小处着手,鼓励儿童从自己日常生活的小事做起,从小养成劳动习惯。如《好娃娃》一课说:

> 好娃娃,早早起,
>
> 自己打水把脸洗;
>
> 好娃娃,早早睡,
>
> 自己铺毡又铺被。

这是培养儿童独立生活能力的。另一课写的是姐弟回家后的一段话:

> 你去洒水,我来扫地,
>
> 打扫干净,妈妈欢喜。

这是从自我服务,扩大到简易的卫生劳动。

二是就地取材,描写儿童劳动的场面,培养儿童热爱劳动的思想。例如,第二册的《小英雄》一课说:

> 李有娃，年纪小，去摘棉花不弯腰。
>
> 眼儿明，手儿快，过来过去真轻巧。
>
> 少说话，多做事，半天摘了一大包。
>
> 和大人，比一比，有娃不比大人少。
>
> 你叫他，小英雄，有娃听了低头笑。

又如第三册的《打斑蝥》一课说：

> 嘻嘻嘻，哈哈哈
>
> 排好队，就出发。
>
> 有的拿上烂鞋底，
>
> 有的带上刺条把。
>
> 边走路，边看花，
>
> 边唱歌，边说话。
>
> 斑蝥吃咱好洋芋，
>
> 就在地里打死它。
>
> 人多手多打得快，
>
> 帮了你家帮我家。

诸如此类的课文很多，都生动地反映了紧张而快乐的劳动。教学这些课文，当孩子们联想到自己劳动获得的成果，并受到大人表扬时，那种快乐的劲头是很强烈的。在这里，孩子们不是把劳动看作"受罪"，而觉得是一种光荣和需要。

三是由近及远，教育儿童热爱劳动人民，热爱劳动英雄。例如，《爸爸上山种糜谷》和《就说爸爸种棉花》等课文，写的是热爱自己最亲近的劳动者。而《气死牛》一课则扩大了范围，写的是边区著名劳动英雄郝树才，讲大家为什么叫他"气死牛"。因为他开荒的劳动成果比一头牛还大，会把牛气死。这类课文都是给儿童们灌输热爱和尊重劳动人民的思想感情的。

四是用形象比喻,批判好逸恶劳的剥削者和旧习气。有一课说:

猪儿没有手,狗儿没有手,

有手不动手,好比猪和狗。

在课文旁边还画了一个吃得肥头肥脑、戴着瓜皮小帽的家伙,伸着他那不劳动的手。农村的儿童一看,就知道那是地主少爷,绝不能学他的样子。还有一课是批评"二流子"的:

二流子,不动弹,

不劳动,不生产。

人穿好,他穿烂,

人家吃,他在看。

这种批评的目的,重在教育,在具体对待上与前者有所不同。

五是由浅入深,对儿童进行生产知识教育。一开始让低年级的儿童先认识农村常见的家畜、家禽、益鸟。例如,第一册中就有牛、羊、马、驴、公鸡、母鸡和小燕子等动物。进一步则认识常见的农作物(如麦子、棉花、糜子、谷子、豆子)与农具(如铁锹、犁头)。随着儿童年龄的增长和知识的积累,三、四册就讲到一年四季、各季的特点及其与农作物的关系。等到高年级的时候,已经包含有科学技术教育的内容。如《上粪有讲究》和《棉花打杈》等课文,就是直接教学生掌握有关技术知识的。

此外,边区的高小自然课本和算术课本,在劳动教育方面,主要是重视同生产劳动有关的科学常识和计算方法。

1946年高小自然课本在"编者的话"中明确提出:"本书的目的主要在指导儿童学得实用的自然、生产与卫生知识。"在生产知识方面,课本的取材,尽量从当时陕北的农村实际出发,使学生不但能学到有关自然的知识,而且能把这种知识应用到生产劳动中去。具体的事例在下边讲结合边区实际一部分时再引证。

算术课本从头至尾，都广泛地结合了工农业生产和家庭生活日用知识。在作业的布置上，教材强调动手实验，动手制作，动手测量，动手计算。这样不仅可以加深对知识的理解，也有利于掌握一定的劳动技能。

三、德智体全面兼顾

政治教育和劳动教育，都属于德育的范畴。我们无产阶级办教育、编教材，当然首先要把德育摆在第一位。但是，德育无论如何重要，它仅仅是一个方面。我们培养的人，不但要求政治上头脑清醒、业务上也得有真正的本领，还得有个好身体。不然，怎么能挑起革命的担子呢？所以，教材本身就应当把德育、智育和体育有机地结合起来，做到全面兼顾。

对于这个问题，我们的理解和认识也有一个过程。一开始，由于民族危机严重，我们首先或主要考虑的是政治思想，对属于知识性的内容，相对地注意不够，有的甚至被挤掉了。同时，对德育的理解也比较狭隘，主要局限在政治方面；至于道德品质的教育、良好习惯的培养，没有给予适当的位置。在智育方面，考虑眼前的需要多，对于知识本身的系统性则注意不够。这些偏向，大约到了1940年左右，才有了一个比较大的改变。特别是在整风运动的推动下，我们搞编辑工作的同志的认识才比较全面了。

先看德育。德育当然时刻要注意政治方向，这是毫无疑义的。但是，绝不能因此而忽视道德品质的教育。有人曾经说，前者是"大德"，后者是"小德"；只要注意了"大德"，"小德"无关紧要。林彪、"四人帮"还胡说对少年儿童进行道德教育，是培养"修正主义的小绵羊"。这些看法都是极其错误的。孩子和大人不一样，给他们单讲抽象的政治道理，一是难于理解，二是不感兴趣，三是挫伤他们的学习积极性。对儿童进行政治教育,必须具体化,要同道德品质教育结合起来,根据儿童能接受的原则来进行。对小学生说,就是要求他们对敌人要恨,对人民要爱,勤奋学习,团结互助,勤劳俭朴,勇敢机智,热爱劳动,遵守纪律等。陕甘宁边区小学教材自整风以后,非常重视道德品质方面的教育,并且做了很大努力来适应儿童的特点。如国语课本中有一课是:

> 好姐姐,好妹妹,
>
> 不打架,不吵嘴。

又有一课是:

> 姐姐会做鞋,
>
> 弟弟不会做鞋,
>
> 姐姐帮弟弟做鞋。
>
> 弟弟会念书,
>
> 姐姐不会念书,
>
> 弟弟教姐姐念书。

这两课是讲家里兄弟姐妹之间团结友爱,互相帮助的。还有讲学校同学之间的团结互助的:

> 大同学,像哥哥,
>
> 念书识字比我多,
>
> 请你多多帮助我。
>
> 小同学,像弟弟,
>
> 放学回家我等你,
>
> 路上跌倒我拉你。

有些课文是讲生活要有规律,培养良好习惯的。如:

> 哥哥好,弟弟好,
>
> 天天起得早,

早起上学校。

还有一些课文是讲尊重劳动，爱护书本，爱护公物的。如：

庄稼汉，爱苗子，

老母鸡，爱儿子，

念书娃娃爱书本，

不要揉破书本子。

礼貌教育也是培养儿童优良品德不可缺少的一环，其中有的课文是这样写的：

客来找爸爸，

爸爸不在家。

我请客人炕上坐，

点火拿烟又倒茶。

我说客人等一等，

我的爸爸就回家。

这些课文都结合儿童的生活，生动具体，学了就可以做到。从小在这方面培养，就可以使孩子们健康地成长。

再看智育。1944 年，边区政府关于改善教育工作的文件中明确指出："……（边区）教育内容，以文化教育为主。"当时编的各科教材，在注意政治思想内容的同时，大大加强了文化知识方面的内容。初小三年级设常识课，高小设历史、地理、自然课，都是专讲科学知识，自不待说；就是国语课本，除根据语文课的特点，注意识字、阅读、写作的训练外，也包含了许多社会常识和自然科学知识。以初小国语第二册为例，全册四十来课，绝大部分能教给儿童必需的知识。其具体内容包括：家庭、学校生活知识占七课，人体及卫生知识占七课，家畜和鸟兽知识占六课，生产劳动知识占五课，度量衡和四季、四方知识占三课，以上共二十八课，占了全书三分之二。这些课文的写法一般与

常识课本不同,力求儿童化、文艺化。试举两课为例。一课叫《大黄牛》,课文是:

> 两只弯弯角,
> 一个大尖头,
> 谁要喂好我,
> 吃穿不用愁,
> 你猜我是谁,
> 我是大黄牛。

再一课叫《春夏秋冬》,课文是:

> 春季里,暖风来,
> 麦苗青青桃花开。
> 夏季里,热又热,
> 家家忙着收小麦。
> 秋季里,西风凉,
> 谷子糜子遍地黄。
> 冬季里,冷风吹,
> 河水结冰雪花飞。

重视科学文化知识,当然要提倡科学技术,提倡发明创造,要反对迷信保守,反对因循守旧;要歌颂科学家钻研科学技术的精神,斥责盲从附和的习惯。这对于鼓舞学生努力学习科学文化知识是很有作用的。在一九四六年边区高小国语课本中,这方面的课文很多。如《两个铁球同时着了地》《在火车刚发明的时候》《赖特兄弟》《发明轮船的故事》《苏联园艺家米丘林》《电子巨子爱迪生》等等。现举《在火车刚发明的时候》一课如下:

> 边区的同学们,有些还没见过火车。火车真是一种了不起的交通工具!一点钟能走一百多里,一列车能载一百多万

斤。就是说六七千毛驴子驮的东西,一列火车就能拉走了。

火车是一百多年前英国斯提芬荪发明的。

斯提芬荪是一个伙伕的儿子。幼年时就跟着父亲给蒸汽机添炭。那时他就对蒸汽机发生了兴趣,常想:要把蒸汽机安到车上,用它推动车子,多么好呢!

在一八二九年,他做了一把大茶壶式的东西,底下安着轮子——一个最初的火车出现了。

但当它初次试行的时候,惹起了许多人的讥笑:"哼!一把大茶壶,会拖了车子走路吗"?

一个老妈妈说:"还没起身,先鸣鸣地叫几声,我们的母鸡,会吓得不能生蛋呢!"

一个牧师断定:"这是违背上帝意志的东西,坐了火车,会把人的脑筋弄坏的。"

最后一个马伕说:"我要骑上一匹快马,绝对能赶上它!"

终于来了一次九英里的竞赛,结果,还是火车赛赢了。

到现在,铁路铺设全世界,火车天天隆隆地开行着。几千万人,几千万斤货物,被运载着。讥笑的声音,早已变为快乐的颂赞了。

德育、智育要兼顾,体育也要给一个恰当的位置。小学体育,主要是在学校生活中的实际体育活动。但在教材中,对于体育及健康卫生也不能忽视。边区高小原开设卫生课,有高小卫生课本两册,后来课程精简,卫生课合并到自然课内,但仍保留了二十九篇课文,其中一半是讲生理卫生,一半是讲环境卫生。同时,在国语课本中也穿插安排了这方面的内容。例如,初小国语中有这样一些课文:

七月西瓜八月梨,

吃瓜吃果要注意,

> 瓜果本是好东西，
> 吃的多了伤身体。

> 二狗放学跑回家，
> 路旁有个烂香瓜，
> 拾起吃了多半个
> 肚子疼了叫妈妈。

此外，还有讲种牛痘、剪指甲，以及讲不要嚼铅笔等内容的课文，其目的也是为了培养良好的卫生习惯，保证身体健康的。

四、结合边区实际

1938年我到延安后，经常听到毛主席关于实事求是，一切从实际出发，理论联系实际的教导。在我们的教材编写工作中，也努力贯彻这个精神，力求编出的教材适合群众的实际需要。但是，真正做到这一点，却经历了一个认识和摸索的过程。开始编写教材，我们只提出教材要抗日化的口号，强调宣传党的路线、方针、政策，使教育服从政治，为政治服务。但是，对边区的生产实际、生活实际，对儿童特点和科学知识却有所忽视，群众对此很有意见。根据群众的意见和要求，1940年我们对教材进行了一次改编。改编的方法是在贯彻抗日的教育政策，坚持抗日化的前提下，着重一般文化知识方面的内容，注意教材的科学化与儿童化，长期性与全国性。这套课本在1941年大半改编完毕，1942年出版。它的特点是：文化科学知识方面的内容相当丰富。不仅历史、地理和自然，就是高、初小国语，也包含了社会、自然两方面的许多知识。在儿童化方面，初小国语可说是一个典型，不仅知识丰富，而且采用了儿童喜爱的诗歌、故事等形式，深受小学教师和关心教育的同志们的赞扬。可是，到了1943年整风学习中，有人批评新课本部分内容存在"洋教条"等问题。我们负责编写教材的同志反复学习了毛主席的整风文献，对照文件进行思想检讨与业务检查。

例如，我编的历史课本，分量重，内容深，在文化落后的陕甘宁边区教师教不了，学生学不下。这说明我在编教材时是从一些科学上的抽象概念出发，而不是从实际的群众需要出发；在主观愿望上是为人民服务，但在客观上却没有给人民解决问题。这正是主观主义、教条主义的具体表现。

再如初小国语课本，对卫生、对礼貌、对生产虽然讲了许多，但很多是不实际的，是抄来的洋教条。例如：要求儿童天天洗澡、刷牙，饭前便后洗手；放学回家给父母行礼问好，等等。在生产上，对边区大量种植的谷子、洋芋讲得不深不透，南方作物如水稻等却占了相当篇幅。这充分说明，我们提出的科学化不是建立在广大工农群众需要的基础上，不是从边区农村生产与家庭生活的实际需要出发，而是建立在主观愿望的基础上，是从抽象概念出发的；儿童化不是从广大农村的农民儿童的生活出发，而是从城市上层社会的儿童生活出发，因而出现了儿童欣赏"麻雀偷米"和"蛇在地上爬，爬得快来爬得好"等非无产阶级思想感情的课文。这正如毛主席早就指出的"乡村小学校的教材，完全说些城里的东西，不合农村的需要"，其结果必然要脱离工农大众，不能满足群众的要求。这些都是教条主义的，是洋教条，而且有些还包含了剥削阶级与小资产阶级思想的毒素。这些也说明，我们编写教材的同志在"灵魂深处还是一个小资产阶级知识分子的王国"。

1944年，《解放日报》发表了《根据地普通教育的改革问题》和《论普通教育中的课程与学制》两篇社论，根据整风精神，全面论述了改革普通教育的问题，特别是在前一篇中有这样一段："现在的所谓新教育,其强点在有国际背景,其弱点也在这里。我们现在且不论其是否合乎外国和外国人民的需要,但是,第一,它是资本主义高度发展国家的产物,不合于中国的需要;第二,它是资产阶级统治者的产物,不合于中国民主根据地的需要;第三,它是和平时期的产物,不合于抗日战争的需要;第四,它是大城市的产物,不合于农村的需要(更不必说像陕甘宁、晋西北这样地广人稀的农村),这些却是无可争辩的。"我们认真研究了这段话之后,在整风学习中获得的对新旧教育的看法更加明确起来。就教材来说,一方面从科学化与儿童化的外衣之下,看清了整风以前课本的教条主义实质与某些在阶级观点上的错误;同时对教材编写的结合实际问题,有了初步的了解。认识到编写教材不应从主观愿望出发,而应从边区客观实际出发,要结合边区实际。

边区实际首先体现在政府的政策方面,它集中反映了群众的目前利益与长远利益。因此,在教材中宣传党的政策就是联系实际,而且是最重要的实际。贯彻了政策观点,教育服从政治,教育为政治服务才不是空谈,才有实际意义。

其次,边区实际还表现在群众生活方面。群众生活是多方面的,比政府政策的内容更丰富。如切合实际的卫生习惯,反迷信的科学知识,待人的礼貌,做事的能力等。这些虽与政策的关系不多,有的甚至没有关系,但都是群众生活中不可缺少的,教材对这些方面也必须有所反映。而且教材是贯彻党的政策,一部分也还要通过群众的生活,才能具体表现出来,不能脱离生活抽象地去讲政策。

基于上述新的认识,1945年重新编写小学教材。用了一年多的时间,全套课本大体完成。这次编出的各种课本,都较过去所编的提高了一步。清除了1942年出版的课本的洋教条,也克服了1944年临时编印的国语教材中的简单化的政策宣传和抄袭报纸新闻的现象,使教材保持一定的稳定性。例如：

高、初小国语，不但根据边区儿童的程度，注意了分量的轻重，生字生词的难易；而且更重要的是在内容上从边区的政治形势和革命需要，以及儿童的农村生活和家庭生活出发，并使二者密切结合。在教材中，注意对学生进行革命观点、劳动观点与群众观点的教育。据统计，初小国语教有百分之三十的课文是对学生进行劳动教育的。这一方面是反映和配合了当时的大生产运动，同时也为了教育学生从小憎恨剥削阶级，热爱劳动，热爱劳动人民。有卫生常识的课文，不再像过去那样提倡每天洗澡，每顿饭后刷牙，洗脸洗手都用自己的毛巾，喝水吃饭都用自己的碗筷；而是针对边区儿童的几种最需要的卫生习惯，提出不吃生毛杏，不吃烂香瓜，不喝脏水，好饭不吃得过分饱等。这样改编绝不是说边区儿童不应讲卫生，而是说卫生的标准和要求不应离开社会条件与儿童的实际情况而主观地提出。过去那样要求，显然是反映了城市有产者儿童的生活、要求与兴趣，在当时边区的一般儿童是不可能做到的。既然做不到，学了又有什么用处呢？有关讲某些科学知识的课文，不再像过去简单地从概念出发讲抽象的道理，而是针对边区农村流行的具体迷信事例加以分析批判，如高小国语对梦的解释，对"毛鬼神""探家子"的说明，对"红孩儿""女妖精"的揭露等，都结合批判讲科学知识，让儿童在破除头脑里的迷信的基础上，接受新的科学知识。

高、初小算术教材，打破了传统的写法，坚持从边区的实际需要出发。对算术基本法则的各部分取材分量及着重点，都根据其实用价值的大小、人们需要的缓急，决定取舍详略。如在四则基本算法中，加法和乘法比减法和除法应用机会多，于是增加了前者的分量。在减法里，"求剩余"比"求比较"用得多；在除法里，"求等份"比"求倍数"用得多，而且容易懂，所以都着重讲前者。整数、小数、百分数在我国社会日常生活中应用的机会很多,但使用分数的机会却较少。因此,在教材分量上,增加了前三者,减少了后者。关于求面积问题,在注意各种规则形的面积的计算的同时,把求不规则形面积也列为重要部分,以适应计算地亩、特别是山地的需要。在习题的选择上,根据小学生学习算术是为了掌握初步的算术知识以解决日常生活中浅易的计算问题的要求,增加了应用题的比重,相应地适当减少了式子题。在编应用题时,不仅注意选择有积极意义的,而且注意题中数字所反映的事物特点与事物关系的现实性,不出不合情理的问题。在习题内容上,不再出现利息、年龄、钟表等不切实用的计算,而是把增产节约、改良农作物、发展工商业、组织变工互助,以及学校生活、儿童生活中有实用价值和教育意义的计算材料,按深浅分列在各册中。此外,把民间流行的最简便的算法,如补整算法、概算法等,也编入教材,并与普通算法结合起来,起了互相补充的作用。

高小自然,基本上克服了教条主义的缺点,初步达到了学用一致的要求。在选材上,打破了历来以城市生活为背景的传统,而代之以农村生活。如伪国立编译馆主编的高小自然课本,对城市中便于教学的理化等方面的知识编的课文较多,电学即占了七课。实际上对农村儿童讲电铃等的构造与作用,即使在南方农村也没有必要,何况在陕北农村?再说又如何能使儿童理解呢?该课本对农村适用的动植物与其它农业知识则所讲很少,如牛、羊、猪等家畜只笼统地合讲一课,什么问题都没有解决。生理卫生知识只有十四课,占全书课文的七分之一,且多是生理知识,农村实用的卫生知识几乎没有。这种脱离农村实际的现象,不只是这一部课本的缺点,而且是过去许多自然课本的共同缺点。

我们编的高小自然课本,则完全不是这样的。在选材方面,电学不是七课,而只是三课,以减少学生死记书本的苦恼。卫生方面不只有十四课一般的生理卫生知识,而且另有十五课食、衣、住、用等生活中实用的卫生知识。动植物及农业生产知识共计二十六课,占了全书四分之一以上;牛、羊、猪各占一课,并增加骆驼一课,使学生不但对陕北农村习见的家畜能有进一步的认识,而且能把某些学到的知识运用于农牧业生产之中。蔬菜在编译馆本中只有一课,讲得不分不明;我们的课本里有三课,一方面说明了蔬菜的营养价值及吃时应注意的事项,同时对政府正在提倡和推广的洋芋新品种与西红柿的栽培法做了介绍。我们对自然科学教育的要求,本来应该包括对自然现象的理解与对自然规律的利用(改造自然)两个方面。因此,自然课教材就不单要说明生活中重要的自然现象,而且要指出利用自然的方法,即不单要说明生活,而且要指导生活。我们这套自然课本是根据这样的原则编写的,是密切结合了边区实际的。高小史地,根据需要和可接受的原则,大大减少了分量,并做到了文字上简明扼要,比早先的课本容易学习得多了。

当时我们编写的教材所以能够比较好地结合了边区的实际,这与重视结合实际的思想方法与工作方法有关,同时与为人民服务的思想的提高也是有关系的。我们在边区受党的教育时间长了,为人民服务的思想感情比较强烈。只要发现了群众的需要,总要千方百计地满足群众的要求。当时,小学教材编写工作本来已是很繁重的任务了,但是我们在编写小学教材以外,还随时主动做了许多切合实际需要的其他编写工作。比如我自己吧,1944年看到农村很需要写应用文,而旧时应用文的写法,内容既陈旧,甚至包含了迷信与反动的成分,语言又半文不白,群众和乡村干部都无法学。勉强学写的,闹了很多笑话。于是,我就挤时间做了些调查研究,编写了一本《农村应用文》,改造了旧的内容和写法,增补新的范围,供农村使用。这本书在晋西北与晋冀鲁豫等地区,后来也翻印了。1945年,我看到农村民办小学教学旧《百家姓》的很多,可是旧《百家姓》有四百多个姓氏字,其中不常用的姓氏几乎占了一半,而且有一百来个字不是常用字,群众学了用处不大,白浪费时间。于是,我挤时间把边区的姓氏字调查统计了一番,选了一百八十四个常见姓氏字,也是日常用字,用四言韵语编了一个《新百家姓》,并说明了编写原因与过程,写了一篇文章发表在边区《教育通讯》上,作为民办小学补充教材,当时传抄学习的不少。1946年,我看到边区群众识字热情很高,但所识的字有些很不实用。于是,我在边区《群众报》用字的基础上,参考初小国语、《农民识字课本》等用字情况,选出成青年文盲半文盲急需字一千四百四十个,初小与民小儿童急需字一千八百个,写了一篇《群众急需字研究》,并说明选字过程与理由,发表在边区《教育通讯》上,供识字与编书的同志参考。又如立春、雨水等二十四节气对农业生产关系很大,但边区农民只有少数人对此有些理解,多数农民不大理解。于是,我把二十四节气的名称意义、先后顺序、与农活的关系等,通俗解释一番,写成一篇文章,也发表在边区《教育通讯》上。这只是一部分例子,说明我们当时搞编写教材工作的同志,在党的教育下,为人民服务的思想感情是比较强烈的。在此基础上,结合边区实际就比较容易办到。

新编的这套小学课本于1946年出版后,在陕甘宁边区普遍使用,其他根据地也有翻印的。大西北解放后,有不少新区学校也采用这套课本。经过这一段工作实践,使我深刻认识到:教材编写工作必须坚持与实际结合的原则。这不仅是一个工作方法问题,而且是一个思想方法和世界观问题。要做到这一点,一方面必须不断清除唯心主义和形而上学的影响,反对主观主义和教条主义,牢固地树立全心全意为人民服务的思想;一方面要迈开双脚深入实际,深入群众,调查研究,了解读者对象及其要求。只有这样,才能编出比较好的教材。由于客观事物是不断发展变化的,因此,对实际情况的了解也要经常进行,不断深化,不能一劳永逸。边区小学教材的反复修改,而一次比一次都有提高的事实,就充分说明了这一点。1946 年出版的这套课本虽然比较好,但决不是尽善尽美。不过它摆脱了洋教条的影响,比较好地结合了边区实际,这一点是应该肯定的,这是编写无产阶级新教材很重要的一条经验。

五、区别不同对象

列宁指出：马克思主义的最本质的东西,马克思主义的活的灵魂,就在于具体地分析具体的情况。在教育工作中,应该根据不同对象,编写不同教材,采用不同的教学方法,决不应千篇一律地使用一种自以为是的教材和教法,去解决不同教育对象的问题。但在中国封建社会里,却让儿童学成人的东西,什么《三字经》《千字文》以及《四书》等,都讲的是成人的事情,儿童很不容易接受。清朝末年,废科举,办学堂,中、小学校的教材都采用了新编课本,特别是 1921 年实行新学制以后,课本的文言文改用白话,教材从内容到语言都比较适合儿童学习了。但从此以后,为成年人编写的识字教材倒又采用了儿童课本的写法,强调生字反复出现,课文极其简单,实际知识很少,内容空洞,学了无用,白浪费时间。当时有个"平民教育促进会"曾经写了一本《平民千字课》,就是一个突出的典型。在这本教材中有《读书》一课,课文说："一个先生,十个学生,一个人教,十个人学,先生教书,学生读书,先生教学生,学生学先生。"还有一课是《写字》,课文说："读了书,就写字,写了字,又读书。十二个学生,三个读书,九个写字,四个写大字,五个写小字。"这样的课本把成人当小孩,怎么能受群众的欢迎呢？我们边区农民先前的冬学识字课本,除取材有所不同外,在编写方法、强求生字反复出现、内容空洞等方面,也与此类似。因此,

1939 年,边区教育特派员反映,成人不喜欢娃娃的话,在冬学里用这样的教材,一个冬天只能学二三百个生字,第二年劳动一年,到冬天再上冬学时,大部分都忘记了。当时群众普遍说:"年年上冬学,一辈子不识字",认为这种教材还不如《三字经》《百家姓》《千字文》、杂字书好。根据群众意见,边区教育厅又编了《新千字文》,供冬学扫盲用。但由于编写的同志没有理解群众的意图,仍未摆脱旧传统的影响,没有抓住参加冬学的多为成年农民,他们虽不识字,但经验丰富的特点,名为《新千字文》,实际上只是全书生字限用一千,课文写法仍然是旧的,每课生字力求反复出现,还是一些娃娃话。例如第一课说:"一二三四,四三二一,三四五六,四五六七,七八九十,十九八七";第二课说:"一石十斗,一斗十升,一升十合,千合一石"。这两课的内容单调无味,语句啰唆累赘,很不适合成年农民的要求。因此,许多同志提出,这样的课文不如编写成"一、二、三、四、五、六、七、八、九、十"及"石、斗、升、合",倒还清楚了当。有的同志甚至批评《新千字文》是"骗人货",它没有采用旧千字文的格式,却沿用了旧识字课本的编法。

通过上述实践,使我们明确认识到编写供成人用的识字课本,必须与儿童课本有所区别,要充分注意他们的特点和要求,既认字又学知识,学是为了用。由于当时参加冬学的主要对象是农民,他们平时生产劳动很忙,只有冬季才有比较集中的时间学习。所以在一本识字课本中,应尽量把常用的字都编进去,一次冬学读熟读完。生字即使不能全部认下,以后也好查阅复习,逐渐消化。这和牛羊反刍的道理是一样的。在内容上,要注意联系农村的生产和家庭生活,使学员有亲切之感。在形式上,可以采用旧杂字书的编法,把许多生字排在一起,同类相聚,声韵和谐,词句简练,便于记忆,再加上内容切合实际,是会受到群众欢迎的。

　　我自己幼年上小学之前,是先上了两次冬学,学习旧杂字书脱了盲的。我觉得识字教材采用旧形式编写是可行的。于是在 1940 年,我自告奋勇编了供冬学使用的《边区民众读本》,内分《抗日三字经》《实用四言常识》《新五言杂字》三部分,并附有《民众应用文》。1942年再版时,经边区教育厅审定,改称《民众课本》第一册,流传很广,很受群众欢迎。现节选《抗日三字经》中讲毛主席论持久战的一段如下:

毛主席	真英明	讲政治	论战争
想得到	说得通	句句话	有证明
中国大	出产丰	多人口	多士兵
日本小	出产穷	少人口	少士兵
我抗战	是进步	全世界	多帮助
敌侵略	是野蛮	求帮助	难上难
看事实	论道理	打到底	我胜利
讲缺点	我也有	敌发达	我落后
飞机少	大炮旧	枪不足	弹不够
我落后	多困难	要胜利	持久战
持久战	三阶段	求进步	克困难
一阶段	敌进攻	抢我地	夺我城
我中国	大觉醒	兵和民	齐斗争
二阶段	相持中	敌想进	无力攻
我中国	大振兴	又建设	又练兵
三阶段	我反攻	好消息	天天听
收失地	除奸凶	驱日寇	回东京

　　这一段课文采用旧《三字经》的形式,但装上了新的内容,用精练、通俗而有韵的词句,既宣传了党的政策,又没有儿童的腔调,很适合成年农民学习。

经过整风学习,使我认识到区别不同对象编写教材,也是反对主观主义和教条主义,坚持结合实际的一个重要方面。于是在已有经验的基础上,1944年我又编出供农村冬学用的《日用杂字》《识字课本》《农村应用文》等书。在编写过程中,我把主要注意力不仅放在写作上,而且放在研究我们的服务对象及其需要上,使教材内容更加切合群众的需要。因此,《日用杂字》和《识字课本》一出来就受到群众的热烈欢迎,以后年年再版,却经常供不应求。《农村应用文》的印数虽不及《日用杂字》等,但流行的地区却更广,各解放区略加增减翻印的版本,在延安见到的就有五六种。

　　现举《识字课本》中的三篇课文如下:

　　第四十五课　识字好

　　　　识字好,识字妙,

　　　　识字能够看钱票,

　　　　记账立约写对联,

　　　　样样事情都会搞。

　　　　识字还能看书报,

　　　　天下大事也知道。

　　第十六课　山药蛋

　　　　山药蛋,好东西,

　　　　三斤能顶一斤米。

　　　　一亩能挖一千三,

　　　　折合小米三石几。

　　　　当饭吃,省小米,

　　　　当菜吃,也可以。

　　第三十四课　穿新衣

　　　　纺下线,织成布,

缝了新袄缝新裤。

穿新衣，戴新帽，

破鞋烂袜都换掉，

老人喜，娘们笑，

娃娃乐得地上跳。

这种编法，适应了成人的特点，不同于儿童识字教材的写法。它篇幅简短而内容丰富，生字较多而不强求重复，能够满足群众费时少而识字多的要求，也起了鼓舞他们学习和生产热情的作用，满足了他们学习和生产上的需要。《农村应用文》包括条据、契约、请帖、书信、报告、计划、总结、对联等，既根据日常工作和生活编写了范文，又提纲挈领地指明了写法，内容简明，语言通俗，便于识了一千字左右的农村干部模仿应用，能满足他们的实际需要，起了"雪里送炭"的作用。

区乡干部，这又是另一种学识字、学文化的对象。这种对象之所以必须注意，是根据地的特殊情况所决定的。在旧社会的国民政府辖区，知识分子失业的很多，公务人员都有一定的文化程度，没有文盲。只有在革命队伍内，许多农民干部政治上虽很进步，甚至做了共产党员，但文化上还是文盲或半文盲。毛主席在1942年给《文化课本》写的序言中讲道："一个革命干部，必须能看能写，又有丰富的社会常识和自然常识，以为从事工作的基础与学习理论的基础。"因此，对干部也需要编识字课本和文化课本。

可是，干部这一种对象，既不同于少年儿童，也不同于成年农民。他们与成年农民共同的是，生活经验与生产经验都较丰富，不同的是他们有工作和学习方面的特殊需要。另外，他们的理解能力也比一般农民高一些。因此，我在1948年编写《干部识字课本》和《干部文化课本》时，既注意了他们学习、工作和领导方法等方面的问题，力求满足他们的需要;同时也注意了他们的理解水平高、文化水平低的特点,把课本编得内容丰富,篇幅简短,以满足其便于学习的要求。对课文多方取材,全面照顾,把文化学习与思想、政治、工作方法等教育内容都综合编进去,以适应他们的特点。

先拿《干部识字课本》来说,全书共有六十课,用生字七百多,供文盲干部学习用。从内容看,除对识字的具体指导外,对学习态度、工作作风、思想方法、政治认识以及简单而急需的应用文,都配备了相当数量的课文。例如,《天下无难事》《学习要踏实》《专心学习》《乡村好干部》《工作要经常》《工作要细密》《劳动创造世界》《挖穷根》《不迷信》,以及《介绍信》《收据和便条》《自传》《家信》等等课文,都是针对干部特点,为了满足他们生活、思想与工作上的需要编写的。在具体写法上,为了解决文盲干部文化水平和政治水平不相称的矛盾(识字少、经验多),尽量把课文写得简短,而含义却很丰富;不用"娃娃话",不编生字多、名词多的长篇课文。这既减少了他们学习时的困难,又提高了他们学习的兴趣。在文体方面,多采用歌谣、谚语、格言等,除了便于朗读与记忆外,也是因为这种文体具有"言近旨远""文短意长"的优点,便于文盲干部学习。为了避免"娃娃话",用字不强求重复,每课生字多少,也差别较大。对生字少的课文,要求教快一点;生字多的课文,可以教慢一点,用这种办法克服教学中的困难。现列举几课如下:

第十五课　专心学习

学习要专心,

不专学不成。

身在学校心在家,

误了学习帮不了家。

第二十一课　劳动创造世界

田是农民种，

树是农民栽。

房是工人盖，

衣是工人裁。

工农辈辈流血汗，

劳动造出世界来。

第二十五课 乡村好干部

对革命忠诚，

办事情公道。

多和别人商量，

不主观决定。

多做说服工作，

不强迫命令。

第五十三课 不迷信

旧社会，捉弄人，

硬说世上有鬼神。

造下神像盖起庙，

编下故事来骗人。

新社会，大不同，

万事靠人不靠神。

想要富裕多生产，

想要健康讲卫生。

再拿两本《干部文化课本》来说，是供已识六七百字的半文盲干部学习的。全书一百一十二课，共用生字两千左右，学完之后，可以看通俗的书报，可以写农村工作中急需的应用文。从内容上说，除过关于文化知识的课文，如《写字的标准》《字的模样》《常用标点符号的用法》《地图的看法》《我国的省区》《边区的分区和县市》《世界的大都市》等外，关于思想、政治、业务方面的课文也占了很大比重，如《好作风和坏作风》《不要摆架子》《做群众的好勤务员》《老蒋卖国》《准备到新区工作》《反对官僚主义》《发扬自我批评》《革命要到底》《改进乡上开会的方法》《差不多先生》等。这样编的目的，是希望干部学员学了之后，不但在文化知识方面能够提高一步，而且在学习态度、工作作风、思想方法、政治认识等各方面都能够提高一步。从文体方面说，与中、小学的课文大不相同：叙事文、说理文、应用文占的比重很大，描写文与诗歌占的比重很小，童话、故事几乎没有。所以这样编，是因为农村干部在读写方面实用观点很强，而事实上描写一类的文艺课文，在他们工作中确实用处很少。另外，根据农村半文盲干部多半没有上过正式学校，缺乏良好的学习方法的实际情况，我们有意配备了一些指导认字、写字、阅读、写作的课文，例如，《认识字根》《认识偏旁》《错别字》《略读和精读》《怎样看报》《说话与作文》《用词要恰当》《文从写话起》《怎样写日记》《写信应注意的地方》《怎样写通讯》《怎样写报告》《写完要修改》等等。这些课文，可以帮助他们纠正学习上一般易犯的毛病，又指出应该怎样学习，教他们掌握一些语文的规律。在有关写作方面的课文中，特别强调了说话和作文一致的原则。

六、坚持群众路线

群众路线是我们党的优良传统，也是延安时期编写教材的一条根本经验。编写教材当然不能轻视和低估专家的作用。但是，专家的经验，归根到底是从群众中来的；专家能不能编出好的教材，关键还要看他能不能坚持"从群众中来，到群众中去"。我们是为人民编教材的，我们编的教材首先应该适合人民的需要。这就要求编者应当经常走下去调查研究，看看人民究竟需要什么，了解学校的教学情况、教师的教学经验、学生学习的效果,以及师生对教材的意见等等。只有把这些问题都搞清楚了,我们的编写工作才能真正做到"有的放矢"。

对这个问题,我们在延安整风以前,并没有明确的认识。当时,人手少,任务紧,除集体讨论外,主要是各人分头研究思考,整天关在窑洞里埋头编写,很少走下去同群众、同教师商量。整风以后,由于编辑人员思想认识的提高,情况就大大不同了,每编一种教材,一般都分三个步骤:第一步是走下去搞调查研究,了解实际情况,掌握读者对象及其要求,征求各方面对原来教材的意见。第二步是集中力量编写初稿,在编写过程中,认真研究与讨论,有时还要到学校或机关去调查访问。初稿编出后,向各方面征求意见。第三步是经过审查,最后斟酌修改定稿。第一、二步,多走访农村,找农民、干部、教师、学生谈话,有时就在边区政府找有关部门的干部征求意见。当时边区教育厅设有教育特派员,他们经常到基层和学校检查工作,接触的人比较多,可以直接听到各地群众和学校师生对教材的反映,巡视、检查完毕后,要回厅汇报情况。另外,各分区和各县教育科也要定期向教育厅书面汇报学校情况。我们听取和查阅这两种汇报,也是贯彻群众路线的一个重要途径。

1945 年以后,边区的高小算术和自然课本,是霍得元同志负责编写的。他调到边区教育厅编教材之前,曾在延安县农村当过多年小学教师,对农村的情况比较熟悉,又有丰富的教学经验。这是编写教材的有利条件,但他在编写过程中仍坚持走群众路线,经常向学生、学生家长和广大农民群众学习,除听取他们对教材的意见外,还深入了解群众生产和生活的需要,广泛收集现实材料。如高小算术中的丈量土地、"周三径一""方五斜七"等民间流行的算法、粗细粮折算法、农业累进税等问题,及高小自然中收集的许多农谚、先进的农作法及迷信和不卫生的生活习惯的具体材料，大多是学生和广大群众提供的。他根据了解到的材料及群众的要求，在编《洋芋的种植》课文时，把侧重点放到洋芋的保藏法上；把棉花、西红柿等课文的侧重点放到它们的栽培法和整枝打杈等管理方法上，使教材重点突出，切合实际，学了就能用。为了使教材科学化，他还参观了不少小工厂和农场。在边区修械所，听了各种武器性能的介绍，参观了新式武器的修理和简单武器的制造，参观了新式武器的修理和简单武器的制造，所以在编军事常识、工业常识部分时，才能写得比较具体。由于参观了一些作坊，所以能在课本中介绍某些易学易行的制糖、制肥皂的方法。他在光华实验农场住了一段时间，把从农民那里学来的东西从理论上加以提高，如用农作物不宜重茬的道理，解释了"麦不二旺"、用豆类根瘤菌制氮的道理，解释了"豆茬地多打粮"等农谚。由于在农场里学到了一些简单易行的诊断和防治家禽、家畜常见传染病的方法，所以才能在有关教材中，比较好地解决了群众的急需。他还通过参观农业展览，了解边区各地的农业生产情况，学习群众的丰富经验。为了在教材中能够正确宣传党的各项方针政策，他在编写之前除学习政府的有关文件外，还走访了许多单位，一方面收集资料，一方面征求他们对编写教材的意见。写出初稿后，又把一些章节送请有关领导部门审查。例如高小算术中征收公粮、减租、奖励互助合作、发展农村副业、组织信贷和供销社、种棉减免公粮等内容及有关材料，就是边区民政厅、财政厅、建设厅等领导部门提供的；高小自然中有关讲究卫生、防止疾病的教材，就是由边区卫生署主任曲正同志亲自审阅的；关于汽灯一节的课文，则是由边区建设厅邀请美国朋友早阳用英文写好，经过翻译、改编才完成的。

边区的高、初小国语课本，是马肖云和刘御同志分别负责编写的。马肖云同志做过多年小学教师，又当过绥德分区的教育科长，有丰富的教育实践经验,也了解边区小学的情况。刘御同志长期从事编辑工作,业务熟悉,很能钻研问题。他们编教材时,又经常到学校去听教师讲课,找学生谈话,翻阅学生的作业,了解儿童的生活,同老师们一同商量研究。例如本文第二部分"必须重视劳动教育"中,引用过的《小英雄》和《打斑蝥》等课文,就是编者了解了学生李有娃在参加摘棉花劳动中的表现和一个班级参加打斑蝥劳动的情况后编成的。由于它真实地反映了儿童的实际生活,所以孩子们读起来很亲切、有兴趣。又如在本文第三部分"德智体全面兼顾"中,引用过的有关培养学生共产主义道德品质及良好生活习惯方面的课文,也是编者经过调查了解,掌握了学生的思想情况、日常表现及不卫生的习惯后写出来的。

我编的一些供农民和区乡干部学习的课本,都是根据群众的需要写成的。例如,《日用杂字》《识字课本》《农村应用文》等书的编写过程,都是先作调查,如访问农村,了解农民生活及群众的要求,收集农村流行的各种杂字书和应用文;然后再根据党的路线、政策,对收集到的材料加以研究和整理,决定如何取、舍、增、改;再后就写出初稿,请人提意见;最后斟酌修改定稿。至于《新三字经》《干部文化课本》,更是直接在群众的帮助下编出来的。1947年蒋胡匪军进犯延安,我背着行李在安塞、子洲一带的民办小学作调查,发现许多地方买不到课本,教学很困难,有的教旧《三字经》。于是我就地根据需要,在教师们的帮助下,用三字句形式,编写了几段课文,边编、边抄、边用、边修改,直到1948年回到延安后,把下边零星编下的整理修改一番,又补充了一些内容,才编成《新三字经》。《干部文化课本》是在打败蒋胡匪军以后,我从晋西北返回延安途中,住在绥德师范编写的。当时学校里设有一个地方干部训练班,我对学员做了比较深入的了解,掌握了他们的特点与要求,在编写过程中,还经常和教师、学员一块商量研究,听取他们的意见,直到回延安后才加工完成的。再如本文第四部分"结合边区实际"中提到的大部分内容,是编者对陕北农民的生产与生活、对儿童的学校家庭生活进行了调查研究,才提高了思想认识,逐步清除了洋教条,使教材内容更加切合边区的实际,从而提高了教材质量的。同样,如果我们不对儿童、青年农民和基层干部做深入的调查了解,就不可能区别不同对象,针对他们的特点和不同要求,编写出适合他们学习的教材。

我们强调在教材编写工作中走群众路线,并不是说群众的一切反映都要照办。群众的意见,有正确的,也有不正确的。对同一个问题,人们的看法也未必一致。这就要求编教材的同志,要开动脑筋,认真分析,善于集中群众的正确意见,注意处理好当前和长远、普及和提高的关系。这样,我们的教材内容才能不断得到充实、丰富,思想水平和科学水平也才能不断地提高。

七、精简集中

陕甘宁边区文化落后,又处于战争环境,为了尽快普及教育,因而当时小学学制比白区短:初小三年,高小二年,共五年。根据这种情况,在1944年教育改革过程中,对普通学校的课程设置,提出"精简集中"的原则。"精简"就是要"少而精",课程门类不宜过多,使学生摆脱不必要的负担。"集中"就是突出重点,使学生集中力量学好必须掌握的课程;有些课程如不能使学生牢固地学到实际有用的知识,则暂时舍弃不学。这个原则虽然是针对课程设置而言的,但其精神也适用于各科教材的内容安排。

教科书与一般著作不同,不能想讲什么就讲什么,想讲多少就讲多少。编写教科书首先应该考虑各年级学生必须学习和掌握的知识,以及他们的接受能力。教材的分量大,儿童不一定就学得多,有时甚至适得其反。这正如给一个小口瓶子大量倒水，由于接受能力有限，结果能够装进的水反而更少。教材庞杂或过深过重，是儿童最大的苦恼。儿童喜欢某种知识，证明这种知识符合他们心智发展的水平和接受能力。儿童学不懂或者学起来毫无兴趣的东西，往往是教材讲得过深过早，或者是讲授不甚得法的缘故。当然教师也应该因势利导，采取各种方法促进儿童心智的发展，培养他们的学习兴趣，提高他们的接受能力。教学的实践证明，对少量知识的明确理解比大量知识的模糊理解要好得多。一个学生如果对基础知识学得精通，他就可以自学很多东西，这就是人们通常说的"温故可以知新"、"举一可以反三"、"熟练才能生巧"。

教材要做到精简，就必须着重讲基础知识。讲基础知识首先应该注重生活实践中最常用的知识和技能；其次应该是为了下一步学习必须掌握的知识；再次，还要注意一些关键时刻必须具备的知识。例如，火灾、地震、防空虽在生活中并不常见，但这方面的初步知识却是儿童们应该了解的。这些要求概括起来，就是各种教材必须抓住本门学科中最主要的东西。如果对最主要的东西抓不住或注意不够，又多又杂，那就会喧宾夺主了。

精简并不意味着越少越好。简是为了精，即为了抓住最主要的东西，使学生充分消化、吸收，真正掌握。精简也不是越浅越好。精，就必须有一定的深度和难度，这样才能为下一步学习打好基础。因此，精简必须集中，即必须突出重点。这个原则不但适用于一套或者一本课本的取材与安排，也应体现在一篇课文的取材与写法上。

例如，我们在 1946 年编写初小国语课本时，在思想教育方面，紧紧抓住培养劳动观点这个最主要的问题，在整套课本中，通过许多具体生动的课文，教育儿童深刻理解劳动创造了人类，劳动创造了世界的道理，帮助他们树立起劳动光荣，热爱劳动，热爱劳动人民，憎恨和蔑视不劳而食的剥削者的思想感情。这对学生将来继续升学或者就业都是十分重要的，也是我们的教科书和国民党的教科书乃至一切旧教科书的基本区别。关于劳动教育的课文，上文已经举过好多，这里就不再举例了。在语文知识方面，第一、二册把重点放到识字上，课文简短而且几乎全是韵文，便于儿童背诵，有利于培养识字和阅读能力，阅读也是为了巩固识字。从第三册起，取材范围逐步扩大，故事性的东西较多，课文渐长，并在练习中提示用词造句的某些规律，注意写作的指导，目的是除了继续识字外，要逐渐扩大儿童的眼界和知识范围。由于我们抓住识字和读写能力的训练这些语文基础教学组织教材，所以内容精简集中，学习效果较好。

又如高小自然课本，我们一方面根据学习科学知识不单要说明生活，而且要指导生活的原则；另一方面遵照 1940 年 8 月中央宣传部《关于提高陕甘宁边区国民教育给边区党委及边区政府的指示信》中指出的"高小教育以提高一般文化水平为主要内容，同时应当辅以生产教育及卫生教育"的精神，从当时陕北农村的实际出发取材，注重讲生产与卫生知识，所以这两方面占的比重较大。这个问题在前边结合边区实际部分中已讲到，不再重复。在每篇课文的写法上，针对旧自然课本不管学生对某种自然物与自然现象原有知识如何，都平铺直叙，面面俱到，许多问题都讲到，一个问题也讲不清楚，使学生对原先明白者感到乏味，原先不明白者听后仍不太明白的缺点，采取突出重点的写法，不讲则已，要讲就讲个明白清楚。重点的确定是根据学生原先了解的程度，对学生平日熟悉者着重提高其认识，多讲原理、构造与改造、利用，而减少形态与一般用途；对学生平日不熟悉者着重初步的认识，多讲形态与用途，而减少原理与制造方法等。这样写出的课文，学生不但容易理解，而且感兴趣，因为每课都是在他们原有的知识基础上提高一步，能使他们发生"日新月异"的快感。

现将《洋芋的种植》一段课文抄录如下：

> 洋芋又叫山药蛋，学名马铃薯。谷雨以后即可下种。种子应选好的，切芽时，块子也宜大些，并放在草木灰里拌一拌，再去下种。这样即可防止种子腐烂，而且也等于上了一次肥料。出苗后，一窝只能留一、两苗，太多的应该锄去，不然枝叶很多，洋芋不容易长大。锄草应在开花之前，因为开花后根上已开始结洋芋，再锄就会锄伤小洋芋。等到枝叶变黄，洋芋即成熟了，但为了保藏得好，还应迟挖几天。

这段话不但讲得详尽具体，而且介绍了当时群众行之有效的经验，并说明了所以有效的原因，把感性知识与理性知识统一起来。这是能够学得透彻并能应用的知识，是可以说明生活且能指导生活的知识。这种与生活密切结合，又具体又概括，有理论有应用的知识，才是有血有肉的知识，才是真的知识，活的知识。这种活的知识不但可以增进生活智能，而且可以提高学习效果。由于我们抓住了当时生活实践中最常用的基本知识和基本技能，所以较好地贯彻了理论联系实际的原则，基本上克服了旧自然课本教条主义与形式主义的缺点，初步达到了学用一致的要求。

再如1948年我编的两本《干部文化课本》，共有一百一十二课。其中属于识字、阅读、写作等学习方法指导的占了十八课，工作作风与工作方法的占了二十二课，应用文及其写作方法的占了二十四课，政治常识占了十六课，破除迷信与旧思想的占了十课，合计九十课，占全部课文的四分之三以上。这几方面对农村干部是十分需要的，学了就能用。课本由于突出了重点，又注意结合了农村干部工作上、思想上的特点，所以他们学起来很感兴趣，效果也比较好。

根据上述实例，使我深深感到，精简必须集中，集中才能做到精简，教材只有精简集中，才能使教师教好，学生学好，学了容易巩固。

八、综合联贯

精简集中主要是关于内容的分量轻重问题，综合联贯是关于内容的组织结构问题。教材的分量要精简集中，但在具体安排上不能杂乱无章，应该综合为一体，力求前后联贯，成一系统。

教材的系统与科学体系，既有联系，又不尽相同。教材的系统，既要考虑科学本身的内在联系，又要特别注意学生由浅入深、循序渐进的认识过程的特点。一种教材如果组织得精密、合理，犹如有了登山的台阶，可以大大减少学习的困难，便于理解较复杂的问题。相反，若是层次安排不当，不适合儿童心智发展的规律，就会造成困难，降低学习效果。

在编写教材中怎样体现综合联贯的原则呢？根据我们在延安的实践，应该注意以下四条：

一是由易到难，即由简单到复杂。例如，《干部文化课本》在应用文的次序安排上，就很注意这个问题。先是比较简单易学的条据、启事、书信、日记等；书信、日记各有许多课，又按由易到难排列先后。接着是会议记录、新闻报道等，最后才是比较复杂的工作报告、契约合同等。对有关写作指导方面的课文，也是由易到难，先讲《文从写话起》，接着讲《学习座谈记话》《生活检讨记话》《写话草本和写话墙报》等，最后才讲《说话和作文》《写作提纲》《写完要修改》等课文。这样可以分散难点，有计划有步骤地循序渐进。至于小学算术，那当然只能是先加减后乘除，先整数后分数、小数。

二是由浅入深，即由具体到抽象，由个别到一般，由现象到原理。这对帮助学生理解抽象的概念、原理是十分重要的。例如，我1946年写的小学冬季自然课补充教材《围着火盆谈天》，就较好地体现了这个原则。现节录其中的一段如下：

赵先生是自然课教员,他平日见到各科自然现象,喜欢和学生们随时研究。一天晚上,学生刘文清、王二小、李金贵、张银娃找赵先生,大家围在火盆周围。

话拉开了,谈的是当天上课的情形。王二小眼明手快,见火将要熄灭,一边听着别人谈,一边站起来找些木炭,放在火盆里,吹了几口,又扇了一阵,火慢慢着起来了。但着的不旺,李金贵拿火筷夹了几下,把中间弄空,火很快着旺了。

刘文清看到火燃的情形,忽然转了话头,向先生问道:赵先生,为什么用口吹,用扫帚扇,火就容易着起来呢?

赵先生还没回答,张银娃已经开口了:我知道,那是因为木炭虽然是燃料,但光木炭还不能燃着,一定要有氧气来帮助,它才能燃烧起来。空气里有氧气,一吹一扇,把许多空气扇到火上,氧气加多了,所以火就容易着起来。安风箱助燃,也是这个原因。

银娃一口气讲完,赵先生听地很惊奇,笑眯眯地说:讲的对,诉的对!

赵:银娃,我再问你,你说火的中心空了容易旺,这是为什么?

银娃:这我就不懂了。

刘文清望望赵先生的脸说:还是一个道理吧？中心空了,空气容易进去,氧气加多了,是不是？

赵:是的,是的!

这一段课文通过日常习见的自然现象,说明了氧气可以助燃的科学道理,其效果要比抽象地讲概念、原理好得多,学生不仅容易理解,而且可以牢记不忘。

三是由近及远,即由直接到间接,由已知到未知。生活中的直接经验是认识各种间接东西的基础，已知的东西则为未知的东西开辟了道路。讲新的知识时，要结合已有知识讲，把已有知识作为学新知识的桥梁。例如，在《干部文化课本》上册中，我编了《刮风和下雨》(一)(二)两课，说明风不是风神刮的，"是由空气流动造成的。空气当冷热不一的时候，就要流动起来。热的空气轻而上升，旁边的冷空气挤过来，这就是风"。为了进一步说明这个科学道理，我以学生的直接经验和已知的东西为例，接着又写了这样一段话："夏天中午，我们站在不住人的窑洞门口，觉得很凉快。这就是因为院里的空气晒热上升了，窑里的冷空气往出流动的缘故。"在回答为什么会下雨的问题时，是这样写的："雨不是龙王下的，是海洋里的水变成的。太阳把海洋里的水晒热变成汽，汽上升空中遇冷就变成云。云再遇冷，结成水点落下来，就是雨。"为了进一步说明这个科学道理，我仍以学生的直接经验和已知的东西为例，接着又写了这样一段话："我们烧水时，锅盖边冒出汽来，遇上冷就变成水点，和这是一样的道理。"

以上课文，不仅按照由近及远，即由直接到间接，由已知到未知的知识程序讲清了科学道理，而且破除了学生的迷信思想，为他们获得正确的知识扫除了障碍。这一点对成年人是很重要的，"不破不立"，不清除他们原有的错误认识，新的科学知识是不容易接受的。对由已知到未知这一原则，一般人只注意"正确的已知"是学习新知的基础，而不注意"错误的已知"是学习新知的障碍。教师和教材编者，必须重视这一点。

还有一个由近及远、由已知到未知的例子：我们在编写小学地理中《岔》一课时，首先指出："在边区有许多村名叫做岔，如冯家岔、李家岔、王家岔，等等。它们都是两条河合流的地方，二水把三山分开，上下游有三条川，交通方便；沿川又有一些水浇平地。这种地方在山区总是居民比较多、比较富饶的。"然后以小喻大，指出："在中国地理上,汉口是汉水与长江合流处,重庆是嘉陵江与长江合流处,这些重要城市也都是因为交通便利、地方富饶所形成的。"

以上三个原则,在有些课文里是互相交织,不易划清界限的,有的兼有几条原则。现再综合讲如下三例:

一是识字。在我编的《干部识字课本》中,有关识字写字的有《识字》《认和写》《五到》《你念我写》《分开看》《音同字不同》《细看不一样》《简笔字》等许多课文。在《干部文化课本》中,对识字写字又有《写字的标准》《字的模样》《先识常见字》《从词句中识字》《改正错字》《纠正别字》《认识字根》《认识偏旁》等几课。这些虽都是属于识字写字的课文,但先后顺序,有的体现了由易到难的原则,有的体现了由浅到深的原则,有的体现了由粗到精的原则,有的则兼有几条原则。

二是初小国语课本中的练习。我们一般每隔五课就编一个练习,练习的目的因年级而异:一年级重点帮助识字,二年级重点帮助识字与造句,三年级重点帮助造句与作文,由易到难,由浅入深,循序渐进,其具体安排是:一年级除练习识字外,也练习阅读,阅读的目的仍在巩固识字。识字练习着重形相似字的比较和辨别,目的在于使学生认清与写会。二年级除练习识字与造句外,也有阅读,阅读的目的是为了便于识字与造句。识字练习有形相似字的辨别,也有音同意不同字的辨别,目的在训练对字的选择使用,以便于造句。造句练习先练填字造句,后练用词造句。填字与用词造句,也是逐步提高。此外,增加了常用副词、连词、介词的归类和例句,以熟悉句型,帮助造句。三年级则大量汇集各种常用虚词的例句,以便熟练用词造句,帮助作文。对作文和日记,也要求由短到长,由易到难,由浅入深。各年级的练习都配有按部首归类的生字,目的是除帮助识字写字外,同时准备学习查字典。

三是高小自然课本的排列顺序。旧的自然课本,对材料的组织排列，不是杂乱无章，就是难易倒置，不符合由易到难，由近及远的教学原则，不适于一般儿童的学习心理，因而教学效果不好。1946 年，我们编写高小自然课本时，针对上述缺点，在材料编排上努力做到符合儿童认识的水平与知识难易的顺序。全书系统，大致前两册着重讲食、衣、住、行、用日常生活中有关自然的知识，后两册循序渐进地讲浅易的生物、生理、天体、气象与理化等自然科学道理；农业生产知识是由一册中具体的植物、动物的讲解渐及于三册中气候、土壤、肥料、选种等概括抽象的说明；卫生知识是由一、二册生活中吃、喝、衣、住方面的卫生常识渐及于三册的生理卫生知识。这样就从错综复杂的许多自然知识材料中找出适合教学需要的一定关系，兼顾纵的系统与横的联系，排列成完整的体系。

许多教师的实践证明，一种教材如果综合联贯得好，不仅可以提高学习效率，而且可以从小培养儿童逻辑思维的能力，使其思路清晰，有利于进一步学习和掌握比较高深的知识。但是，事实上即使是一本很好的教材，也很难做到每一个地方都联贯得天衣无缝。遇到这种情况，教师应在教学中根据自己的经验进行补救。

九、深入浅出

我国的儿童教材，封建时代是采用"经典"式的内容和成年人的语言。《四书》《五经》自不待说，就是作为启蒙读物的《三字经》，其内容和语言同儿童的生活，也相距很远很远。近代有些资产阶级教育家提倡在小学教材中，用儿童语言，写适合儿童的内容，这是一个很大的进步。但他们却把儿童与社会生活割裂开来，认为儿童的精神世界是一个独立的世界，主张用荒唐的神话、童话、故事教育儿童，以满足儿童本性的需要、自然的兴趣。他们认为这是儿童生长、发展得最好的教育，反对在童话、故事中放进积极的思想意义与社会生活的要求。这样强调顺应儿童本性的自然发展，势必把儿童引向个人主义的道路，这是资产阶级的教育思想。

以上两种做法，撇开其内容的正误、好坏不谈，只就儿童学习时感到的深浅难易而言，前者是深入而不浅出，儿童学习时会畏难而退；后者是浅出而不深入，儿童容易学习，但学了益处不多。

我们在延安的小学教材编写工作，既强调从儿童的生活经验出发，运用儿童喜爱和可以接受的内容与语言；同时又注意循序渐进地尽可能较早地同社会需要、科学知识相结合，使儿童教育成为由儿童生活顺利过渡到成人生活的一座简便桥梁。我们要求有一定程度的、有益而深入的内容，对表达的形式与语言，又力求浅出，做到简明易懂。

深，是就其思想内容和讲的道理而言；浅，是就其语言和讲述的方法而言。深入与浅出是辩证的统一，不能分割。一般人只注意浅出，这虽是必要的，但是，只求通俗易懂，没有讲出什么道理，那就无助于儿童知识的长进。然而，只讲道理，不管儿童懂不懂，那也不行，应该把两者有机地结合起来。当然，这种结合并不容易。王安石在论张籍诗中曾说："苏州司业诗名老，乐府皆言妙入神；看是寻常最奇崛，成如容易却艰辛。"这首诗说明了深入浅出之不易和可贵。既要"看似寻常"，又要"奇妙入神"，那是花了"艰辛"的功夫，才把两者结合起来的。我们要给孩子们讲一分，自己首先应该懂十分。而且给孩子们的这一分，绝不是从我们的十分中简单的拿出一分。这一分应该像蜜蜂酿蜜一样，要进行加工、提炼，这样才能成为孩子们喜爱和乐于接受的东西。清澈的思想，产生明白的语言。教师和编者自己不明白的东西，绝不可能给别人讲清楚，以其昏昏，使人昭昭，是不行的。只有自己吃透的问题，才能讲得简明易懂。

有些同志认为，既要内容丰富，又要道理深刻，还要说得通俗易懂，那必然很难办到，如元好问一首诗所说的那样："好诗端如六绮琴，静中窥见古人心；阳春不比黄花曲，未要千人做赏音。"他的意思是曲高和寡。我以为，深入而又浅出，即曲高而和者众，确实是难，但绝非办不到。所以，我曾把元好问的四句诗改成这样："深入浅出精求精，雅俗共赏最称神，阳春应学黄花曲，定要千人做赏音。"这诗的修改，是在离开延安以后，但诗中的思想却代表当时我们在延安搞教材编写工作的几个同志对于深入浅出的喜好和决心。事实证明，我们当时的努力是有成效的，做出了一定的成绩。

在编写教材中，究竟怎样才能做到深入浅出呢？回顾起来，当时我们主要采用了以下几种方法：

一是联系实际，说明道理。深入群众，调查研究，了解情况，选择儿童熟悉的事物，讲解必要的自然和社会知识，说明其中的一、两个道理。例如，前面引用过的初小国语中的一课："左手和右手，两个好朋友；不论吃和穿，动手样样有。"全文不过二十个字，可是由于选材精当，儿童熟悉，生动地说明了劳动创造财富这样一个很重要的道理。

又如1947年绥德分区土改时，我们编印的初小国语补充教材中有一课讲农民斗地主，课文如下：

娃娃好好睡，妈妈去开会。

开会干什么，斗争大恶霸。

讲讲理，出出气，要回咱的房子、地！

翻翻身，抬抬头，给你爸爸报报仇！

农民斗地主是阶级斗争。阶级斗争是很重要的道理也是很复杂的道理。这一课不是抽象地让儿童去学阶级斗争的口号，而是通过当时社会的实际斗争及儿童亲眼看到事实，来讲清复杂的道理，这样孩子们自然容易理解。同时，这一课写的形象生动，不单让儿童懂得了农民对地主斗争的必要,而且能激发儿童坚决斗争地主的思想感情。

再如前边引用过《围着火盆谈天》,通篇取材于生活中常见的现象,说明一些自然知识;又由于采取谈天问答的形式,学生感到很有趣味。这种表达形式,如果事实和道理结合的恰当,不但便于理解,而且可以大大提高学生观察问题、分析问题的能力。试看下面一段课文:

赵先生才说完,刘文清忽然又提出一个问题:赵先生,昨天我遇见一件怪事,一个同学化下一斤猪油,从火上端起来倒在碗里,碗立刻响了一声,炸开一道缝……

刘文清还没说完,银娃插嘴道:这样的事,去年寒假我在家里也见过,那是我的姐姐闯下的祸,当时我妈生了一场气,最后告诉我们说,日后千万不要把滚油倒在冷碗里。我妈的话我记住了,但不懂得那是什么道理。

赵:这道理一般人多不知道,原来各种东西热了就要胀大,热油倒在冷碗里,碗立刻要胀大起来,变化太快了,碗就会被胀破。因此,你们再化下油时,应该凉一凉再往碗里或盆里倒,或者先把碗盆在火上热一热,然后再倒。

王二小:东西热了,就要胀大,那还了得? 如果真是这样,一个小碗倒进几次热油,不是变成大碗了吗?

大家听了都笑了,赵先生也笑了。但他立即止住笑,高兴地说:问得好,问得好,不过理由并不充分。东西热了会胀大,这是一定的;但小碗绝不会胀成大碗,因为道理还有另一方面,就是东西冷了,又会缩小。

大家听得默不作声,都觉得懂了一个新奇的道理。待了一会儿,刘文清才又打破沉静的空气,他问:一个家具骤然从冷变热,会炸破;那从热变冷会不会炸破呢?

赵先生抬头想了想,说:啊,这种例子还不多见,你们谁能举出一个来?

银娃:我有,我有! 一次,我在家帮我妈烧火,火烧了一阵了,忽然想起锅里还没有水。我赶快揭开锅盖,舀了一瓢冷水倒进去,锅里冒着大气,响了一声,炸了!这是不是因为锅太热,倒进冷水去,要立刻缩小,变不及,炸了呢?

赵:这个例子很好,道理也解释得全对。银娃真是一个聪明的娃娃! 啊,热胀冷缩的道理还有没有疑问呢?

李金贵和银娃:没有了。

赵:不,还有一个问题必须知道。一般东西固然都是热胀冷缩的,但水结冰和冰化水时却恰恰相反,是冷胀热缩的。一碗水结成冰不只是一碗,冰面上会凸出来;一瓶水结成冰,瓶内容不下,会把瓶胀破。这是应该知道的。

二是用典型事例,说明一个难懂的问题。迷信阴阳看风水的现象,当时在边区很普遍。要破除这种迷信,直接讲道理是不容易讲清楚的,必须用典型事例,点出使人容易惊醒的地方,才能把问题讲清楚。例如,我编写的边区《干部识字课本》中有《阴阳》一课,是改了古人的两首旧诗,只用了五十六个字,就把看风水的迷信驳斥得体无完肤。课文如下:

　　阴阳先生好说空,指南指北指西东,
　　山川果有好风水,何不葬他老祖宗。

　　祖先葬在风水地,子孙理应不受穷,
　　阴阳子孙不全富,足证阴阳是说空。

这两首诗抓住了风水迷信不足信的要害之处,言简意深,有力地证明了阴阳先生是胡说八道。

地主剥削农民、依靠农民生活,这个关系对儿童也是不容易讲清楚的。我们在土地改革过程中,听了农民斗争地主时,抓住要害,一针见血地质问地主的话,把它集中起来,写成一课《问地主》的诗。读了这篇课文,儿童就比较容易理解了。课文如下:

> 你有田,你有地,庄稼不会自长起。
> 没有农民来劳动,光有田地你吃啥呢?
>
> 你不凭黄牛耕,你不凭黑牛种,
> 手摸心头问一问,你好吃好穿凭的甚?
>
> 你吃白面,穿绸缎,那是我们的血和汗,
> 如果是你的福气好,为什么现在都完蛋?
> 你家妇女不纺织,你家男人不受苦,
> 家里没有聚宝盆,院里不长摇钱树,
> 你家的财产那里来,今天给我们讲清楚!

三是用形象比喻或生活中的实际事例,讲抽象道理。抽象道理孩子们很难领会,如用形象比喻,则很容易说明问题。如边区初小国语第四册有一课是用阿才教子的故事,讲明了"团结就是力量"这样一个比较难懂的道理。课文加下:

> 大约在一千年前,青海西部地方,还是一个少数民族的小国家。国王的名字叫做阿才,他生了十个儿子。
>
> 阿才老了,又有重病。他恐怕自己死后,外族来欺侮他的儿子们。有一天,他便把十个儿子叫到跟前,然后拿出十支箭来,捆成一把,叫他们把它折断。你来折,我来折,都折不断。

阿才又从十支箭里抽出一枝来，交给最小的儿子，对他说："你折折看。"

轻轻一折，这支箭被折断了。

于是老人说道："这十支箭，好比你们十兄弟。只要你们团结起来，就不怕外族欺侮了。"

此外，如《揠苗助长》《守株待兔》《鹬蚌相争》《狐假虎威》《自相矛盾》《瞎子摸象》《乌鸦与狐狸》等好多流传很广的寓言故事，都是边区国语课本里先后用过的，也都是用形象比喻来讲抽象道理的，因而也是深入浅出的好课文。

有些事物是用数字说明的，但数字比较抽象，不但儿童不容易理解，就是成年人也往往弄不清楚。这就要求编教材的人，设法把抽象数字具体化。例如在1948年边区出版的《干部文化课本》下册中有《四大家族的财产》一课，全文如下：

蒋、宋、孔、陈四大家族的财产，究竟有多少呢？根据初步统计，至少有二百万万美元。以一九四八年八月蒋政府的规定，美金一元合中国银洋二元，那末，二百万万美元折成银洋，就是四百万万元。

四百万万银洋有多少呢？全中国人口四万万五千万，平均分开，每人可得八十八元八角八。如果把这样多的银洋堆在一处，派牲口来驮，每天要一百头好骡子，二百年才能驮完。

这样多的钱，如果买成小米，照一九四八年八月延安的物价，四十元一石，共可买得十万万石。全中国人（连吃奶的娃娃都算上）每人可分到两石二斗二升二，两年都吃不完。

如果买成土布，也以一九四八年八月延安的物价为标准，一元银洋一丈，共可买四百万万丈，全中国人每人可分八十八丈八尺八，够穿二十年。

如果去办设备较好的中学和小学，每所平均用银洋二千元，共可办起二千万所，全世界所有的青年和儿童，都可收容进去。

这一篇课文，首先把四大家族二百万万美元的财产折成中国的银洋，并以全中国的人口总数平均分开；进而用这些钱买成陕北人民熟知的小米、土布，或创办学校，能解决多大问题的事例，把一个抽象数字具体化了。我记得这篇课文编出后，曾在绥德师范地干班学员中征求过意见，他们说通过这些具体的东西，可以清楚地看到四大家族究竟搜刮了劳动人民的多少血汗，更加深了对这伙反动派的仇恨。

四是用粗略的讲法，说明一些复杂的问题。在现实生活中，确有一些道理高深，一下子不能讲清楚的问题。这类问题，有的只有等到一定的时期再教；有的则可先粗略地讲讲，让孩子们知道一个大概，以后再逐步地加深理解。例如，边区初小国语第三册中有一课《太阳》，全文如下：

> 太阳太阳照四方，它的好处实在多。
> 太阳不晒草不绿，太阳不晒花不香。
> 太阳不晒果不熟，太阳不晒苗不长。
> 被褥也要太阳晒，太阳晒了暖洋洋。
> 身体也要太阳晒，太阳晒了才健康。

为什么太阳不晒，果子成熟不了，为什么太阳不晒，禾苗不会成长，这道理很复杂，对初小二年级的学生是无法讲清楚的。但初步了解一下太阳的作用，对孩子来说，却是十分必要的。对深刻的道理，可以有各种程度的理解，能窥见真理的最初一瞥或一斑也是重要的、有意义的，这样能引起学生探求真理的欲望，并打下认识真理的基础。

阶级斗争、共产党、国民党是比较复杂的政治概念，小学生也是不大容易理解的。我们在边区初小三年级的常识课本中写了一课《共产党就是革命的领导者》，对这抽象难懂的概念，作了粗浅的解释，使小学生能有一个初步的了解，这在现实生活中当然是很必要的。这一课全文如下：

为了生产一件衣服，农民要种棉花，工人要纺线织布，妈妈又要一针一线来缝它。在这里面，不知包含着多少人的辛苦和劳动。推广来说，我们住的房子，吃的米面，用的家具，以至社会上一切财富，哪一样不是劳动创造出来的。

按道理说，社会上最富足的人，应该是劳动者了。可是不然，在那旧社会里，最富足的，却是那些不劳动的地主、官僚、资本家。天天劳动的工农，反而过着牛马不如的生活。为什么会这样呢？因为地主、官僚、资本家，剥削了工人农民的劳动。

这篇课文通过儿童熟知的事物和容易理解的道理，说明了一些比较复杂的政治概念，没有用成人常用的政治术语，所以儿童是能够接受的。近年来国外有许多教育家认为几何、物理的基本概念，完全可以为七至十岁的儿童所接受，只要这些基本概念不用数学、物理的专门术语，而通过儿童能自己触摸到的具体材料来学习。我们上面看法和做法，同他们的观点是完全一致的。

这样的做法，在现实生活中也是常有的，如小孩子看电影，常问这是好人还是坏人？小孩子对电影中的典型人物当然不会做具体评价，但简单概括为好坏两大类，这样初步了解人物的品质，也是有好处的。

五是化繁杂为简易，变纷乱为清晰。有些事物的头绪很多，相互关系又错综复杂，不易为儿童所掌握。编写教材的人应该注意做整理

和简化的工作,抓住主要线索,使其有条不紊。例如高小历史课本第一册中有《魏晋南北朝》一课,全文如下:

东汉的统治崩溃以后,许多野心家各霸一方,战争连年不休。曹操想统一全国,可是在赤壁一战,损失了几十万人马;结果,全国分成魏、蜀、吴三国。诸葛亮想帮助蜀国的君主,统一全国,可是费尽心力,也没有成功。后来,司马炎吞灭三国,建立晋朝,可是他的子孙为了争夺权位又互相战争起来。

这样长期的内战,消耗了许多人力、财力。弄得北方匈奴族的势力渐渐强盛,侵入内地;并且两次进了晋朝的首都,掳杀晋朝的皇帝。晋朝的统治阶级没有抵抗的力量,也不愿意抵抗,一齐逃到江南。

随着侵入黄河流域的,还有鲜卑、氐、羌、羯四个少数民族。五族的统治者在中国北部建立了许多小国,他们成天你打我,我打你,战争不息。最后被鲜卑族统一起来,称为元魏,也就是北朝。南方晋朝的统治阶级,互相争权夺位,很快地换了四个朝代(宋、齐、梁、陈),合称南朝。

从五个游牧民族的侵入到南北朝,战争连年,民生异常痛苦。同时,北方的大批土地变成游牧民族的牧场,原野布满牧民的牛羊,日夜都听到牧民的歌声。民众在经济上和精神上受了许多痛苦。汉族贵族地主,多半迁移到南方,抢占了江南的肥沃田土,继续过着剥削生活。至于江南民众的痛苦,和北方的并不两样。

这一课共分四段,只用了四百多字,写了从三国经两晋到南北朝三四百年的历史,虽系梗概,却使小学生对我国这一段比较复杂纷乱的历史,能有一个较清晰的概念。

六是语言词句一定要浅显易懂。这是深入浅出最基本的要求。不过有人只从这一点上理解深入浅出，那就看得太简单了。抗日战争时期白区的小学课本，不仅给儿童灌输反动思想，而且用语生涩，堆砌名词术语，内容十分贫乏，又脱离实际，学了没有用处。我1948年编的《新三字经》，包括儿童最必要的思想品德与生活知识共十部分，是一本内容、体系都较完整的小册子。由于它虽用三字句的韵语，但未受其拘束，篇幅简短，语句精练，深入浅出，通俗易懂，所以广泛流传。中华人民共和国成立后，还先后有五六个出版社出版过，改名为《儿童三字经》，印发全国，一直流传到"文化大革命"前夕。这本书开头一段是：

> 好儿童，在家中，帮大人，做事情。
> 腿又快，手又勤，眼又尖，心又灵。
> 也抬水，也扫地，也烧火，也喂鸡。
> 妹妹哭，抱妹妹，弟弟闹，照弟弟。

这一段，仅用了四十八个字，就把儿童在家里应该帮大人干的活，用浅显的语言集中地概括出来，不仅容易懂，而且可以照着做。

又如边区1946年出版的高小自然课本《豆类》一课中，有这样一段：

> 豆类的花都是蝴蝶形，因种类不同而有各种颜色。花粉的传送多靠虫类做媒介。因此，豆类开花时，若遇下雨，虫类不能出动，花粉又多被淋掉，收成就会大大减少。

在这一段里，没有用虫媒、花蝶形、花冠等科学专名，却说明了自然现象，提出了自然规律，也联系了生产经验。这就大大减少了学习上的困难，使学生容易理解和记忆。

再如高小历史课本第一册中有《道教和佛教》一课，全文如下：

> 道教本来是东汉时期的革命组织，由张陵创始，张角也

是里面的重要分子。他们利用这个组织,团结贫苦民众,造成轰轰烈烈的黄巾暴动。

晋朝有一位贵族,名叫葛洪。他把道教大加改变,主张学道修仙,希求长生不死;教人住在深山,炼丹吃药,不必管社会民生。从此,道教就变成了统治阶级麻醉民众的工具了。

佛教本来产生在印度,汉代才传来中国。原来印度有一位国王的儿子,名叫释迦牟尼。他感到印度等级制度的不平等,又没有改革的勇气,心上非常苦恼。于是想了一个欺骗自己的方法:"眼不见,为干净",离开社会,避在山村去过清静的生活。他又用这个方法麻醉别人,结果就创出了佛教。

南北朝大纷乱时代,许多人悲观愁苦,加入道教或佛教,寻求空虚的安慰。统治阶级看到这种"和平"的宗教,对他们有利益,就竭力提倡,于是寺院道庙,布满了全国,社会上有非常多的和尚、尼姑和道士。

因为佛教盛行,来中国传教的外国人很多。南北朝的鸠摩罗什是最著名的一个。中国人到印度留学取经的也很多,后来唐朝的玄奘是最著名的一个。俗传西天取经的唐僧,就是这位玄奘先生。

这篇课文没有用深奥难懂的词语,解释道教和佛教的起源、教义和消极作用,而是用了浅显易懂的话,把基本问题讲清楚了,使小学生对道教和佛教能有个粗浅的认识。

十、启发心智

启发式是教学的一项基本原则,也是编写教材的一项基本原则。教师要用启发式进行教学,首先应有一个富有启发性的教材。这种教材,不但可以帮助教师进行启发式教学,更重要的还在于它可以激发学生学习的积极性。

所谓启发性的教材,就是能够根据学生心智发展的客观规律,在学生原有的水平上,恰当地引导他们前进。或者扩大原有知识的范围,或者加深原有知识的程度,或者把原有零碎知识组织起来,使之系统化。总之,要使认识达到新的境界,这才能够产生求知的喜悦之情,引起学习的积极性。要能够如此,必须反对两种不好的做法:一种是不能顺应学生心智发展的要求,过分强调教材的浅易,知识只在学生原有水平上转来转去,如毛驴推磨,虽走而不前进;第二种是脱离原有水平,要求过高,完全讲授过深的新的内容,学生不能理解,如入五里雾中。怎么正确贯彻这一原则,根据我们在延安编写教材的实践和体会,有以下几点:

一是比较异同,认识事物特点。人们认识事物,首先要掌握事物的特点,掌握了特点,就认识了事物。但事物的特点必须在相互比较中,才能充分显现出来。因此,我国古代的名家、即逻辑学家,早就提出辨异同的主张。教儿童开始认识事物,更应注意在教材中比较异同,使其掌握事物特点,获得明确的知识,这也是训练儿童逻辑思维的一个方法。我们在1946年出版的边区初小国语中就很注意这一点。如第一册中有《公鸡和麻雀》一课,全文如下,

> 公鸡大,麻雀小;
>
> 公鸡走,麻雀跳;
>
> 公鸡飞得低,麻雀飞得高。

又如上举国语第二册中,还有如下一课:

> 这是一只狗,那是一只狼。
>
> 狗的耳朵是弯的,狼的耳朵是立的;
>
> 狗的尾巴是卷的,狼的尾巴是拖的。

此外,在同册练习中,还有如下两段:

牛吃草,羊吃草,马也吃草;

狼吃肉,狗吃肉,猫也吃肉。

我有口,你有口,巫神也有口,神像也有口。

我们的口,要说真话;巫神的口,只说假话;神像的口,不会说话。

我有手,你有手,神像也有手。

我们有手,都要做工;神像有手,不爱做工;巫神有手,不会活动。

神像是人们做出来的,巫神是二流子装出来的,都是假的,都信不得。

以上两课与两段练习,对公鸡和麻雀、狗和狼的形态,牛、羊、马和狼、狗、猫的食物;以及劳动人民、巫神、神像的口和手的不同作用,通过比较异同的方法,区分得清清楚楚,这既便于儿童明确地认识这些事物,同时在认识事物的过程中,引起学习的兴趣,启发了儿童的心智。在最后一段中,通过劳动人民、巫神、神像的口与手的不同作用的比较,还进行了破除迷信的思想教育。

二是在原有知识基础上扩充新知,使眼界开阔起来。人们的认识来源于实践。因此,许多知识是从自己的亲身感受得来的。但是,囿于亲见亲闻,那就所知太窄狭、太有限,而且这种知识往往是肤浅的、不完全的,有时甚至是错误的。我们必须在学生原有知识的基础上,不断扩充新知,使其眼界开阔,知识增加。这对培养学习兴趣,提高学习积极性也是十分重要的。例如上举国语第四册中有《各地气候》一课,全文如下:

刮了一夜西北风,天气忽然冷起来。

健娃说:"好冷呀! 大概全中国,就是陕西最冷吧!"

顺儿说:"立冬时候,这样的天气还算冷吗?我想全中国也许要数陕西最暖。"

两个人争论起来，只好去请教先生。

先生笑了一笑解答说："健娃是从河南上来的，河南比陕西暖些，所以他说陕西冷。顺儿是从内蒙古下来的，内蒙古比陕西冷些，所以他说陕西暖。你们的话，都有一点道理，可是又都不对——陕西不是中国最冷的地方，也不是最暖的地方。"

停一停先生又说："我国的地面很大，各地气候，也不一样。蒙古沙漠地方，夏天早晚还得穿皮衣。新疆天山高处，暑伏天还堆着雪。可是广东就不同，那里比河南暖得多，冬天连冰雪都看不见，有许多树木还是青枝绿叶的……一般说来，西北各省气候冷，东南各省气候暖。"

这一课没有从地理和气候的一般概念出发，而是从学生的亲身感受即原有知识入手，用故事的形式，通过对话既纠正了学生不完全正确的认识，又讲了我国气候的一般规律，这犹如登高望远，开阔了眼界，增加了新知，激发了学习兴趣。

三是认识事物间的关系，使知识深刻化。马克思主义哲学认为，事物是相互联系、相互制约的。因此，单一的、孤立的知识用处不大，只有掌握了事物之间的关系，才能使知识深刻化，用处更大。例如上举国语第四册中有《气候和庄稼》一课，全文如下：

何小宝生长在陕西。听先生说：中国的气候，各地冷暖不一样，雨水多少，也不一样，他觉得很奇怪。第二天上课时，就站起来问先生，"比陕西冷，雨水又少的地方，能不能种庄稼？怕不怕冻死或旱死？太暖和和雨水太多的地方，怕不怕晒死和淹坏呢？"

先生问大家："谁能回答这两个问题？"

同学们先后地说:"不能!""不能!"

先生说:"那末大家注意听:庄稼有好多种类,有的耐旱耐冻,如像青稞、燕麦和荞麦,宜种在略冷雨少的地方。有的欢喜在泥水里长,又不怕晒,如像水稻,宜种在天暖雨多的地方。因此,我国各地的气候虽然不同,可是都能种庄稼。只不过所种的庄稼不一样罢了。"

这一课用先生解答学生提问的形式,不只介绍了简单的生产经验,而且说明了气候和庄稼的关系,使学生学到的知识更加深刻、有用。

又如在 1948 年边区出版的《干部文化课本》上册中,有《边区雨少的原因》一课,全文如下:

问:边区下雨少,容易发生旱灾,这是什么原因呢?

答:我们已经讲过,雨主要是由海洋里的水蒸气变成的。因此,离海洋近的地方,雨就多,离海洋远的地方,雨就少。我们中国东南靠海洋,西北是大陆。所以沿海的广东、江苏、山东等省,雨很多。边区在西北,离海几千里,雨很少。

问:边区每年七、八月间雨较多,冬春两季雨雪很少,这又是什么原故呢? 答:这是由于风向转变的关系。边区冬春两季多刮西风、北风或西北风,这种风又冷又干,不容易下雨雪。七、八月间多刮东风、南风或东南风,这种风因为从海洋上吹来,水汽多,容易下雨。

这一课用一问一答的形式,在回答边区雨少的主要原因的同时,使学生认识了雨的多少与离海洋远近及风向的关系。这样,学生对事物的认识就不是单一的、孤立的,因而获得的知识就比较深刻。

学习要进步快,就要善于发现事物的矛盾,要使学生多疑善问。教师的责任不但在能够解决学生的疑问,而且在善于诱发学生的疑问;诱发疑问和解决疑问,同样可以启发儿童的心智,引起学习的主动性和积极性。上举两课,都是利用学生已有的知识,诱引出疑难问题,从而解决疑难的,都是启发心智,激起学习积极性的好办法。

四是把同类知识联系起来,使之系统化。最普通的联系方法,是从事物发展变化上联系。世界上的事物是不断发展变化的。因此,要让学生比较牢固地掌握一种知识,就必须使他们了解事物发展变化的过程,把知识系统化,才能从中找到规律性的东西。例如在1946年边区出版的初小常识第一册中有《车的进步》一课,全文如下:

这里有一根又直又圆的木头,很重很重,要把它抱起来前进,相当困难,但我们却可以用较小的力量来滚动它。像这样的事情,古人们也常碰到,根据这个经验,就有车轮的发明。

当然,有了车轮,同时就有了车子。

自这以后,几个人挑的担子,放在独轮车上,一个人就推走了,几匹马驮的东西,放在双轮车上,一匹马就拉走了。

车轮节省了人力和畜力,车轮推动了生产的进步。

车子也在不断地进步。

百多年前,世界上就有了火车,五十年前,又有汽车的发明。

到今天为止,世界上最快的汽车,一点钟能走几百里,火车的速度虽然比那最快的汽车相差很多,可是它的运输力却特别强,一列火车能顶上六七千个毛驴呢!

七十年前,又有了电车的发明,现在有许多火车,也正改用电力来推动。

这篇课文从滚动木头说到发明车轮和车子,从独轮车、双轮车说到发明火车、汽车、电车,并对各种车子的作用进行了比较。这就把有关车的知识系统化了,使学生容易理解、便于记忆。

又如在同一册常识中,还有《灯的进步》一课,它从没有灯说到用火以后,先点燃树枝照明,然后变成火把;由在火把上涂上动物油脂,把火把缩小;以后继续进步,就变成动物油的烛和灯,后来又应用植物油和石油。从最初的石油灯到有玻璃罩的石油灯,经过很多年月。发明又发明,进步又进步,于是又出现了汽灯和电灯。电灯比汽灯简便和节约,光线也亮得多,使夜间好像白天一样,这一课的编法,与《车的进步》一样,也是为了把知识系统化。

此外,把相同、相近的事物归类学习,也是一种联系方法。我们在编国语课本时,就努力体现这个原则。例如,在初小国语各册及《干部识字课本》中,为了把学生识下的单字巩固下来,在每个单元的练习中都有按照字根、偏旁或字意相同、相近等归类排列的习题;在《干部文化课本》中,还专门编了《认识字根》《认识偏旁》两课。这种编法都是为了把知识联系起来,使之系统化,以引起学生学习的兴趣和积极性。

五是用科学家发明创造的精神鼓舞儿童。科学家敢于打破陈规,解放思想,发明创造了许多新鲜事物,造福于人类社会。这种探求真理的精神和得到的伟大成就,也很能启发儿童的心智,鼓舞其斗志,激发其学习的兴趣与积极性。边区高小国语对科学家的发明创造介绍得很多,现在抄录《苏联的园艺家米丘林》一课如下:

米丘林,是苏联天才的园艺家。

他是个奇人,当初在一个火车站上当书记员;后来因研究园艺发生了兴趣,就辞去了职务,卖掉了住宅,把所有的积蓄拿出来,买了一个小小的果园,在一些苹果树和梨树的中间,自己造了一所小木屋,一天到晚,就在这园子里,做那大胆的试验工作。

他的工作,最重要的是用杂交的方法,创造出许多植物的新种来。

他把甲种苹果的花粉,撒在乙种苹果的花蕊上,结果创造出一种新的丙种苹果来,这新种,从它的父亲甲种苹果承继了多肉多汁而又甜美的性格;从它的母亲乙种苹果承继了耐寒的性格,就是在冰点下十度的地方,也不会冻坏。

他又把远东原产的甲种梨,和法国原产的乙种梨杂交,结果创造出一种名叫"米丘林梨"的新种来。这新种,从它的法国父亲承继了美味,从它的远东母亲承继了抵抗寒冷和虫害的能力。它长大到十五岁的那年,就开始结了二十五个又大又甜的梨;第二年可就了不得,只见树枝都弯弯的垂到地上来,满树都是梨。梨结得多还不稀奇,稀奇的是它们的性格坚强,可以在栈房里打了包,运送到很远很远的地方,不会腐烂。

他栽培植物的方法,是斯巴达式的,他不姑息,不溺爱,用冷酷的条件,训练他的植物,正像古代斯巴达人训练子弟一样的严厉。他不施用过多的肥料;在冬天,也不将树身包扎。他要它们耐得起冷,吃得起苦,冻成坚强的性格。

我们知道,地球上植物的分布,受着气候的限制:有许多植物,只能生长在天气暖和的地方,不能生长在天气寒冷的地方,惟有米丘林,他却能用人工战胜自然,打破这限制,使南方温暖地带的植物,也能生长在北极荒寒之区。他的樱桃,能抵抗冰雪,他的"北极葡萄",能忍受冰点下三十八度的严寒。

他从二十一岁起,到死为止,孜孜不息,试验研究了整整六十年。他辛苦一生,创造的新种植物,一共有三百五十种。他的工作，真是从来未有的工作，他真是一个能改造自然的英雄！

六是破除戒律，分散难点，使之便于入门。各门学科中都有一些比较难学的部分，特别在某些问题的开始学习时，缺乏教学经验的教师，往往不知道如何分散难点，循序渐进，使学生顺利通过，从而提高学习兴趣；有的甚至规定了一些清规戒律，一开头就给学生当头一棒，增加了学习困难，弄得丧失了学习信心。例如在识字教学中，一开始每教一字就要求学生达到"四会"（会认、会写、会讲、会用），结果，一些繁难的字就成了学习上的拦路虎，识字速度很慢。针对这个偏向，我们在编初小国语课本时，破除机械地理解与运用"四会"教学法，强调教材要联系实际，内容丰富，不注重按字的繁简编排教材，而是根据需要，繁难的字也可以较早出现。对繁难的字只要求通过朗读会认就行了，不要求同时就会写、会讲、会用，这些留待以后逐步解决。学生在读过的文句中，认会一半以上的生字，就可以继续往前读，这就把难点分散了。为了便于学生朗读和记忆，低年级几乎全用韵文，并附以练习，帮助学生温习生字与学习阅读，从而提高了他们识字的兴趣，加快了识字的进度。

再如在作文教学中，有不少教师要求太高太死，框框很多：写什么内容，分几段，如何开头，如何结尾，发表什么感想，都作了规定。还怕学生不会写，再给读范文，提供应用的词汇；又怕出毛病，再从反面提出不要怎么写，叫做堵塞漏洞。这样做的结果，不仅不能开启学生的心窍，反而闭塞了学生的头脑，弄得学生束手束脚，无话可说或者有话不敢说，遇到作文就发愁。为了破除作文中的清规戒律，提高学生的写作能力，我们在编写小学国语教材时，从第三册起，逐步增加了散文的比重；在内容上根据学生的理解水平，力求切合实际；在文字上力求口语化，便于学生模仿与应用。要求教师在讲解课文时，多在是否反映了实际和反映的适当上下功夫，不要把力量放在词句的玩弄上面。在作文指导上，强调"文从写话起"，教学生了解作文就是用笔说话，想说什么，就写什么，话怎么说，就怎么写，使作文向说话看齐，跟着说话走，破除对作文的神秘感；教学生有话说，敢说话，拿起笔来拉得开，首先把想说的话能够说出来，不要求他们说的怎么好。这正如我们在延安初学纺线时，只要求能够抽开，不要求纺的又细又匀。作文也是一样，开始只要能写出来就好，有了缺点可以及时指点，由粗入细，由俗入雅，要使初学者见文之易，不见文之难。只要学生入了门，很快就会走上轨道。

为了进一步打开学生的思路，放宽学生的眼界，消除学生对写作的畏难情绪，迈开作文的第一步，我于1945年从当时边区初小学生的日记和作文中，各选了三十多篇，分编成《儿童日记》《儿童作文》，并加了编者的话，对学生在记日记、写作文中存在的困难和问题作了分析，并指出入选的日记和作文，其共同优点是有话说，内容充实，并且写得清楚、真实、动人。这两本书发行后，学生都喜欢看，认为对他们的写作很有帮助。到了1946年，我根据编选《儿童作文》中发现的问题及其他一些总结材料，写了一篇《文从写话起》的文章，登在边区《教育通讯》上。这篇文章指出学生作文上存在的毛病，主要来自教员指导学生作文方面存在着偏向：命作文题时，不是根据学生的生活经验与兴趣，而是根据自己的主观要求，例如出《可怕的夏天》《午夜的声音》《冬天的太阳》《我对国际形势的分析》等题目，使学生瞅着文题下不了笔，不知从何说起、说些什么；勉强写上一篇，不是无病呻吟，就是东拉西扯，生编硬造。在批改作文时，追求美丽的词句，忽视是否切合实际。例如"抬头一看，鸟语花香"，明明不符事实，也不加改正；愉快的青年来一句"感伤的心弦"，明明是无病呻吟，反加以圈点。这样批改文章，暗示学生读文时只注意美丽的词句，作文时只用心于词句的抄袭，其结果必然是画虎不成反类狗，睁着眼睛说瞎话。正确的做法应该是"文从写话起"——想说什么，就写什么；话怎样说，就怎样写。这些意见对改进作文教学，提高学生学习写作的兴趣和积极性，是有帮助的。

教材教法能够启发心智，就会使学生在学习过程中，犹如登高望远，时时有新奇的景物出现在眼前，感到有"欲穷千里目，更上一层楼"的学习愿望；当克服了前进道路上的困难时，又会发生"山重水复疑无路，柳暗花明又一村"的喜悦之情。有了这种愿望和心情，学习的兴趣就会源源不竭，学习的积极性就会愈来愈高。

（原载《教材编写琐忆》，陕西人民出版社 1981 年版）

论韵文编写的识字教材

（遗作）

一、冬学传统

山西、陕西西北这一带，地瘠民贫，盘剥惨重，文化教育落后，贫苦农民无力供给子弟读书，文盲非常普遍。有富有人家的村子里，或者有个私家书房，或者有几家共请的私塾先生。贫寒子弟春夏秋三季要生产，冬季三个月农闲，可以到书房请先生教识字。这样的冬学学生要给先生一些钱，还要请先生一两顿酒饭。学的是《三字经》《百家姓》和《五言杂字》，一冬能认四五百字。第二年冬学，识字多的可以继续读《论语》，只识字与背诵，不讲解。再困难一些的青少年，冬季白天做营生，就可以上夜学，能识的字就少了。

我是九岁上了一次冬学，三个月读熟了《三字经》《百家姓》和半本《五言杂字》。我哥哥十三四岁时上了一次冬季夜学，我弟弟也上了一次，学的都很好。但是他们身体健壮，能多劳动，家里就没有让他们再上。我自幼身体瘦弱，家里看我没有多少劳动力，自家土地又少，十一岁时又让我上了一次冬学，以后就入小学了。两次冬学读完，会了一千左右字，简单的书信、便条就会认会写了。我到小学上一年级时，第一册国文的字（除了一个"孟"字）完全认得，教师让我买了第三册书，大部分也都认得，又买了第五册书。一、三、五册国文在一学期时同时读完了，第二学期读了二、四、六册。两年冬学，为我以后上中学

（在进山中学，免费）、上大学（山西离石第一个考上北大的学生，省教育厅和县里各助我一百元）开辟了门路。

可以说十多岁的青少年好好地读上两年冬学，劳动中间再利用零星时间复习、反复使用，基本上可以扫盲。后来在陕甘宁边区的冬学经验也证明了这一点。这是辛亥革命以后，五四运动以前的冬学情况，晋西北和陕北大致都是这样。这就是抗日战争以后所说的冬学传统。

二、"年年上冬学，一辈子不识字"

1938年春，我离开太原师范的教职，到延安参加革命，在陕甘宁边区教育厅的编审科工作，任科员，次年又任科长。在抗战时期非常困难的情况下，我们党并没有丢掉教育工作，而是尽可能地加强教育工作。在社会教育方面，年年大规模地办冬学，把能够动员的青少年都动员进了冬学。当时的教材是仿照小学国语课本编写的冬学识字课本《新千字文》。1939年冬，教育厅巡视冬学工作的教育特派员回到厅里汇报，纷纷反映农民的意见，对冬学的反应很强烈，总起来说就是"年年上冬学，一辈子不识字"。教材的缺点很大，因为每课生字只有三五个，全书生字不过二百余，不足农村日常使用，不能在使用中巩固，今冬学了，就算都会了，经过三季紧张的劳动，忘记一半，只余字一百余字，再次冬从头学起，还是那两百多字。如此下去，年年不好使用，年年不能巩固，只好还是个文盲了。所以说"年年上冬学，一辈子不识字"了。可见成年人的学习，和儿童不一样，不必一点一点地学，教材也就应当不一样。

三、创新

我生长在晋西北，熟悉这一带民情风俗，自幼深知农民的要求，可以给农民学习的材料,好像就在脑际,加工成课本比较容易。于是我下了决心另编一套冬学教材,共写了三种:《抗日三字经》《实用四言常识》和《新五言杂字》,三种合为一册,共生字一千左右,供一次冬学使用。我把书稿交给了教育厅长周扬同志,他看了,又交给中央宣传部国民教育处长罗迈同志(李维汉),他交给下面的许多同志审阅。他们意见大哗,认为这是倒退复旧。把书稿还给我时,我很不服。请示周扬同志,我可不可以申辩?他说可以。当时的民主气氛已很浓厚。我的申辩说明,以群众喜闻乐见的旧形式,容易读诵的韵文,实行抗日思想教育,以新内容用旧形式来扫盲,有何不可!秧歌舞是民间流传的旧形式,装上新的歌词,就可以为抗日为新民主主义服务,延安还不是在演吗?罗迈同志认为我的申辩似乎还有道理,就通知周扬同志允许试用新课本。第一次试用,群众反映很好。其后连续使用了三年,直到1944年教育改革。

四、前进再前进

1942—1943年整风学习以后,以新的认识检查1940年的冬学课本,觉得仍不完善。于是想在原有的基础上提高一步,又另编写了两种冬学识字课本。一种是《日用杂字》,编入六七百生字;一种是《识字课本》是长短句形式的韵文,有六七百生字。同时,董纯才同志也编写种《庄稼杂字》,生字约一千。三种教材由各地冬学自由选用,当时,《日用杂字》被采用的最多,一直用到1947年。为什么群众对于这三种读本的采用有所偏重呢?其原因在于《识字课本》所用的长短句形式,农民不熟悉,不像一般知识分子有读词的根底,断不开句。《庄稼杂字》编写前虽然经过较长时间的调查,但内容不尽适合于陕北晋西北地区的种植习惯。可见冬学教材不但形式上要为群众所熟悉,而且内容更不可脱离实际,内容是出自实践经验的当然更好。

1947 年,胡宗南进扰陕甘宁边区,教育厅的全部文件和我个人的书稿,派人转移到延安北面的真武洞附近沟里一个小村子看守起来,准备暂避一下,战争可能就过去了(当时是估计不足)。但不久我们接到命令,让立即向某方向转移,去寻找大部队。于是把全部人员撤走后,我留下,会同当地支部同志们把文件、物品等全部秘密存在一个废窑洞里(后来不幸全部被毁),我自己也背了小行李卷,边走边考察各地教育情况,每到一地发现那里有问题,就住三五天,编写出几课书给教师使用,劝他们不再教那些思想不健康的旧读物了。就这样,边找大部队,边编写。到 1948 年胡宗南被打退,我回到延安,把这些零星篇章汇集起来,整理成书,叫《新三字经》。其特点是思想性强,道理明确,比较系统地讲对儿童的品德教育与常识教育,而又不拘泥于眼前的时事,或群众接触不到的深奥道理。这一课本在各地流传很广,遍及西北、华北、东北,华中也有不少省份使用。各地翻印时,先改为《儿童三字经》,又改为《儿童三字歌》。除了"文化大革命"期间的几年,一直作为各地儿童的课外读物,也有扫盲使用的。不久前,又在甘肃重印出版。

和这一读物有同样特点的《历史歌》,把我们祖国从古至辛亥革命的重要史实和人物,分为两编,用七言绝句的形式描绘出来。是我在 1961 年写成的,1962 年出版。兰大历史系的个别教师还在教课时引用过某些段落,以引起学生的学习兴趣。

从前,我曾收集过我国古代的通俗读物,流传较久的如《三字经》《百家姓》《五言杂字》《千字文》等,分量都不很大,生字也是常用的。后来有《续千字文》,又有《再续千字文》,生字多,不实用,深奥异常,编写不容易,但难能而不可贵,不能为群众所使用,都流传不开。就是以曾国藩的学力编出的一种识字读物,生字两千多,实用性差,也同样不能为群众所使用,等于无用。

从抗日战争时期的冬学教育说起,当时工作效果的好坏,决定于教材是否适合与满足群众需要。目前,形势造成了扫盲的需要,新的扫盲教材必然会应需要而产生。再编一套新的好的冬学课本,也正可以促进扫盲工作的开展。总结经验,为的是提高再提高。

(原载《钟情启蒙 执著开拓——纪念著名教育家辛安亭诞辰100周年》,兰州大学出版社 2004 年版)

第二辑
语文教学研究

小学语文的阅读教材必须丰富起来

（1955 年 3 月）

我们的小学教材今天还停留在相当落后的状态，特别是语文教材存在的问题更多：如阅读部分，内容和语言都很贫乏；汉语部分，内容太简单而又无系统；识字和写字的安排不够科学化。这些都是重要问题。我现在只对阅读教材问题谈谈个人的意见。

所谓阅读教材就是指语文课本内的课文，不包括语文课本的全部。因为课文之外，语文课本内还有些自成单元的练习，而这些练习将来拟叫作汉语，要大大充实内容并求系统化，是语文课本的另一个重要组成部分。

我们的阅读教材今后必须改革，改革时苏联的阅读教材改革经验可做我们很好的参考。因此，本文首先介绍苏联在这方面的先进经验，然后再讲我们的现状和改革方向。因为人们对改革的意见还不完全一致，所以最后还提出自己对几个争论问题的看法。

一、苏联的先进经验

苏联在小学阅读教学（包括教材和教法）方面的先进经验并不是轻易得到的，而是经过将近一百年的艰苦斗争才获得的。

在十九世纪中叶，阅读教学上占统治地位的还是死记死背《圣经》上的一些篇章，儿童并不懂所读的东西。

伟大的俄罗斯教育家乌申斯基是小学自觉阅读的奠基者。在农奴制度废除(1861 年)以后,他曾亲自编过内容丰富、语言生动的阅读课本,所取材料都是儿童容易理解并且很感兴趣的。这些材料对扩大儿童知识的范围都能起很大的作用。

但是在帝俄反动统治的年代学校里排挤了乌申斯基的阅读课本,采用了以专制主义精神教育儿童的课本,所用教材还是简短篇章,内容和语言都是儿童不容易理解的。因此,教学方法只是解释词句,儿童的思想和语言当然得不到发展。

20 世纪初年,进步的教育家巴尔塔隆对这种落后现象提出如下的尖锐而深刻的批评:

> 讲读是解释词和句子,解释课本里简短和片段的文章,因为它的语言和内容都很少适合于学生的年龄的,所以更要加强解释。……把阅读的任务理解得如此狭窄,还是违背乌申斯基和所有伟大教育家的遗教的。他们的遗教都认为儿童应该学习从他们的印象、感觉、思想和意愿里的自由地增长起来的生动的语言,教学只有从具体的实际印象出发,才能鼓励儿童发挥创造性的力量。①

这里巴尔塔隆不只批评了当时的落后教学方法,而且批评了那种残缺不全的、内容贫乏的阅读课本。他提议用完整的文艺作品如列夫·托尔斯泰写的一万多字的小说《高加索的俘虏》等来代替片段的文章。他认为:"儿童的发展在最初的阶段是接受各种印象,其中包括由艺术、诗和写生画等所引起的印象,这和由实际的事实所引起的印象是一样的。在这个阶段,各种实在的印象都在促进儿童的发展。"②

---

①②谢彼托娃:《小学阅读教学法》,人民教育出版社出版,第 11 页,第 11—12 页。

巴尔塔隆的许多意见对后来苏联小学阅读教学的改革起了很大的作用。特别是关于艺术形象的教育意义这一思想将永久具有极重要的价值。

十月革命以后苏联学校建立的最初几年，对小学阅读教学虽有改革，但还未找到完全正确的道路。直至1932年开始实行实物教学，给三四年级编出文艺作品的阅读课本，这是一大改革。1937年和1944年阅读教材又经过重大改革。苏联现行的小学阅读课本就是从1944年的课本逐渐改编成的。

苏联现行小学阅读课本全书四册，汉文译稿有八十万字，里边大半是文艺作品，小部分是自然、地理、历史等常识性的课文。文艺作品内大半是名作家写的故事、诗歌、小说，小部分是各种形式的民间文学。全书课文包括了一百多位作家的作品，单列夫·托尔斯泰的就有二十七篇。

这样一部内容丰富、语言生动的课本，是今天苏联对儿童进行共产主义教育的强有力的工具，它是帝俄时代许多先进的教育家和苏联许多优秀的教师和教育工作者共同劳动的成果，在人类教育史上可说是一个伟大的贡献。

苏联先进的小学阅读教材是在坚实的科学基础上创造出来的，是拿先进的心理学、教育学和语言学为根据的。

儿童心理学阐明儿童富于感情和想象，注意力容易集中在直观材料上面，儿童的记忆和思维都是以形象的为主，逐渐向抽象的方面发展。教育学指明要利用这些心理特点，指明阅读教材应编得生动具体，并指明要想对儿童深入地进行思想教育或知识教育，必须用丰富的材料和形象的语言，同时指明阅读教材采取文艺作品和文艺化的写法有极重要的意义。为了证实这些论点，现在择引几段说明如下：

　　儿童对于事物的直觉属性是喜欢尽量详细地记住的，

这一点对于掌握小学里的知识有巨大的意义，因为在这里教学的目的首先在于积累大量具体的实际材料。教师应当尽量利用儿童对于识记具体形象的爱好，以发展其他记忆的抽象逻辑形式。①

小学生们的特征是富于感情，好想象，特别喜欢形象的思维，形象的思维是他们容易了解的。形象思维的实践给概念思维、给抽象思维能力的发展打下了基础，原因是那种实践会使儿童认识到典型的东西，帮助儿童对于各种现象进行概括，同时教导儿童了解字句以及全部作品的引申的意义。谈到这一点，阅读文艺的教材起着特别重要的作用，同时要求学生把艺术形象再现出来，把那些艺术形象加以分析、比较和概括，也就是说深入到艺术形象的内容里去，这样一类的发展语言的工作是具有巨大的意义的。②

行动规则和共产主义道德的各种要求不应该是死记下来的真理，而应该是在研究典型事例的基础上形成的信念。③

在所读的课文里，感情丰富的色彩能够增强记忆的巩固，因此不仅在阅读文艺作品的课程中，就是在阅读实用文（指常识性课）的课程中，哪怕程度上不同于文艺作品，也应该尽量使儿童有所感受。④

心理学、教育学上的这些理论都是苏联先进的阅读教材编写时所依据的重要原则。

---

① 包若维奇等：《儿童心理学概论》，人民教育出版社出版，第 72 页。

②③ 叶希波夫等：《教育学》上册，人民教育出版社出版，第 108 页，第 147 页。

④ 谢彼托娃：《小学阅读教学法》，人民教育出版社出版，第 17 页。

以下再讲语言学对阅读教材改进的指导作用。

乌申斯基对于语言这工具在教育中的作用已经作了很高的评价,高尔基对学习语言的重要意义又继续有所发挥,特别是斯大林的语言学说出来后,人们更明确地认识到语言不单是"交际工具",而且是"社会斗争和发展的工具"。于是掌握语言就成了小学阅读教学最重要的任务。因此,苏联1954—1955年的"小学俄语教学大纲"一开首就是这样的规定:

> 俄语是对儿童进行共产主义教育的强有力的工具,是初步教学的基础,必须让儿童掌握了自觉的阅读、清楚的书写、正确的口头语言和书面语言这些熟练技巧之后,才可能让他们去吸收知识、认识文化,促进他们的全面发展。儿童语言能力的水平越高,学校里各门知识的教学越容易取得成绩。

学校里的俄语教学应当在斯大林的语言学说的基础上来进行。

以上所讲只是苏联在小学阅读教学(特别是教材)方面的经验的一部分,我认为这些经验对我们今天小学阅读教学的改革有极重大的意义。

二、我们的现状和改革的方向

我国小学阅读教学也曾进行过改革工作。早先我国的儿童初入学读的是《三字经》《千字文》《论语》《孟子》,也是死记硬背,不求理解,和一百年前的帝俄儿童是一样的。

大约半世纪以前,当清朝末年和民国初年,初入学的儿童改读国文课本,课文是由浅入深、由简到繁编排的,教法是一开始就有讲解,这是一大进步。

民国十年(1921年)以后的新学制课本,又改国文为国语,用白话代替文言,课文写法多用故事、诗歌、童话等形式,这也是一大进步。

抗日战争期间,老解放区的小学语文课本的内容初步结合了唯物主义思想和抗日政权所要求的社会实践,这又是一大进步。

虽然已经前进了三大步,但直到今天小学阅读教学的改革仍没有进行得彻底。由于对儿童心理缺乏研究,对语言教育的重要意义和教学方法缺乏认识,没有能够在白话代替文言的基础上,利用书面语言已接近口头语言这一有利条件,用丰富的语言表达丰富的内容,把阅读教材大大提高一步,却还受着旧时代遗留下来而未能摆脱的影响,误认为阅读教材应该采取经典的形式,篇幅要短小,意义要深长,学生读不懂的地方,让教师在课堂上讲解。这样一来,课文篇幅就受了"字量规格"的形式主义的限制,取材和写法因袭了两种不能容忍的缺点:一种是思想教育和知识教育的课文多从概念出发,取材脱离儿童实际生活,写法是枯燥、简单的叙述和说明,学起来不易理解;另一种是故事性的课文又写得篇幅短小,内容简单,情节不够细致,语言不够生动,学起来感到低浅、平淡。为了使读者比较具体地理解,举例说明如下。

现行初小语文课本第五册内有一课《敬爱的毛主席》,是一首歌颂领袖的诗,全诗如下:

> 敬爱的毛主席,
> 你不怕劳苦和艰辛,
> 全心全意为人民。
> 你领导我们,
> 打倒了凶恶的敌人,
> 全国人民都翻了身。
> 你领导我们,建设国防、经济和文化,
> 我们的祖国从此面貌全新。

敬爱的毛主席，

我们永远团结在你的周围，

向着光明的道路前进、前进！

　　歌颂领袖本来是思想教育的重要项目，但这样把一批抽象词儿堆积起来，没有具体的材料以激励儿童的感情和想象，怎能引起他们对领袖的敬爱呢？当然更谈不到启发他们向领袖学习的思想了。

　　苏联一年级的阅读课本里也有一首歌颂领袖的诗，叫《列宁博物馆》全诗两节，现抄第一节如下。

星期日那天，

我和姐姐出门参观。

姐姐对我说：

"我带你去列宁博物馆。"

我们穿过一个大广场，

进走一座美丽大红房，

这座房子跟皇宫一样。

人们慢慢地往前行，

从一个大厅到一个大厅。

一幕又一幕，我眼前出现了伟大领袖的一生。

我看见列宁诞生的房间，

看见他在中学里光荣地得到的奖状。

他童年读过的书，

都排列在一个地方。

很多年以前，

这些书使他思索，梦想。

他从小就梦想，

人们靠自己的劳动，

生活在祖国土地上，

不该受压迫像奴隶一样。

这样从感性认识出发，写参观到的景况，又能结合儿童生活，只抓住列宁童年时读书的广博和理想的远大这一点来写，自然能给儿童单纯、明确、深刻的印象，同时也会使儿童感到列宁的伟大而又平易近人，可引起儿童向领袖学习的热情。

初小语文课本第七册内有一课《优秀队员王振华》，是写好学生的，当然也是思想教育的重要课文。题目虽切合儿童生活，人物却并不形象化，仍是一些抽象概念的堆积，什么努力学习、成绩优良、团结友爱、帮助同学、爱好劳动、态度谦虚等，写得面面俱到，优秀真够优秀了，但显然是抽象概念的堆积，不能使儿童读了发生亲切之感，即使教师加上讲解，也难对学生产生感染作用。

苏联三年级的阅读课本上有一课《少先队员瓦良》，也是写好学生的。前边写瓦良初入队时听教师讲话感到的兴奋，对红领巾的爱护，到农场参加农业活动的乐趣。重点在后半篇，是写班上一个学生一次欺侮一个软弱的同学，瓦良气愤不平，和他在教室里扭打起来。教师进去了，看见他结着红领巾，说了一句："还是少先队员！"虽然有同学们替他辩护，但瓦良自己这时深深地觉着在教室里打架是可羞的。

这样的写法，把人物和环境都显明突出地摆在儿童的面前，使儿童真如身临其境，随当时瓦良的兴奋、愉快、愤慨、悔恨，自己也兴奋、愉快、愤慨、悔恨起来，读者和作品中主人翁的感情融合在一起，思想教育的作用是十分深刻的。

我们课本里常识性课文的写法多半是拉得太宽，牵涉的知识太多，或者要说明的问题太大，道理本身太深。如初小语文五册内的《河水和江水》，六册内的《可爱的祖国》，八册内的《张俊德创造了三球仪》和《印刷术的进步》等课,都有这样的缺点。不能抓住关键性的一点,深入细致地叙述或说明,给儿童一个单纯而明确的印象,或启发他们的智慧,或交代清楚一个科学知识上的重要概念。

《小学自然课实习》一书里有如下一段话。

> 显然,儿童所得到的越真实、越丰富,他们的概念就越明确,而他们获得概念的这个极其困难的路程也就越容易走了。反过来,如果一味地"说空话"和"读死书",就会使教学脱离生活,脱离实际,就会使我们退回到典型的经院式的教学时代里去。①

我们的阅读教材中关于思想教育和常识教育的不少课文(我只说不少,因为也还有些好课文。)正是在脱离儿童生活"说空话",是读经教学的残余。

故事性的课文有些(我只说有些,因为也还有不太浅的课文。)又失之于太浅易,不能给予儿童足量的内容和语言。如高小一册上的《蜜蜂引路》,讲的是列宁寻找养蜂人的故事,全课不过三百多字,生词几乎没有,句子也是简短的,故事情节也不复杂,可移在三年级教学,在五年级教学太浪费学生的精力和时间了。高小一册内浅易的课文还有不少,其他年级也都有太浅的课文。

由于阅读教材的落后,学生语文程度不能提高。语文程度太低又给高小自然、历史、地理等常识课的教学增加了很大困难,因而程度也不能提高;甚至中学的史、地、生物、理化等科的教学也因学生语文水平太低而受了影响。这是不少教师和注意教育工作的同志都提到的。从此我们更明确地认识了前引"俄语教学大纲"中那段话的深刻

---

①雅果多夫斯基等:《小学自然课实习》,人民教育出版社出版,第6页。

的意义。

我们的阅读教材有这样严重的缺点，因此先进的教师和热心教育的人们不断提出改进的要求；教育部的苏联专家也先后提出关怀而严格的批评，说我们的语文课本还保有"原始的形式"，是"坏的政治教材"，建议我们及早改革。

阅读教材是儿童精神成长的主要食粮，而我们给予他们的这些食粮却是有的太浅易，营养成分太少，不够儿童吸收；有的太抽象，不易消化，儿童吸收不了；太浅易和太抽象的里边有的更是胡乱凑成的，根本不成东西，没有什么养分，儿童无可吸收。总之，这些食粮的养分是很贫乏的，儿童吃了之后，不是营养不足，面黄肌瘦——阅读时理解差，写作时无话说；就是消化不良，上吐下泻——写出的东西语无伦次，词句不通。这种不健康的状态，可说是阅读教材落后的主要恶果。

空洞抽象的教材儿童读不下去，于是教师就逐字逐句地串讲一番，一方面帮助学生理解，同时也就消磨了教学时间。浅易的故事本来一读就懂，不必多讲，可是朗读、分析、复述既不会运用，也少有人提倡，于是为了消磨时间，教师就借题发挥，断章取义地大讲一番，甚至完全脱离课文，给一个生动的故事胡拉乱扯地戴上一顶政治帽子或安上一条政治尾巴，如说《大萝卜》一课内的大萝卜是日本帝国主义，老公公、老婆婆等是中国人民。可见落后的教材也正维护了落后的教学方法，而落后的教学方法又做了进步教材推行的绊脚石。这是阅读教材落后的又一个恶果。

我们中国有"志大才疏"这样的古话，是形容那些有野心而无本事的人的。人里边有这样的人，文章里边也有这样的文章：堂堂皇皇，空空洞洞，要说的很多，要求很高，而取材却极不具体，语言却极其空泛，这类文章也可叫作志大"材"疏一流吧？

教小学生的课文本来应该是用丰富的具体的材料说明很少的概念,教学的方法应该是对丰富的材料进行分析、概括。这才叫作从具体到抽象,是指导儿童学习的唯一正确的道路。所谓教学原则,所讲的都不出这个范围。但是我们的课文的写法却是从抽象概念出发,学生不能理解,教师发挥、补充。这种做法是先后倒置了的,可叫作"倒行逆施"。

从此可见今天小学阅读教学的改革问题绝不像有些人所想的只是内容的改革,甚至把内容的改革更缩小为语文教学中思想教育的改进。当然内容是要改革,思想教育是要改进;但是以语言为其特征的语文课的改革必须把语言教学的改革考虑在内,而且放在重要的地位。否则,改革了的内容和改进了的思想仍会变成教条,变成学生过重的负担。因此,今天谈改革语文教学,可以说"为丰富语言而斗争就是为丰富内容而斗争,也就是为思想教育深入具体而斗争"。

为丰富语言和丰富内容而斗争,必须一方面坚决反对我们过去阅读教学方面的落后现象,反对"志大才疏"的教材和"倒行逆施"的教法;同时坚决学习苏联的先进经验,研究儿童心理,研究教学原则,研究语言在教育中的作用,把阅读教材丰富起来,适当地扩充全书字量(究应扩充到多少,当然应经过编写的实践和新本的试教效果才好确定,但可以肯定的一点是必须有较大的扩充。我的初步意见是可扩充一倍,由现行课本的三十来万字扩充至六十来万字),适当地加长一部分课文的篇幅,采用有价值的诗歌、故事、童话,增加常识性课文内容,彻底改变常识性课文的写法,教学必须采用新的方法,即着重朗读、默读、分析、复述、研究段落大意和回答问题等方法。

三、对几个问题的看法

1. 关于学习苏联应稳步前进问题。有的同志在阅读教学上赞成学习苏联,但强调稳步前进,反对盲目冒进,主张学苏联不能一步赶上。

这些说法当然都是对的,问题在于具体的结论,如果结论是今天还不必进行改革,或者说要改革也主要不应在语言问题上,或者说丰富语言也不必增加字量、扩大篇幅,或者说增加、扩大只能限于百分之一十、二十,绝不可再多。如果这样想,那就只是把稳步做了"保守"的招牌,实质上是"稳步不进",拒绝学习苏联。

字量扩充一倍是不是就算一步赶上苏联了呢?那还不是。我国学制,小学六年,苏联只有四年。苏联阅读教学前三年每周六节课,第四年每周三节;我国前四年每周估计可有八节(其余时间教汉语和书法等),后二年每周可有六节。这就是说我国六年的阅读教学时间比苏联四年的共多一倍以上。苏联四年的全部阅读教材汉文译稿共有八十万字,我国扩大到六十万字,也只有苏联的四分之三。这就是说我们是以加倍有余的教学时间教苏联四分之三的教材,当然谈不到一步赶上。

有的同志说苏联最近也感到教材分量过重,实行精简,我们为什么反而增加?要知苏联对小学教材精简的是俄语语法和高小史、地等常识,阅读教材不但没有精简,最新的版本(1954年版本)反而增多了,从七十多万字增到八十万字了。

2. 关于今天学生负担过重问题。有的同志说现行课本只有三十来万字,学生已经负担过重,学不透彻,再加重分量,不是更加重学生负担,学生学习的结果不是更马虎了吗?

学生的负担绝不应加重,学习必须求巩固,这当然是对的。问题是丰富教材并不等于加重负担。因为字量不但不是决定教材分量轻重的唯一的标准,而且不是主要的标准。字的生熟、词的难易、句的繁简、事情的生疏和熟悉、道理的深奥和浅显,这些都和负担的重轻有绝大关系。因此，在各种条件改变的情况下，加长篇幅与增加字量不但不会加重负担，还可减轻负担。现成的事实可作证明：现行初小语文课本四、五两册用同样大小的铅字排印，四册九十六面，五册八十面，四册早半年教学，分量反比五册多十六面。我和天津市的一些教过这两册书的教师研究过，他们一致认为四册比五册容易教，教学效果比五册好。各地教师也没有反映四册太重的，对五册提的意见反倒多些。为什么会是这样的呢？因为四册课文的内容比较结合了儿童的生活，写法文艺性较强，儿童喜欢学习。

这是一个值得十分注意的事实，这事实说明了五册虽只有八十面，负担不见得就轻，四册虽有九十六面，负担也并不重。可见如果把五册课文编得和四册相类，增至一百零四面也不难教学。四册当然还有许多缺点，如果更改进一步，分量还可增加。可见丰富教材是教材的改革问题，是去掉旧的，代以新的，以少的时间收多的效果，符合"时半功倍"的教学原则，绝不可把它和加重负担混为一谈。

有的同志说："宁可少些，但要好些。"我认为在这个具体问题上不能引用这句话。就用前面的例子来说吧，如果把五册减至六十面，仍不改变取材和写法，仍是抽象教条占主要地位，还是不容易学习，负担问题并没有解决，如果改进了取材和写法，而页数只有六十面，那就分量太轻了。丰富的内容和一定的字量是不可分开的，我们说《敬爱的毛主席》一诗不如《列宁博物馆》写得好，但前者是十二行，后者是三十五行。我们说《优秀队员王振华》不如《少先队员瓦良》写得好，但两课字数是三百和八百之比。如果把《列宁博物馆》缩写成十二行，把《少先队员瓦良》缩写到三百字，内容定会大大不同。可见内容的丰富和质量的提高是以篇幅的加长和字量的加多为条件的。去掉了一定的字量，丰富的语言和丰富的内容也就没有了。

大量阅读是提高阅读和写作能力的关键，这个真理不单在苏联阅读教学的改革史上已经证明，而且我国许多自发的事实也可证明。我们有许许多多的人，不是由于教师对贫乏的中、小学的语文课本讲得好提高了自己的读写水平，而是兼靠自己的大量阅读或者专靠自己的大量阅读才提高自己的读写水平。这不是说教材不重要，也不是说教师的讲课不重要，只是说大量阅读对提高读写能力有很大作用，丰富阅读教材十分必要。由自己大量阅读而提高了读写水平，这个经验是可靠的，宝贵的，值得珍视的；可惜一直只作为一个客观事实存在于个别人的学习经验上，没有把它作为教学的经验肯定下来，在教科书上体现出来！

可不可以把大量阅读完全放在课外进行呢？我认为不可以。因为课外阅读固然重要，也应该发展，但课外阅读的能力和习惯是要靠一定分量的课内阅读才能养成。过去靠自己课外阅读提高读写水平的人数虽不少，但比起全部住学校的人数仍是极少数，原因就在这里。目前有不少学生也进行课外阅读，但效果不大，原因也在这里。

学前儿童学习口头语言的能力是惊人的。只要稍加注意，谁都会承认这铁的事实。儿童学语言的秘诀在哪里呢？就在他们喜欢听、喜欢说、听得多、说得多。这一事实也给了我们很大的启示：如果我们把小学的阅读教材丰富起来，内容结合儿童生活，写得生动有趣，能吸引儿童爱听、爱读、多听、多读，再加上教材的合理编排，教师的正确指教，儿童阅读和写作的能力不就可以大大提高吗？

3. 关于教师水平低的问题。有的同志说我们的教师水平低，教材丰富起来，加多分量，教不了，对长课文也不会教学。

这个看法也有问题。我们的教师水平可以说一般是不高的，但教师水平的高低只是在教学的效果上会有差别，不是在教材的改革问题上各有所宜。我们绝不能设想水平高的教师适宜用改革后的新教材，水平低的教师适宜用不改革的旧教材。苏联的教师水平也是高低不齐的,并不因此而采用新旧两种教材。清末民初改经书为国文、民国十年(1921年)以后又改国文为国语时,教师水平都是高低不齐的;也并没有因此采用新旧两种教材。这些中外的历史事实都值得回忆一番。

如果说水平低的教师教不好新教材,那么他教旧教材一定教得更坏。不难想象,教《敬爱的毛主席》比教《列宁博物馆》更困难些,因为前者有不少抽象的概念是儿童不能理解,教师也难于讲解的,后者则没有。

但是要改革教材同时也必须改革教学方法。不然,像有的教师用旧教法教新教材,把一课生动有趣的《听妈妈的话》分割成十二断片,用十二节时间去教,结果学生学习的热情一节比一节冷淡下去。这不应怪学生不努力,也不应怪课文写得太长,只应怪教师没有学习新的教文艺课文的方法,从整体到部分,先把全课通读一遍,让儿童对故事有个完整的印象,然后再细细地分段落阅读,分问题研究。这样的方法并不是学不会,两年前已有不少教师自行采用了,并得到很好的效果。可惜领导上没有对这新的教法给以支持与推广。

当然,这里所讲的也只是新教法的一端,而不是全部,但问题还是一样,掌握全部的新教法,关键也只是学不学的问题,而不是水平高低的问题。我们绝不能设想水平高的教师适宜用新教法,水平低的教师适宜用旧教法。

4. 关于汉字难学问题。有的同志认为汉字太难学,使我们不能对阅读教材进行较大的改革。

这看法也是不对的。汉字难学是事实,因此今后要改革文字。但汉字改革前的今天,我们的小学实行六年制,苏联相当于我国小学的只有四年。以多余两年的时间加强识字教学,让儿童通过词句和短文认识千多字,同时学到不少知识,年龄也增长了两岁。在这个基础上再和苏联小学生一样学习四年,要求达到比苏联儿童稍低的水平,不应该有多大困难。而且我们的阅读教学大有改进余地;汉语教学今后也要大大改进,走向系统化;目前的识字写字教学也有许多浪费,今后也要改进,走向科学化。在这各种条件的改变下,即使有困难也不难克服。

(原载《人民教育》,1955 年第 3 期)

关于小学高年级的长课文教学问题

（1957 年 2 月 22 日）

我在某地和小学高年级教师曾谈过长课文的教学问题，他们认为学生读了长课文以后，阅读的兴趣和能力提高了，眼界开阔了，作文也有话说了。目前他们对长课文的意见主要有两点：一是认为现行高小一、三册语文课本长课文太多，应减少一部分，换进一些短小精干的文章（包括记叙文、说明文和议论文）。再是感觉长课文难教，教育出版社和教育行政机关对长课文教学又没有明确的指导，教师凭自己瞎摸，教起来没有把握。我认为这两点意见都很对。

现在我根据在某地看到的情况，对长课文的教学提出几点个人的意见。

一、课时不可太多

有的教师教长课文还和过去教短课文一样，点点滴滴，都不放松，什么都要详细交代，于是课堂教学时间就占多了。课时一多，不是讲的太深，就是拉的太远，重复的讲话也就多了，学生听得很不耐烦。这种例子，我们听到和看到不少。我在某地所说某校两位教师教《鲁迅和他少年时候的朋友》一课用了十四个课时。我问过听课的学生，学生说他们听的并不感到不耐烦。但我认为即使学生不感到不耐烦，这样教法也是不合适的。这两位教师都有十几年的教学经验，也许教学时对词句的讲解比较细致，因而费时较多；但仅仅细致地讲解词语不会用这样多的课时,恐怕教学中借题发挥、借词发挥的地方太多。这样脱离开课文而发挥,虽然学生听得不觉不耐烦,学习的效果也是不会好的,不如把多余的时间拿出来另教一课,效果更好。这一课一般只应教五个课时,至多也不应超过七八个课时,教十四个课时实在太多了。

二、教学不可赶环节

现在教语文一般采用启发谈话,介绍课文大意,通篇朗读,生字新词教学,分段讲解,分析故事情节,研究段落大意并加小标题,分析人物性格,分析主题思想,朗读,复述,总结谈话等各个环节。这许多环节的随便哪一环,都是语文教学上可以采用的活动,但决不应把这许多环节在每一课的教学上统统运用起来。如果每课书对每一环节都要过一场,那就会把上课变成"赶环节"。赶环节的教学把教师和学生都赶得疲于奔命;教师的嘴巴拼命也赶不过来,学生的眼、耳、心思也应接不暇。结果虽然教师讲的很多,学生却得到的很少。什么都听了一点,什么都模模糊糊,了解不深不透。教学是思想工作,应从容前进。无论讲解也好、提问也好、分析也好、朗读也好,都必须让学生的思想跟得上,才能有收效。如果学生的思想跟不上,不管你讲得多好,问的多中肯,那也是白讲白问一场,不会有什么好效果。因此,教学的环节在每课具体教学中的运用,首先不应该考虑如何"赶"的问题,应该是考虑如何"精简"的问题。教师应该根据每课的特点确定教学目的,根据教学目的,选择最必要的教学环节,然后从容不迫地运用起来。以上所谈各个教学环节,我以为朗读和词语讲解、指点是必不可少的, 其余都不一定非有不可。如果某一课的文章条理并不突出的好,就不必研究段落大意,更不必加小标题;如果某一课的人物并无显明的形象,当然也就不必分析人物性格;别的环节不必要时也都可略过。有些环节如启发谈话、总结谈话,介绍课文大意、分析主题思想等,即使要用,也应力求简明扼要。

三、对文学因素不可过分强调

高小语文课本的课文目前虽然选的都是文艺性课文,但学习的目的还是着重在提高儿童的语言能力,分析讲解课文时,不应该过分强调文学因素。有的教师对学生程度了解不足,对课文语言的精密细致处也缺乏研究,讲解时不能从形式和内容的联系上,把词语和词语、句子和句子间的关系交代清楚,使儿童从不自觉地掌握语言提高到自觉的掌握语言,因而也就不能使儿童真正理解课文,提高儿童的阅读和写作能力。对语言因素的教学过分忽视,对文学因素的教学却要求过高,每课都要分析主题思想,分析故事情节,分析人物性格,这是目前不少小学语文教师的教法。其实,教小学语文,语言因素的教学应是主要的,对文学因素只可适当指点。今天有些教师忽视前者而太强调后者,向中学文学教学看齐,有点本末倒置了。有的教师向我提出如下一些问题:"教师讲得很清楚,学生掌握得却很不牢固,这是什么原因?""讲课像说书,讲的生动有趣,学生的语言程度却提高的不快,这是什么原因?""教师对主题思想和人物性格的分析,学生感到是老一套,这是什么原因?"这些问题正暴露出教学上的缺陷,说明了分析课文时偏高偏空的弱点。这是很值得注意的问题,需要研究、改正。

四、要重视朗读

我的想法,阅读教学应把一半左右的时间用在朗读方面。故事性的课文,初教时教师必须首先朗读一遍。有人说长课文通篇朗读一遍几乎把一个课时都占用了,如何进行生字新词的教学?我说朗读一遍就占一个课时也不妨,因为这样可使学生对故事有一个完整的印象,也可真正引起学生学习课文的兴趣。生字新词如果第一课时顾不上教学,可留在第二课时再教。讲解分析之后,还必须让学生反复朗读,指点优劣。可能时通篇朗读,至少也要选出重点朗读,读了再读,不厌其多。教师要不断改进朗读的方法,给学生指出努力的方向。学生中如有善于朗读者,教师应让他们多作示范,让其他学生学习。学习语文必须多读,学英文、俄文如此,学文言文如此,学语体文原则上也应如此。

（选自《论语文教学及其他（增订）》,甘肃人民出版社 1982 年版）

对小学语文教学的一些意见

（1963 年 11 月 27 日）

一、识字和写字方面

（一）识字是小学语文教学的首要任务

小学语文教学大纲里有如下三句话，我们应该充分理解，认真贯彻：

"识字是阅读和写作的基础。"

"一二年级识字教学是语文教学的重点。"

"识字是小学阶段语文教学的首要任务。"

基础打不牢实，房子就盖不成。识字既然是阅读和写作的基础，识字教不好，阅读和写作就不好进行。现在有的大、中学生，阅读写作不好，跟过去中小学重视识字教学不够有一定关系。小学识字任务是3500 个，一二年级就要识一半左右（五年制识一半以上，六年制识一半）。低年级学生程度低，又是初识字，识字比中高年级生自然困难更大，但每年所识的字反比中高年级生每年识得多，当然是以识字为重点了。可是中高年级也不能放松识字教学，因为整个小学阶段要以识字教学为首要任务。中高年级不只在教学中应重视生字的教学，而且如果低年级识字任务完成较差，还应做必要的识字补课工作。

为什么低年级要以识字为重点呢？因为词句是用字组成的，字是语言的符号，不认识这个符号，或认识的太少，就不能利用它，不能阅读和写作。所以及早加强识字教学,识到两千左右字,就好进行阅读和写作的教学了。我国传统的语文教学,总是先识字,后阅读,先集中地大量地识字,然后才开始阅读,这是很有道理的。清朝末期兴办学校以来,特别是新学制以后,识字教学和阅读教学才并驾齐驱起来。由于并驾齐驱,识的字很少,不能开展阅读;由于阅读方面浪费了时间,又不能集中力量加速识字。这就形成整个小学阶段识字与阅读都不够好的局面。

有人承认先多识一些字对语文教学有好处,但怀疑低年级要多识字能不能办到。这里就要有一定的措施,要保证重点。最重要的是在低年级语文教学中对常识教育、思想政治教育、语言教育应该要求适当,不可过高。讲课与练习都要保证做到以识字为重点。比如讲"工人做工,农民种地"一课,只要用很少时间浅显地讲讲四个词的意思,接着讲讲我们大家吃的、穿的、用的、住的,是都农民伯伯和工人叔叔造出来的,我们应该尊敬农民伯伯和工人叔叔,这就够了。此外就让学生反复地认字、写字。不要讲的太多、太深,说工人是无产阶级,是最先进的,农民是同盟军;说农业是基础,工业是主导等等。这样就耽误识字、写字的时间,不是保证识字为重点,而且学生也越听越糊涂,加重学生的负担了。只有在识字、写字方面教师多指导,学生多练习,才可保证字识得多,识得牢固,才算保证了重点。

有人也许认为教师少讲,多指导学生识字、写字,让学生多识字、写字,这样太枯燥了,学生不感兴趣,不符合儿童学习心理。这种看法有些问题。教学当然应该符合儿童心理,但讲得多不一定就符合儿童心理,儿童兴趣也不一定就是听故事。算术教师并不讲故事,教得好,学生还是很感兴趣。过分强调儿童兴趣,强调讲课要故事化,这是以儿童为中心的观点,是资产阶级的教育思想。我跟兰师附小的语文教师座谈时,有位低年级的教师说,他原先也担心学生对反复认字、写字不感兴趣,后来实践证明并不如此。在这方面,我们教师应该做些认真实验,不要受多年来老一套教学方法的拘束。

(二)教学识字、写字应注意的问题

教学生识字、写字应注意的问题很多,现在选讲几点如下:

第一,应该把笔画名称、笔顺规则、常见的偏旁部首教给学生。学生及早掌握了这些,对进一步识字、写字就方便得多了。但是教学生掌握这些,要由易到难、由简到繁,逐渐归纳地教;不可脱离单字,孤立去教,尤其不可过早地过于集中地去教。开始识字时还是让学生分别地一个一个识单字,写单字,不必教笔画名称。学会一部分单字以后,再开始说明哪些笔画叫横,哪些叫竖,哪些叫撇,哪些叫点,都用学过的字做例。一次只教一两种名称,逐渐去教,不可列一个表一次教完。笔顺规则、偏旁部首,也都是在识了一些同类型的字以后,再逐渐解归纳地教。

第二,教小学生识字,对象形、会义、形声等汉字规律可适当利用。如教日、月、羊等字,画出象形的样子;教明、尖、笔等字,说明字义跟组成部分的关系;教才与材、朱与株,说明材与株二字各有一部分表示读音,一部分表示意思。这样教可以引起学生识字的兴趣,也可帮助把字识得巩固。但也不可过多这样教,象形、会义等名称也不要给学生讲,一来教师没有把握,二来教不好还会引起很多纷乱,增加学生负担。

对字形相似的字,如己与已;对音同义不同的字,如到与道,教学时就可以让学生比较异同,分别记牢。有的教师说,越比较学生越糊涂,弄得学生常常张冠李戴了。应该注意,比较教学时必须以熟带生,先熟识了一个,再用比较的方法教另一个,这就不至互相混淆了。

第三,识字、写字要让学生多练习,课堂上多认多写,课外也多认多写,教师说,同学写;一个同学说,另一个同学写,都可采用。照课本抄写,背着书默写,都有必要,抄写可以减少错字,默写可以减少别字,各有用处。日常识字、写字不一定都在纸上,石板上写、沙盘里写、地上写,都可以。作业本上写字,次数可多些,每次写的字数不要太多,每个字只写三四遍,不要太多。一次写的太多,学生疲于奔命,应付差事,错误一定多,效果不会好。对作业本,教师要认真检查,发现有错误,就及时纠正。不然,学生往往一错到底,写得虽多,不但无益,还有害处,因为把错误写法巩固起来了。

二、讲读教学和作业练习方面

(一)精讲多读

第一,精讲就是要从学生程度出发讲得中肯,能解决学生的疑难,不在讲得多,满堂灌的讲法并不是精讲。用不着讲的去讲,浪费了时间;讲得过高、过深,学注听不懂;把语文课教成政治课、文学课,也浪费了时间,还加重学生的负担。讲深讲透的提法是不恰当的。小学语文教学不必用时代背景、主题思想、人物形象、写作特点等一套术语,这些方面需要对学生讲的极少,即使有一点儿要讲,也不必用这些术语。

第二,讲读课就应有讲有读,不要把读课文都挤到课外进行,那就加重学生负担了。低年级课堂上教师少讲一些,让学生多认字、写字、读课文,教师加以指导。中高年级教师也不能讲得太多,也要留下许多时间让学生读课文,可以让学生自己读,也可以由教师领着读;可以分组读,也可以全体读;可以分段读,也可以全文读。读后有不明白的也可以再问,教师再讲,讲与读可以交叉进行,不一定必须都讲懂了才开始读。

第三,有的教师讲字词时只注意讲解新出现的。没学过的当然需要讲,但是已学过的,如果学生尚未掌握,常常容易用错的,也应该讲。一读就懂的句子不必讲,如"这是什么""那是什么",不讲也懂,讲半天反倒越不懂了。高年级讲复杂的长句,只把主次关系交代清楚,把意思说明白就行,不要做语法分析。内容有深远意义的句子,如"永远向着共产党",讲时要适可而止,不可讲得过深。讲篇章结构,对取材精当、层次分明等可适当指点,使学生懂得课文言之有物、言之有序的优点就对了,不可讲得过于复杂。

第四,讲课时要从容不迫,给学生留下思考余地。这样才能启发学生的积极思维,切实理解课文。有的教师讲得太快,虽然讲得很清楚,学生思想赶不上,还是听不懂。

第五,课文要多读,短课文应做到熟读背诵。读得熟了,对意思更易明白,语言也可变成自己的,字也识得巩固了。朗读课文要加指导,先做到正确,再逐渐达到流利。正确就是发音清晰,每句没错字、倒字,也不增字减字。流利就是读得自然、清楚,不可一字一顿,也不可两字一顿,要高、低、快、慢适当,如同说话一般。流利不是读得越快越好,不是读得越高越好,也不是要装腔作势,像演剧一般,应求自然,应学说话,要请耳朵做先生。

(二)少写笔记

第一,我看过一些小学生的语文笔记,抄得太多了。中高年级每课抄 200—500 字不等,最多的一课(盐海),竟达八百多字。项目一般有解词、段意、主题思想、写作特点等等。以我看来,除解词的一部分外,其余者可不写或少写,有的讲也不必讲。抄得太多,如不要求学生看,等于不抄,有何用处? 如要求学生看,再要考试(实际就有许多是这样做的),结果就是学生不读课文读笔记,不背课文背笔记,大大加重学生的负担,效果反而很不好。跟一些老师交换过意见,他们都说过去抄得多,效果较差;现在抄得少了,效果要好些。

第二,抄的要少,要精选,同时对学生的笔记要检查,发现错误要及时纠正。我看过的一些笔记,抄的很多,但老师没检查,或者检查马虎,错别字很多,漏抄、不通的句子也有,这样的笔记让学生学习,益处很小,害处很大。

(三)练习应注意的其他问题

认字、写字、阅读、写笔记都是练习的问题,已讲过了。现在把有关练习的其他问题再讲一些。第一,练习的花样不宜太多,太多了浪费师生时间,加重师生负担,反而把主要的练习(识字、写字、阅读等)放松了,效果并不好。有的教师正是这样做的,没有让学生很好读课文,倒要求学生做用词造句、词语解释等书面作业,这可以说是舍本而逐末了。第二,练习应多在课堂上做,少在课堂外做;多用口头回答,少用书面回答。这样既便于纠正错误,又可减轻师生的负担。第三,许多练习应在熟读课文的基础上去做,不要课文还没读,就让做练习,学生在课本上乱翻半天,也做不成,浪费时间。第四,用词造句这种练习要慎重使用,不可见词就让学生用它造句。如宇宙、运输、无可奈何等词,要小学生用来造句,太困难了,不宜采用。孤立的提出一个词来让学生造句,这不是练习用词造句的好办法,用词造句的教学,主要应通过讲课文时指点课文中用词造句的精到处,改作文时指点学生作文中用词造句较好的地方与不确当的地方来进行。

三、作文教学方面

(一)提高学生写作的步骤

指导小学生走上作文的道路,要由易到难,循序渐进。步骤应该是从说到写,从述到作,从叙到议。作文不过是写在纸上的话,口头语言是书面语言的基础,说话是作文的基础。说话能做到用词、造句连贯,语言部很通妥,作文就容易了。现在学生的作文不好,错别字是一个方面,用词、造句、选材、材料组织都大有问题。解决这些问题,不能只靠作文教学，一方面要在讲读教学中、在学生日常生活中注意指导，随时纠正学生说话的毛病，以提高学生说话的能力；另一方面，初教作文时要遵守从说到写的原则，先让学生口头说，说清楚了才让把所说的写下来。只要是儿童所知道的事物，教师口头问时，儿童总是比较容易回答出来的，虽然回答的不一定完全、不一定有条理，总能回答一些，口说之后再笔写，只要文字学会了，困难就不大了。最初可以在教师指导之下，学生共同先说一个事物，把内容说完了，教师比较完全地重说一遍，让学生都写同一个题目逐渐可让学生各人说各人的，各人写各人的。

从述到作是说学生作文要先写内容比较简单、比较固定的东西，逐渐进到写内容比较复杂，灵活性、伸缩性比较大的东西。比如让学生看着一张内容简单的图写作文，图上就只有几样东西，都可写上，不需要考虑选择材料的问题，这比较容易写。或者让学生写课本里学过的一篇故事，内容是固定的，次序也是固定的，只是写的详略可以不同，这也较容易。这种作文叫述的练习，应先进行。比如要学生写五一劳动节的活动，或者写参观了一次展览会，这就不容易了。因为一个节日的活动很复杂，一个展览会的内容极丰富，该写什么，不写什么，需要考虑取舍问题；如何安排材料，从何处写起，也需要研究。这里灵活性、伸缩余地很大，需要一番创造性的劳动，因此这种作文也叫创造性作文，必须在多做述的练习之后再进行作。三四年级应以述的练习为主，逐渐进行作的练习；五六年级可以作的练习为主，有时也还可进行一些述的练习。

从叙到议是说学生作文应先写许多记叙事物的文章，然后才可开始练习发表议论的文章。这是因为记叙事物虽然比较复杂，有伸缩余地，但总还是有具体的事物做依据，比较容易琢磨；发表议论就更困难了，要对一定的事物讲道理，这就更抽象，很不容易琢磨。像《祖国颂》《雷锋颂》《向雷锋叔叔学习》《鲁迅先生的革命精神》《读了十六年前的回忆以后》等等,有的学生说这些题像"丈二和尚,摸不着头脑,不知从哪里说起"。确是如此,这一类题目的作文,小学生一般是写不好的。有的无话说,只写了几句,还前言不接后语;有的东拉西扯乱讲一顿,与题目无关;有的写得冠冕堂皇,乍看似乎不错,是从书本报刊上胡抄的,与写的人的思想生活脱节,言不由衷,词句方面间有很不通的地方。小学中年级一般不必写议论文,高年级可很少地试写几次,也不应写那些抽象的大题目,应该结合儿童的生活写一些。学校里、社会上发生的事情,儿童有意见可发表的,比如两个同学吵嘴了,旁边的同学就发表意见,评论是非。遇到这种机会,就让儿童写出各人对同学吵嘴的看法。这样学生有话说,可能写的好些。在教师指导下写这种作文,还可以锻炼学生辨明是非的能力,培养学生的道德品质。

(二)对学生作文的要求

第一,训练学生走上作文的道路,应该从易到难,分开步骤,但要求学生对作文应注意之点却应始终如一,抓住这样四个方面:言之有物,言之有序,词句通妥,字号正确。随学生年级的不同,程度的高低,对每个方面要求的深度、宽度应有所不同。言之有物是说要求学生的作文必须写所见、所闻,写真心实意,不应说空话,胡编造。不论对哪一年级,都应这样要求。言之有序是说要求学生的作文必须写得语言连贯,层次稍有条理,不应东拉西扯,随意乱说。这也是对各年级都应要求的。词句通妥是说用词要妥当,造句要通顺;字号正确是说文字和标点符号都应该用对,没有错误。这都不能因年级的不同忽视某一方面。

第二,有的教师也许觉得这些要求太高了,对小学生不够适当。我认为不然。这四个方面每方面都是有高有低,有深有浅的。如言之有序,文章的条理组织是很复杂的问题,是文章家一生也研究不完的大问题,但这是高的、深的一面,它也有低的、浅的一面。很简单的这样三句话:"我家有五口人,有爸爸和妈妈,有哥哥、妹妹和我",也有个连贯的次序,不能随便乱说,不能把第一句调成第二句。而且这个合理次序是可以给小学生讲清楚的。又如字号正确,虽然大学生也写错别字,也错用标点符号,但对小学生要求的深度、宽度有所不同,如标点符号并不是要他们对每一种都使用,并用得正确;而是只要求用其中几种,如逗点、句点、问号、叹号等,在教师具体指导下,小学生还是能够用正确的。

第三,有的教师又似乎不满足于这四个方面的要求,对五年级学生就提出要写得感情丰富,描写细致。而学生的实际作文却离此甚远,记叙话句都写不通,错别字连篇。有的教师一定要学生在作文中写进步思想,于是有一个中农的儿子,编造事实,写他爸爸如何受地主剥削、压迫。作文教学中应注意思想教育、阶级教育问题,但应在写出正确思想或错误思想的作文时,进行具体的教育工作,不是预先规定要写正确的进步的思想。有的教师要求学生写美丽词句,于是学生寻章摘句,胡乱拼凑,写出的文章内容不符实际,前言不接后语。这些都是要求不适当、要求过高的恶果。

(三)对作文的具体指导

第一,命题要从学生实际出发,要让学生有话说。像前边提到的《祖国颂》等题目就不容易写,对小学生不相宜。命题不可过分地要求思想性强,日常生活的片段或具体的东西都可作为题目,让学去生写。因为这些题目同样可以训练学生作文的四种能力(言之有物,言之有序,词句通妥,字号正确)。

第二,命题后的讲话不宜太繁、太死,不可一讲半小时,把作文的内容、段落、头尾都讲一番;一般说,也不必在课堂上给学生读范文,让学生模仿;也不必提供词汇,让学生采用。这些做法都太死了,不只不能启发学生作文的心窍,而且会闭塞学生的头脑;用得不好,不只不能培养学生作文的信心,而且会引起学生对作文的畏惧。这不是指导学生作文的好方法,而是束缚学生作文的枷锁。这种枷锁使得学生见了题不敢自己用脑子,不知写什么,如何写,非教师讲无法下笔。

第三,批改作文不必追求批的多,改的多,要批改的中肯,搔到痒处。可改可不改的不要改,可批可不批的不要批。批改时对于文不对题、不符实际、思想错误、语无伦次等缺点要用总批或眉批指出来;对句子不通、用词不当、错别字、错标点要改正。错误缺点太多时,着重主要的批改。

第四,发下作文本时,可就批改时发现的重要而带普遍性的问题对大家讲一些,引起注意,减少以后再犯。选择好的作文,可贴在教室里墙壁上,让同学观摩学习。

(选自《论语文教学及其他(增订)》,甘肃人民出版社 1982 年版。)

如何加强中学语文的基础知识教学
与基本技能训练

（1963 年 5 月）

一、加强双基教练问题由何提出？

（一）什么叫语文的基础知识与基本技能？

有各种不同的讲法，可分两大类，一类是从语音、语法、修辞、逻辑、文章体裁、文学史知识等方面解释的，认为中学语文的基础知识、基本技能就是关于这些方面的基础知识、基本技能。另一类是从字词语句、篇章结构方面解释的，认为中学语文的基础知识就是关于字词语句、篇章结构的知识，基本技能就是运用字词语句、篇章结构的技能。我是赞成后一种解释的。理由有二：

第一、中学语文是工具课，工具课着重培养能力，所教知识的广度与深度应该服从于能力的培养，服务于能力的培养，与培养能力关系太少的应少教或不教。因此，中学语文的基础知识与基本技能是两码事，也是一码事，从理解的角度看是基础知识，从运用的角度看是基本技能。字词语句、篇章结构方面的知识直接培养阅读与写作的能力，系统的语法、修辞、逻辑等知识内容较深、较抽象，与培养这些能力的关系较远。

第二、近几年来中学语文教学的情况是讲得偏高偏专，从字词语句等方面解释，易使教学落实，走向切合学生水平；从语法、修辞等方面解释，虽可说明要通过课文讲授，不是系统讲语法、修辞学知识，但仍易偏高理解，实际工作中也易偏高要求，多讲规律知识，忽视语文实践。

中学工作条例的第十一条中讲：语文是学习和从事工作的基本工具。又说"语文课应使学生具有现代语文的阅读能力和写作能力，具有初步阅读文言文的能力；作文要力求文理通顺，用词确切，正确地使用标点符号，字写得端正，不写错别字"。这里强调语文是基本工具，强调培养能力，强调字词篇章方面的要求，是很有道理的。

不从语法、修辞等方面解释基础知识与基本技能，并不是说中学语文的教学丝毫不可涉及这些方面的知识，而是说这些方面的知识不宜多讲，无论讲课文或讲课后短文，都不可大讲这些方面的知识。因为培养中学生的阅读、写作能力，从范文学起比从规律知识学起容易得多；从规律入手似简便而弯路更大。

（二）加强双基教练问题由何提出？

我认为有两方面的理由：

一方面是由于课堂讲授的知识超出了基础知识的范围，空论过多，把语文课教成政治课、教成文学课。如《干部参加生产劳动是共产党的光荣传统》一课，全文只有六百七十来字，用四节课讲，大讲政治道理；讲杜甫的《兵车行》一诗，对杜甫的时代与生平就讲两课时。分析作品用一大套名词术语，浪费时间很多，学生听不懂。于是大家逐渐感觉到有必要把培养读写能力最有关的知识划个界线，这就提出了加强基础知识教学的口号。

再一方面是训练不切实际。先前的汉语课本练习很多，但是教师的评语是汉语课本"不好学，不管用"。后来汉语课本不用了，但学生学语文还是做零散练习（课后练习）多，抄笔记、背笔记多，读课文少，作文少。一般人对二少的缺点柱意到了，提出批评很多，但对两多的缺点,还不大注意,投提出多少批评意见。我认为两多由来已久,今天也还是问题。

总之,讲得多而且高,练得多而且偏,讲练都有问题,这就是双基教练提出的由来。这看法是否对,可讨论。

二、如何加强语文的基础知识教学与基本技训练?

针对存在的问题,加强的办法主要应是精讲多练。

什么叫精讲? 一个教师的意见:"精讲不是多讲,也不是少讲,精讲存乎取舍、主次、详略、深浅之间,衡量的尺度是教学大纲、教材特点、学生的实际水平与要求。"我同意这个说法。这就是说精讲是要讲得恰到好处。精讲要能起解决疑难、加深理解、启发思考、激发热情的作用,要能开学生的心窍,能鼓励学生积极思维,能培养学生举一反三的能力。教师的主导作用也就在此。

目前教学情况,讲得过多几乎是普遍现象。对此而言,精讲也可理解为讲得"少而精"。讲课不在说的多,而在说的中肯,能抓住关键,指点明白。古代希腊人问大月氏一位哲学家:你们大月氏人为什么赤身露体不怕冷? 这位哲学家的回答很简单,但很能启发思考,很能解决问题。他只反问一句"你们希腊人的脸上为什么也不穿衣服?"那就是说都是锻炼问题,习惯问题,锻炼久也就习惯了。怎样指导学生自己动脑子、钻研问题,应是教师的重要责任,精讲就应该贯彻这一精神。

精讲在课堂上怎样体现? 我上半年给大家讲过一次,批评有些教师讲课架空讲得太多,教书不利用书本,讲课不通过字句。我现在还是这个意见,教语文要充分利用书本,通过字句讲。所谓字句是简略说法,是说要讲具体课文的字词语句、篇章结构。课堂上不可大讲时代背景与作者生平,不可大讲人物形象与写作特点,不可大讲修辞、逻辑等知识,也不可大抄黑板,大讲笔记。

应该讲哪些字词？应该讲四种字词：一种是生字词，即新出现的字词；再一种是关键性的字词，即在全文中或某段中有关键作用的字词；第三种是常用字词但用得十分确切的；第四种是常用字词而学生易犯错误的。第一种是一般教师都会注意到的；第二种多半教师也会注意到；第三种有不少教师还不大注意，这是一个值得重视的问题；第四种一般教师都不注意，但这是一个很重要的问题，解决了这一问题，学生阅读与写作的程度就能提高的很快。

文言文的字与现代文意义不同的必须交代清楚，不然就容易引起错误的理解，如有的教师不了解文言中"躬"字的意义，就把诸葛亮《出师表》中"躬耕于南阳"一句，讲成"弯着腰在南阳耕种"。

讲词要不要讲词中的某些字呢？有的无法讲，如"蝴蝶"—词中的两个字，当然不必讲；有的很难讲，如"帝国主义"中的各字，也不必分开讲；但有的还是可以讲也应该讲的，如"化肥"的"化"字，有一位教师只笼统解释化肥是肥料，没有说明是化学肥料，并解释一下化学肥料的意义，结果学生作文就把绿肥叫做化肥。

识字是阅读的基础，贯彻这一精神，一方面是小学低年级应以识字为重点，另一方面是中小学各年级都应重视识字教学，这一点，语文教师应该注意。

对篇章构，有的可随串讲指点，如段落大意，讲完一段即可顺便提示；有的串讲时不便讲，如前后照应，关键性词句，需在讲完之后另讲。但这些地方不可大讲特讲，也不可离开书本空讲，某些课文可考虑采用两次串讲法，用第二次串讲解决这方面的问题。第一次串讲不详讲，只扫清所谓文字障碍，让学生先有一般的理解，接着让学生熟读、钻研，对课文的思想内容比较熟悉后再做第二次串讲。第二次串讲时一般地方一读而过，不要再重复讲，只读到关键性词句，前后照应，体现写作特点等处可着重讲讲。这样可使学生更具体地理解一定的思想内容,如何表达更有条理,更加准确、鲜明、生动。

　　课堂上不要光讲,也要练。主要的练应该是读课文。讲读课应是串讲与朗读相结合,有讲有读。讲读是写作的基础,讲不好、读不好,不可能写好。作文的错别字主要由于讲课不注意解字而来,文章杂乱无章、思路不清也主要由于讲课时未注意具体指点篇章结构而来。忽视讲读,片面强调加强作文教学是焦头烂额坐上席的做法(见《曲突徙薪》寓言)。

　　也附带讲一下略讲问题。有的教师问长课文该怎么讲:略讲课文该怎么讲? 时间很少,该讲什么,不讲什么? 我说什么都可讲,什么都可不讲,不能求全责备,应根据学生的需要、时间的可能,只选讲某些方面。时间太少时,当作课外阅读指导也可。有人觉得长课文不好教,时间又不足,课本里可以不取,我倒认为长课文不是多了,而是少了。现在许多学校的实际情况是数、理、外语等科课外作业很重,学生自习及一部分课外时间都用在这些方面,语文的课外阅读无法进行,课本内多有几篇供略讲的长课文正可补此不足。有人或者要说略讲不能讲深讲透,会助长学生的马虎态度,养成学生读书不求甚解的不良习惯。我说不要紧,学生自己也还读书,将来出校更需要独立阅读,不讲还读,略讲一下不更好些吗? 自知有不理解的并不等于马虎,并没有害处。至于细抠、细推敲的习惯那自然是必要的,可以从精讲、精读中去训练。

　　我认为要提高阅读与写作能力,读书方面必须精读与略读并举,双管齐下。我见过许多语文程度很高的人都是年轻时候精读略读并重的,没有一个是只凭精读,不重视略读的。精读的能力与习惯要从课堂上精讲短课文来培养,略读的能力与习惯也最好从课堂上略讲长课文来培养。前几年,我们学外国经验,大量来用长课文,忽视传统的行之有效的熟读背诵方法,是片面的,是洋教条;现在又有人只强调课文的短小精干,只强调熟读背诵,忽视学习长课文的作用,我看也是片面的,是老教条。

现在再讲多练问题,如何多练? 就是要反复认字、写字、熟读、背诵、做练习、作文。拳不离手,曲不离口。知识要巩固,不能不多练;要转化为技能更不能不多练。

语文的练应以熟读、深思、多做为主。古代大作家欧阳修所讲三多(看多、做多、商量多)与此相似。

前人也说:读书千遍,其义自见。的确,读的次数多了,有些原先不大理解的意思也就理解了。读的熟,字也识的真,词语、意思也容易变成自己的,使用时可自然涌上心头。

熟读还要结合深思,要有理解的读,不可老和尚念经式的读。要口诵心惟,要口到、眼到、心到。苏轼诗:"旧书不厌百回读,熟读深思子自知。"朱熹说:"大抵观书先须熟读,使其言皆若出于吾之口;继以精思,使其义皆若出吾之心,然后可以有得尔"。

多做主要是多作文,也包括做练习。作文至少两周一次,文章是学生语文能力的集中表现,作文这一方式是对学生写作能力的综合训练。作文也必须结合深思。对学生要严格要求,要求认真写,不能草率应付。一般情况下作文应写提纲、打草稿,草稿要加修改,誊写后还要看一遍,自己能改正的错误缺点,都必须自己改正。这样作一次有一次的功效,进步才快。所谓提纲不是要求写得完整,写得多,只是要学生先考虑一下可能写什么,记号式地用极简短的词语写出来,再做比较,删去一些,留下的定出先后次序。有时为了训练学生限时交卷,也可不写提纲,不打草稿。

当然,教师对作文也要认真指导。现在语文教师负担较重,精批细改不一定能办到,有计划、有重点、少而精地认真批改也许是更有实效的办法。这就是说不必对学生的每一篇作文都做到精批细改,应该是每次作文交卷后教师先整个粗看一遍，看这次作文有什么突出问题，有什么主要优点缺点，然后动笔改。遇到与主要优缺点关系密切、有代表性的卷子就精批细改，其余就一般批改。发卷讲评时对精批细改的向大家具体介绍，并详细指点，把问题讲深讲透。不精批细改并不是让教师马虎，少用工夫，而是要教师认真研究，把力量用在最有效的地方。有的学校要求教师对每篇作文加批语，我看不适当。

作文命题要从学生实际出发，要学生见到题有话说。像《祖国颂》、《雷锋颂》、《论鲁迅的伟大革命精神》、《用文艺批评的方法分析一部作品》等等题目是学生无法写的。这样的题不只学生写不成，而且还会惯成学生抄袭成文、生拉硬扯、浮夸、瞎吹等各种坏习气。命题应选择思想性强的，意义重大的，一般的日常生活中的记叙材料也可写写。不要要求一篇文章一定要分几段，如何开头，如何结尾，也不要要求一定写什么感想。

以上讲熟读、深思、多做，我认为这是练的主要方面，可是有人并不这样理解，他们把做课文后边的练习当作主要的练，于是学生没有时间读课文，就东翻西查忙着做练习。这样的练法，我看是舍本逐末，效果不会好。有的教师黑板上写的多，还要学生记住，于是学生不读课文看笔记，不背课文背笔记，效果更坏。有人说他们学校总结经验，认为多做课后练习成绩就好。我问如何证明的？他说考试作业练习的成绩好。我说那当然罗，你如果考笔记，那背笔记的学生成绩也会很好。问题在考好作业练习，考好笔记的学生，阅读与写作能力不一定强。可见语文课的考试也是值得研究的问题。我看应着重考作文，从作文可看出识字、写字、阅读、写作各方面的能力；文言译白话、加标点、解释某些字词语句也可看出阅读写作能力，这些也可考。课文后的作业练习、课堂笔记最好少考。

有人问课后练习有的分量很重，三个小时也做不完，怎么办？我说太难、太繁的练习可以考虑少做一些,主要的还让学生多读一些课文,据说有一课有一百九十多字的一个长复句,不少教师都分析不来,那就不必要求学生去做,不然会是吃力不讨好,事倍功半的。

听写、抄写、默写课文应是重要的练习,可帮助识字、写字、熟读、理解课文,可以适当采用。

三、从学生实际出发,改进教学方法,提高教学质量

注重实际效果,达到事半功倍,应是教学方法的最高要求。空讲大道理,把语文课教成文学课、政治课,是违反这一要求的。这是由于对中学语文的工具性认识不足,对中学语文教学的目的要求不明确所致,也是不从学生的实际出发所致。现在提出加强双基教练,这问题比较明确了。但是如何加强教练,如何精讲,如何多练?做起来具体问题还很多,我前边所讲,也只是随便提到一部分。有时教师费力去教,学生也用功学习,效果并不好,这仍然是由于不从实际出发,教学方法不对头,今后这方面应力求改进。

要从实际出发,改进教学、我想还有两个问题应该注意:一个是教学活动要按比例,一个是完成任务应分缓急。

先讲讲教学活动按比例问题。教师的各种教学活动,学生的各种学习活动,都应有一定的比例,这怕是教学的客观规律。虽然这比例随课文的不同,学生的不同,相应地应有所差别,不可机械地规定,机械地理解与运用,但不注意比例是不对的。

课堂上精讲应是主要的,但也不应光讲不读,有讲有读是必要的。课堂上还应有别的练,讲与练的比例应如何?可研究。有的教师提出初中讲占五分之三,练占五分之二,高中讲占三分之二,练占三分之一,可参考。讲之中讲课文应是主要的,闭住课本的讲话应大大减少。

课后读课文与做练习的比例也要适当，应以读为主。有些教师的教法并不如此，学生不读课文做练习，少读课文多做练习，本末倒置了。

课堂上抄笔记、课后看笔记、背笔记的时间应大大压缩，不读课文读笔记，少读课文多读笔记的现象应该改变。

小作文与大作文的比例也应研究，中国过去只有大作文，苏联的办法是大作文很少，各走极端，都不大好，应加改进，二者要适当配合。

作文课堂上教师讲的时间与学生写的时间也要比例适当，有的教师讲的太多了。堂上限时间作文与课后不限时间作文的次数也应有适当的比例，不可只用一种方式。

这是随便举一些方面，还可有其他。在当前说来，按比例主要在能分开主次，不要本末倒置就对了。要求过高，分得太细，定的太死，又会产生形式主义。科学的研究需要教师长期摸索，同时也绝不可机械地理解与死板地规定这个比例。

再讲讲完成任务分缓急问题。课本内教材的编排、作业的布置，是根据一般情况确定的，有时不能完全适合具体学生的程度，教学时不能不有所灵活。如课本中对字词的练习总是着重新出现的，但学生却往往对早已学过的常用字词还没有掌握，常常弄错，教师在讲课或指导练习时就不能不加注意，不能不想补救办法。时间不许可时，为了求实际效果，宁可不做生字生词的练习，也应该练习常用字词。因为常用字词学生更急需，更宜先掌握。标点符号也是如此，如连逗点、句点还不会用，不必急于费力教分点、冒点。对长复句的学习，必须先弄清二重复句，再教三重四重的。如此等等，不再多举。

现在学生的程度，一般说来低于教材的要求水平，按客观难易，本着循序渐进、先急后缓的原则，把课文中、作业练习中过深、过高的部分放松一些，不要太费时间，对急需的常用的东西作一些补课工作是必要的，因为不做这一步就很难前进。但这是灵活运用教材的问题,不可轻率随意,应十分慎重。要认真研究了学生情况后,小问题教师就可这样做, 较大的问题还应请示领导同意后再做。教育领导部门, 我想也需要考虑对这一实际问题应给予学校和教师较多的机动余地,以便更有效地改进教学,提高教学质量。解决这一问题似可采用"统而不死,活而不乱"的方针,提出来以供参考。

（原载《甘肃日报》,1963 年 5 月 23 日）

中小学语文教学改革的两个大问题

（1977 年，据 1972 年讲稿修改）

就学校教学而论，读写能力不但是出校后学理论、做工作的基础，也是在校学习文化知识的基础。无论小学生或中学生，读写能力好的，学习各科知识都比较容易，各科教材自己都可读，有的大半能够理解；读写能力如太差，不只自己读不来，教师讲过也弄不明白，如对数学和物理学的较复杂的公式或定义，就不能准确地理解，课后复习当然就很困难了。这是中小学许多教师都有体会、社会上注意教育工作的不少同志也有所觉察的一个问题。因此，中小学语文课的教学质量，不仅关系到学生语文一科程度的提高，而且影响到其他学科学习的质量。但是当前语文教学的效果实在不佳，社会各方面对此很有意见。为了提高教学质量，培养合格的学生，中小学的语文教学必须进行改革。

我认为中小学语文教学的改革，首先应改革教学方法。我要讲的语文教学方法的改革，不是指日常的一般的讲课方法技巧的改进，而是说在语文教学的基本方法上，要有一个大幅度的改进。一般讲课方法技巧的改进，是经验缺乏的教师向经验较多的教师学习的问题，我要讲的改革是语文教学方法上，大家都需要考虑的根本性的改革问题。

语文教学上根本性的改革是不是可能呢？我认为是可能的。毛泽东同志说："人类总得不断地总结经验，有所发现，有所发明，有所创造,有所前进。"我们遵循毛泽东同志的教导,从古今中外的语文教学经验中探求一番,根据语文学科的特点,根据汉字、汉语的特点,批判地吸收前人的经验,找出一条教学方法上大幅度改进的途径,求得一个显著的进步,不是不可能的。

我认为中小学语文教学方面需要根本改革的问题主要有两个:一个是小学低年级应该集中识字;另一个是中小学讲读教学应实行精讲精读与略讲略读相结合。现分述如下。

一、小学低年级应该集中识字

对这个问题分如下三个方面来讲。

（一）小学低年级集中识字是提高语文程度的一个关键问题

所谓语文程度也就是阅读和写作的程度,语文程度的提高,也就是阅读、写作能力的提高。识字是阅读和写作的基础。不识字或识字不多,就不能进行阅读与写作,这是谁都知道的。所以识字在语文教学中有其特殊的重要作用。但多年来在语文教学中对识字教学没有足够的重视,尤其缺乏有力的措施,大大影响了语文教学效果的提高。

拼音文字在学了字母、拼法与初步语法之后,阅读就很方便了。只要内容是儿童能理解的,篇幅长一点也没大关系,都可以读下去。因此,欧、美用拼音文字的国家,小学语文课本,一般课文较多,篇幅也长,内容比较丰富,四年小学可学到七八十万字的语文教材(据译文计算)。而中国过去六年小学语文教材只有二十万到三十万字。这绝不是儿童接受能力有什么差异,主要是拼音文字半年内即可初步掌握拼写工具,这时阅读就可放开,不受多少限制,所以所余三年半时间就可学大量的课文;而汉字不是拼音文字,是方块字,学起来比较难,这是汉字、汉语的特点。由此产生了识字与阅读的矛盾,识字教学与语言教学的矛盾,即顾了识字编的教材,不便于教语言,教阅读;

顾了语言教学编的教材,不便于教识字。并驾齐驱,难以共进。这启示了我们识字不成套不够用,就是说不识到两千左右字,难以开展阅读。而识两千左右字,过去一般需要三年以上。因此如何缩短时间,在小学低年级及早掌握两千左右常用字,是提高读写能力,提高语文程度的关键。这是一个极其重要的问题,需要千方百计设法解决。

(二)汉字识字教学的历史经验

一九六〇年我们在肯定1949年前后由教育方针所决定教育质量有着本质不同的前提下,仅从识字这一点出发,曾经从1904—1959年间的小学语文课本中选了三十种,统计过一二年级所讲的生字数量。结果,最多的两年共教1807字,最少的只教910字,教1100—1300字的有十四种,几乎占了三十种的一半。可见过去一般课本两年只教1200字左右,平均每个学习日学不到三个生字。

过去五十多年的课本,大体又可分为前后两种情况。1922年新学制以前的课本,课数较多,一般半年学五六十课;课文短,每课平均有七八个生字;一开始是看图识字课较多,便于识字,两年一般可识到一千五六百字。新学制以后,教材编法从句子开始,强调寓识字于阅读之中,每课生字只有三五个或六七个,半年只学三四十课,两年只能识到一千一二百字,三年识不到两千字。识字与阅读齐头并进,识字拖住阅读的后腿,不能前进。要求双丰收,结果两失败。

这是1959年前的几十年间语文课本教识字的情况。1959年到现在的情况也大致相同,只是课数更减少了,总的识字量也减少了,每课生字加多了。总的说来,识字效率是很低的。

我们再往前看,中国历史上识字教学的情况,就有些不同了。那时的教育是封建教育,我们这里单从识字这一点来谈。从两千多年前西汉元帝时史游编的《急就篇》谈起。据顾炎武、章太炎、王国维等的考究,《急就篇》在汉、魏、两晋、南北朝,一直是最主要的识字教材。这本书取了当时常用的两千来字，前半用三字句把姓名字罗列起来，后半用七字句把衣着、农艺、饮食、器用、飞禽、走兽等各类字罗列起来。意图是集中识字，速成识字；编写方法也体现了这一精神，形式便于诵读，便于记忆，所以一直风行了好几百年。

代替《急就篇》的识字书本，主要是《千字文》《百家姓》《三字经》和四言、五言、六言、七言等各种杂字书。《百家姓》与杂字书和《急就篇》的编法相同，都是把常用字"以类相聚"编写的，没有什么文意可讲。《千字文》和《三字经》虽然内容上充满了封建性的糟粕，是很反动的，但在实际教学中教师对文意并不讲解，而是当作单纯识字书本教的。《千字文》《百家姓》《三字经》各流传千年左右。

二千年来都是先识字，后阅读。读了《急就篇》或《三字经》等识字书本以后，才开始读系统地宣扬封建思想的《论语》等书。识字与阅读分开进行，分散难点，识字时集中力量识字，因而识字教学的效率比较高。有的一年读完《三》《百》《千》等三本书，识到一千多甚至两千字，有的一冬天三个月就可识几百字，我自己就是两次冬学扫了盲的。集中识字为什么能提高识字的效率呢？原因主要有两条：一是便于教师集中目标教字，便于学生集中精力识字，师生经常反复在识字上多下功夫，识字效率自然会提高。二是集中识字生字出现多，便于利用汉字规律，便于利用比较方法，可以提高识字效率。汉字本来是有规律的，虽因年代久远，字音、字形、字义都有不少变化，使汉字规律变得支离破碎，但是，就是支离破碎的规律，如果适当利用起来，还是可以节省教学时间，加速识字进度的。同时汉字有音相同、形相似、义相近或相反等现象，利用比较异同的方法教学识字，也可以减少识字的困难，加速识字进度。

中华人民共和国成立以后，许多有教学经验的同志都强调低年级应该着重识字。据此 1954 年人民教育出版社草拟的《改进小学语文教学的初步意见》和 1956 年教育部公布的《小学语文教学大纲》，都提出小学一二年级以识字为重点，要求增加识字数量。但是由于课本的编法没有多大改进，教师对以识字为重点的要求也缺乏理解，因此，多年来识字教学仍少改进。早先黑山的识字教学经验对小学生虽未必适用，但其曾引起各方面的重视、学习，也说明了提高识字教学效率是广大群众的要求。

（三）批判地接受识字教学的历史经验

有人曾拿民国以来的小学语文课本的编法为理由，说集中识字违反了五十年来语文教学的历史经验。其实五十年来的经验应该吸取，也需批判；两千年来的经验，应该批判，也需吸取。

如何批判地继承过去语文教学的经验呢？简要讲来，几十年来的语文课本，内容切合儿童生活，语言也越来越明白清楚，儿童学起来较有兴趣，也容易接受，这是清末以来课本的优点（当然，就其思想内容来说，中华人民共和国成立前后有根本的区别，这里无须细说），比封建社会的教材是一大进步，应该继承；但课本的编法，识字太分散，教师教法对低年级又不着重教识字，而是识字、知识、思想、语言平均使用力量，以致识字效率不高，这是应该改革的。清末教育改革以前的教材与此大大相反。从内容、语言来看，都距离儿童太远，枯燥无味，儿童不喜欢，这是缺点，应该改革；但其集中识字的办法，能够提高识字效率，这是汉文识字教学的传统经验，是提高语文教学质量的关键问题，是应该继承的。当然，继承也不是简单的拿来，而是要批判地吸取，要做认真的具体的分析，要在取中有弃，用中有改。

识字课本的编法应从总结过去的经验做起，要批判地吸取两千年来编写识字教材的经验，也要批判地吸取几十年来编写小学语文课本的经验。两千年来的识字教材都是采用字义相连的办法编写的，特别是字义上"以类相聚"的编排形式更为流行，没有一种是按字音、字形的体系编排的。这是有道理的。因为这样编法便于理解,便于诵读,便于记忆,便于集中力量教识字。

"以类相聚"和"便于诵读"是传统经验中最值得学习的东西。当然,"以类相聚"应求多样化,"便于诵读"应避免形式呆板,不要只采用三言、四言、五言等每句定字的形式。此外,还应尽可能每课配有插图,以免单调乏味,便于儿童持久学习。要做到这些,又得从近几十年的语文课本的编写中学习许多经验。总之,识字课本的形式要不拘一格,力求多样,看图识字、"以类相聚"的杂字课本、谚语、谜语、儿歌、民歌、歌词和戏本唱段、简短的寓言和故事,都可以作识字课文。这样的识字课文,篇幅都比较简短,生字较多,教师教时便于集中目标教字,不在知识、思想、语言方面多费时间;学生学习也便于诵读,便于记忆,可以集中注意识字,不在其他方面多费精力。集中目标教字,集中精力识字,才好保证提高识字效率。

过去一课课文如果用三节课时教,用在识字教学方面的约只占一课时,用在知识、思想、语言、阅读等方面的就占到两个课时。这种现象必须改正,要把教识字、写字的时间占到两课时,其他活动只占一课时。学生课后练习,也要把力量多用在识字、写字方面。小学低年级集中识字,要求识到多少呢?我认为可识到两千。也许有人认为不可能办到,其实,两年识两千字,平均一个学习日才只认四个字,一个课时只认两个字,只要教学时间有保证,教材编法与教师教法有改进,都能做到以识字为主,不在别的方面浪费时间,是应该可以办到的。

二、中、小学讲读教学应实行精讲精读与略讲略读相结合

分四个问题讲。

（一）书面语言的教学应向儿童口头语言的学习请教

毛泽东同志讲："入学前的小孩，一岁到七岁，接触事物很多。二岁学说话，三岁哇啦哇啦跟人吵架，再大一点就拿小工具挖土，模仿大人劳动。这就是观察世界。小孩子已经学会了一些概念。"鲁迅讲："孩子们常常给我好教训，其一是学话。他们学话的时候，没有教师，没有语法教科书，没有字典，只是不断的听取，记住，分析，比较，终于懂得每个词的意义，到得两三岁，普通的简单的话就大概能够懂，而且能够说了，也不大有错误。"（《人生识字糊涂始》）

这两段话都是说小孩子学习口头语言是很快的，成绩是惊人的。的确如此。我们自己看看身边的小孩子，看看自己的子女弟妹，他们学习语言的成效确是惊人的。五六岁的孩子，许多话都会说了，而且很少错误，用词不妥偶尔是有的，语句结构上是极少错误的。这是汉语的特点，语法在实践中容易掌握，语法规律却不大好讲。但是我们学校的语文教学，即书面语言教学的效果却是惊人的不景气。有课本，有教师，有字典，有指导，进步却十分缓慢。这是什么原因呢？这是值得认真研究的问题。从这一千真万确、大量普遍存在的事实出发，认真研究，比较分析，也许可以发现儿童学习口头语言的诀窍，发现学校书面语言教学存在的问题，找出改进语文教学的途径。

我初步研究，儿童学习口头语言为什么成效卓著呢？这是因为他们是在接触事物中学习的，就是从生活中，从活动中，从观察中，从游戏中，从听故事中，从看电影中学习的。动得多，看得多，听得多，说得多，自然就学会了。而且学校书面语言的教学则或多或少地违反了这些规律，结合生活实践不够，单从书本上学习；书本学习方面，不是让儿童多读、多写，而是过分的多讲细抠；不是助长儿童发展，而是限制儿童发展。据此，我说学校书面语言的教学应向儿童口头语言的学习请教。

（二）语文教学应尽量结合生活实践

一般说，在社会主义的新中国，学校的活动是比较多的。要语文教学结合生活实践，并不难办到。可以结合学校的实际活动，配合选学一些文章，帮助学习有关语言、理解活动的意义。在此基础上，要求学生写有关的文章，或记叙活动，或发表意见，也就不难了，因为有事实根据，有话可讲，用不着搜索枯肠、想入非非。这是一方面的结合。另一方面是课本上讲的课文，只要便于结合实际，就应结合实际。如讲了忆苦课文，就安排时间进行访贫问苦，回来座谈讨论，在讨论的基础上布置作文，学生也就有话可讲，困难不大了；学过书信的课文，就发动学生向有关对象写信，一方面结合课文学习了写信的格式，同时具体指导应写的内容，对书信的写法也就印象深一些了。

（三）多读熟读

口头语言的学习主要凭多听多说，书面语言的学习应是多读多写。这里只讲多读熟读。这也是学习语文的传统经验，近年来却很不重视。讲读课就应该让学生多读、熟读，甚至背诵，要多进行个人读、集体读、朗读、默读、分段读、全篇读、反复地读。当然熟读要在理解的基础上进行，读之前先应精讲。但所谓精讲，不是要讲得多，讲得细，尤其不是要讲得高深，而是要讲在点子上，要讲得简明扼要。不要什么都讲，尤其不要离开课文架空讲。不要把课堂的活动主要弄成教师的讲授，而要给学生留下不少的阅读和思考时间。在精讲的基础上，让学生熟读，熟读才能把书本上的语言化为自己的，用到时得心应手。可是有些教师讲得过多，强调讲深讲透，有些话失之于高，学生接受不了；有些话又是不讲学生也知道的，完全是多余的。讲的时间多，读的时间就少了。

还有的教师不但讲的多，而且黑板上写的也多，时代背景、内容分析，段落大意，字词解释，抄了一黑板，还让学生照抄。于是学生在课堂上是不读课文抄写笔记,在课后是不读课文读笔记,考试时又是不考课文,不考作文,而考笔记。这都是舍本逐末的做法,费力大而效果很小的。

有人嫌现行课本里讲语法不多,主张多讲语法,理由是多学语法可以写好文章。事实上并非如此。许多写好文章的未学语法,甚至不懂语法;而学语法的,也不一定文章写得好。有人又说学了语法会分析句子,知道怎样算通,怎样算不通。这也不完全是事实,中国话从习惯用法上判断通不通是很容易的,要从语法上判断那就难得多了。如过去小学语文第一册第一课"中国共产党万岁",第二课"好好学习,天天向上",这三句话听起来都很好懂,但要在语法上解释并不容易。现在有些语法书的讲法,对中小学生来说,既弄不清楚,又用处不大。学少弄不清,学多也弄不清。与其学多弄不清,还不如学少一些,节省时间,用在熟读、背诵上。我认为给中小学生讲语法,一应求简要,二应容易懂,三应学了对阅读写作有帮助。

(四)精讲精读与略讲略读相结合

前边讲的精讲、多读、熟读是专指讲读教学中精讲精读的部分,即课文中教师精讲,学生精读的部分。这是我国历来教学语文的传统经验,也是行之有效的经验。但是学生阅读、写作能力的提高,光凭精讲、精读一些课文还是不行的,从来没有一个有学问能写文章的人是单从课堂上听老师精讲一些课文学成的;恰恰相反,他们都是从大量阅读书刊学成的。这一大量普遍的事实许多人没有注意,语文教学中未能吸取这个经验,实在是个遗憾。我国传统的文论,是把大量阅读和写作看作息息相关的,"读书破万卷,下笔如有神",就代表了这一观点。但是,近年来的语文教学是只重视精讲精读,而不注意略讲略读的。要使学生能在课外大量阅读,课堂教学中就应该培养他们读书的能力、兴趣和习惯,这就要靠课内教学的略讲略读了。我说现在小学三年级以上到中学的语文教材应精讲精读与略讲略读相结合,也就是教师方面精讲与略讲并举,学生方面精读与略读并举,双管齐下,配合进行。

精讲精读的课文一般适宜篇幅简短,便于教师各方面都讲到,也便于学生多读、熟读,细心体会,钻研文章的技巧。略讲略读的课文篇幅可长可短,只要内容生动,对学生有吸引力,深浅大致适度,写法上有某些优点即可。教师讲的时候只着重讲其特点,让学生注意学习,不必面面俱到,样样都讲,学生也不必熟读,读一、二回即可。略讲略读的课文其作用在于增长学生的知识,开阔学生的眼界,丰富学生的语言,提高学生的思想,培养学生读书的兴趣、习惯和能力,这对写作也有帮助。

有人或者要说,略讲不能讲深讲透,会助长学生的马虎态度,养成学生读书不求甚解的不良习惯。我说不要紧,学生自己也还读书,将来出校更需要独立阅读,不讲还可读,略讲一下不更好些吗?自知有不理解的并不等于马虎,并没有害处。至于细细推敲的习惯那自然是必要的,可以从精讲、精读中去训练。小孩子学口头语言,主要是多读、多看、多听、多说。他们听话时绝不是全部能听懂才听,而是有懂有不懂的也听,只吸取他能懂的学习。我前边说书面语言的教学应向儿童口头语言的学习请教,这正是要请教的重要的一条。许多人(包括儿童)开始看书事实上也是这样做的。有些书懂一些,不懂一些,看得还很有兴趣,这样看下去,在思想上、知识上、语言上,也得到了许多益处。不要把儿童低估了,只要识了字,儿童对清浅的具体的描述的长篇文章是可以理解的,也很感兴趣。试把初中的语文课文读给小学四五年级学生听,或让自己看,基本上可接受,可以得到一定益处。当然如果能找到质量高而又适合程度的通俗读物,读起来困难较少,那自然更好。不过那种机会是不多的。

　　现在中学语文课本,课文分讲读课文和阅读课文两部分。讲读课文相当于我说的精讲课文,阅读课文相当于我说的略讲课文。不过我说的略讲课文一定要略讲,阅读课文则有不讲的。现行中学课本讲读的每册有十四到十六课,阅读课文有四五课(指 1977 年以前各省编的课本,下述小学课本亦同)。我们如果要改革,要试点,我的意见精讲课文仍用现有课数,把有些长课文换成精炼的短文;略讲课文可大大增加,可增至十课左右。小学三、四、五年级每册现行课本只有二十几课,我的意见可增至三十几课,其中精讲的二十来课,略讲的十几课。有人怀疑课数增加了许多,如何能讲完呢?我说中学精讲课文,篇幅一般简短,平均每课三个课时可以讲完;略讲课文篇幅虽长一些,但只做指点式的,平均每课用两个课时可讲完。小学精讲课文每课用三到四节课讲,略讲课文用一到二节课讲。现在有的一课讲到五六课时,许多教师反映,学生听的都腻味了,厌烦了,效果不好。

　　有人说增加了课数,减少了讲课时间,学生如何能接受呢? 我说只要你把我前边所讲的教学上浪费的时间节省下来, 不要在讲课时多在文学方面、政治方面发挥,不要在语法方面、练习方面无意义地浪费时间,不要大量地抄笔记,把时间、精力主要用在精讲、略讲方面,学生就能够接受。

　　　　　　　　　　　　(原载《甘肃师大学报》社科版,1977 年第 3 期)

我与语文教学

——三十多年来我在中小学语文教学方面的
主要意见

（1984 年 8 月）

一、对语文课教材内容的两点改革意见

我 1938 年到延安之前，曾在旧社会的中学和师范学校教过七年语文课（有时也兼教中外史地）。但当时只是就课文教课，对语文教学未做过认真研究，也没有写过这方面的文章。从 1938 到 1949 年，我在陕甘宁边区教育厅期间，一直在编写教材和审阅教材书稿，当时对语文教学写过一些文章，主要是在教材编写方面。那些文章现在手头只有一篇，题目叫《今年儿童节的感想》。在这篇文章中讲了语文教材改革的两个大问题：一个是语文教材中关于政治思想与阶级观点的改革，一个是关于农村儿童沿用城市儿童教材的改革。现在就用一些实例来说明问题。

1942 年延安出版的初小国语新课本是整风以前编的，由于编写的那位同志对旧教育、旧教材的批判很不够，不该继承的东西也沿用了不少。整风以后，人们的认识有了提高，1945 年我们再编的国语教材就大大改观了。1946 年我在总结经验的基础上写了《今年儿童节的感想》一文，对 1942 年编的国语新课本提出如下批判意见：国语新课本第一册第十二面：

太阳出来了,小娃起来了,

妈妈起来了,爸爸起来了,大家都起来了。

边区农家一般都在天不亮就起来了,直到太阳出来才起来的,那是二流子和地主。这课文对儿童不能起到教育早起的作用,还可能助长早上睡懒觉的坏习惯。再如前书第三十面:

我要吃果果,我要吃糕糕,爸爸叫我小宝宝。

爸爸给我吃果果,妈妈给我吃糕糕,妈妈叫我好宝宝。

这种娇生惯养的生活,在有产者是一般情况,但边区普通农民家却是极少有的。让农家儿童念这种东西,不仅无助于培养劳动人民勤劳俭朴的思想感情,而且可能产生好吃贪嘴的恶习,这在政治思想、阶级观点上更是有问题的。再如前书第二十一面:

游游游,鱼会游,爬爬爬,蛇会爬。

鱼在水里游,蛇在地上爬。

游得快来游得好,爬得快来爬得好。

边区很少鱼,鱼在水里游的景象,边区儿童不容易产生亲切之感,这问题还小。蛇是危险的动物,边区儿童从经验中知道它是可怕又可恨的。"爬得快来爬得好",这种欣赏的感情,只有在城市动物园里蛇不能危害人的情况下才可感到,对边区农村儿童是不可想象的。这是把城市公园里儿童的经验误用在农村儿童身上了,是脱离实际的错误。又如前书第四十七面:

早起到学校,晚上回家来。

见了先生就行礼,见了大人就行礼。

课本插图画的是行鞠躬礼。学生对教师行鞠躬礼,由于长期的传统习惯,教师一般会欢迎的。在边区农村,如果是土改前的地主家,父亲对儿子给他行鞠躬礼,也会是欢迎的;但农家的父亲却不但不会欢迎,而且会感到不习惯甚至厌恶。这能说农民是讨厌礼貌的吗?不能!

农民要的是另一种礼貌，而不是行鞠躬礼。如果儿童在家里帮大人劳动，吃饭时给父亲端饭，父亲渴了给他端水，那他一定是喜欢的。可见礼貌的形式是有阶级区别的，这课文明显地脱离了边区农村的实际。在阶级观点上也存在问题。再如前书第四十面：

> 一个雀儿来偷米，十个雀儿来偷米，
>
> 偷了一斗一升一合米，偷了一石一斗一升米。
>
> 的儿的儿向南飞，的儿的儿向南飞。
>
> 飞去又飞回，飞去又飞回。

看到麻雀偷米而感觉有趣，那是不知生产艰难的地主家儿童可能有的心理；农家儿童看到麻雀偷吃谷子和米，是会赶跑它的，绝不会欣赏它"的儿的儿向南飞"。可见儿童对麻雀偷米的态度也是有阶级区别的，这课文也有阶级观点上的错误。

从以上所举材料，说明我们1942年编写的初小国语新课本中还因袭了不少旧社会教材中的观点，存在着不少小资产阶级和资产阶级教育思想的影响。所以出现了不少政治思想与阶级观点方面的错误，出现了不少把城市儿童适用的教材强加给农村儿童的错误。国语新课本的其他各册也有类似的错误。整风以后，我和某些编书同志的认识提高了，我们又做了调查研究，1945年重新编的国语课本，就能够从边区政治的需要出发，从儿童的农村生活与家庭生活出发，编出真正结合实际、更好地为边区人民服务的新课本，使教材内容有了较大的改革，赢得各方面的好评。

二、对语文课教学方法的两点改革意见

1951年我到人民教育出版社担任了副总编辑，负责审阅语文及其他教材书稿。当时正是积极学习苏联先进经验的时候，我们把苏联的小学语文课本（叫阅读课本）都翻译出来，认真研究，发现他们的课

本,内容非常丰富,长课文也多。四年制小学课本就有七八十万字(以翻译出的汉字计算),而我们当时六年制小学的课本才只有二十多万字。我和小学语文编辑室的主任蒋仲仁同志研究,为什么他们的儿童能学那样多的东西,而我们的儿童却只能学这样少的东西呢? 这绝不会是他们的儿童比我们的儿童聪明,一定有别的原因。研究的结果,我们认为这主要是因为他们用的是拼音文字,学生半年内便可初步掌握拼写工具,以后三年半就可开展阅读,只要内容是儿童能理解的,课文长一些也没关系。而我们的课本用的是汉字,汉字是方块字,一字一音,不能拼写。汉字不识到两千以上,很难开展阅读,而识两千多字,按一般课本的编法,就需要近四年时间。这样,识字拖住阅读的腿,不能及早开展阅读,这是一个急待解决的问题。由此我们得到启发:语文教学要大幅度提高,应进行两项改革:一是小学低年级应力求多识字,争取两年识到两千左右对其他教学要求不妨放松一些。二是三年级以后,在已识两千字的基础上开展阅读,力求多读些课文。这样去做,小学阶段语文课本的字量可增至五十万,比原先增加一倍是可能的。

据此 1954 年人民教育出版社草拟的《改进小学语文教学的初步意见》和 1956 年教育部公布的《小学语文教学大纲》草案,都提出小学一二年级以识字为重点,要求增加识字数量。同时课文的内容也稍稍丰富了一些。但是由于课本的编法没有多大改进,教师对以识字为重点、丰富教材内容的做法也缺乏理解,因此,对这小小的改革还接受不了,引起好多非难,不能推行。

为了推行小学语文教学上的两大改革,我也先后写过几篇文章。现在手头有的,一篇是 1955 年写的《小学语文的阅读材料必须丰富起来》,曾登在当时的《人民教育》刊物上。文章对大量阅读的作用讲了许多,如说:"经验证明,大量阅读是提高阅读和写作能力的关键,有许多人主要是靠自己的大量阅读提高了读写水平的。这个经验是可靠的,是宝贵的,值得珍视的,可惜只是作为一个客观事实存在于一部分人的学习经验上,没有把它作为教学经验肯定下来,在儿童阅读的语文课本上体现出来。"至于如何把教材丰富起来,该文也讲了许多,这里就不引证了。

1957 年我又写了一篇《关于小学低年级的识字教学问题》,此文也登在当时的《人民教育》上。文章中说:"新发下的《小学语文教学大纲》草案规定一二年级的语文教学以识字为重点,要求儿童在小学低年级多识一些字。这是为了使儿童及早掌握一定数量的汉字,便于以后学习比较丰富的阅读材料。要达到这个目的,必须在课本的编法上和教师的教法上都本着以识字为重点的精神,提高一些识字教学的要求,相对地降低一些其他教学的要求。

以后我对这两个问题(小学低年级多识宗,中年级以上至中学大量阅读)反复讲过,如 1963 年写的《对小学语文教学的一些意见》和 1957 年写的《关于小学高年级的长课文教学问题》,都是要求教师在教学方法上如何改进,以适应识字为重点与丰富阅读内容的要求的。1972 年我的一篇讲稿《中小学语文教学改革的两个大问题》,对这两个问题讲得更明确、更具体了。文章题目上标明是改革的大问题,而不是一般问题。文中又说明这两点改革虽然仍属方法上的改革,但它不是日常的一般讲课方法技巧的改进,而是要在语文教学的基本方法上来一个大幅度的改进,所以叫改革。一般讲课方法技巧的改进,是经验缺少的教师向经验较多的教师学习的问题;我要讲的这两点改革是语文教学方法上大家都要考虑、学习的根本性的问题。所谓讲得更明确、更具体,还表现在文中两个大标题上:一个是"小学低年级应该集中识字",一个是"中小学讲读教学应实行精讲精读与略讲略读相结合"。第一个标题,这里不再提识字为重点,而改提为集中识字,意义更妥切、明确了。文中对我国汉字教学的经验做了详细的历史叙述,对五十多年来的语文教学经验,最后总结说:"1922 年新学制以前的课本,课数较多,课文较短,一般半年学五六十课,每课平均七八个生字,两年可识到一千五六百字。新学制以后的课本,教材编法从句子开始,强调'寓识字于阅读之中',每课生字只有三五个,半年只学三四十课,两年只能识到一千一二百字,三年识不到两千字。识字与阅读齐头并进,识字拖住阅读的后腿,阅读分散了识字的进度。要求双丰收,结果两失败。"对没有课本以前的两千年的传统识字经验,文中最后总结说:"二千年来都是先识字,后阅读,读了《急就篇》或《三字经》《百家姓》《千字文》以后,先识了字,才开始读《论语》、《孟子》等书,识字与阅读分步骤进行,分散难点。识字时集中精力识字,因而识字的效率此较高。有的一年读完《三》《百》《千》,识到约二千字,有的一冬天三个月可识几百字。"我认为批判地吸取识字教学的历史经验,应该是从五十年来的课本方面吸取新的内容与语言,而抛弃其识字与阅读并进;从二千年的传统经验方面吸取识字与阅读分步走,而抛弃其封建的内容与文言词句。

关于丰富阅读教材,这里改提为"精讲精读"与"略讲略读"相结合,提法更为精密妥切。所谓精讲,不是讲得多,讲得细,讲得高深;而是要讲在点子上,讲得简明扼要。学生在精讲的基础上,认真钻研、熟读,也就是精读。精读才能把书本上的语言化为自己的,用到时得心应手。这是精讲精读,即教师精讲、学生精读的问题。这是我国历来语文教学的传统经验,是行之有效的经验。

但是学生阅读写作能力的提高,光凭精讲精读一些课文还是不行的。从来没有一个有学问能写文章的人是单从课堂上听老师精讲课文、自己精读课文学成的;恰恰相反,他们都是大量阅读书刊学成的。我国传统的文论,也是把大量阅读和写作看作息息相关的,"读书破万卷,下笔如有神",就代表了这一观点。但是近年来的语文教学是忽视大量阅读的。要使学生能在课外大量阅读,课堂教学中就应培养他们阅读的能力、兴趣和习惯。这就需要课内教学的略讲略读了。略讲略读的作用在于增长学生的知识,开阔学生的眼界,丰富学生的语言,提高学生的思想,培养学生读书的兴趣、能力和习惯。略讲略读的课文可长可短,只要内容生动、对学生有吸引力,深浅大致适度,写法上有某些优点即可,课文长一些没关系。教师讲时只着重讲其特点,不必面面俱到,什么都讲;学生也不必熟读、精读,读一两遍即可。

三、关于写作问题的改进意见

1946 年我在延安时,写过一篇《文从写话起》,提出作文的第一步应让学生有话说,敢说话,应从写话开始。我当时看到有些教师对学生作文的指导很不对头,出题时不是根据学生的生活经验,而是根据自己的主观要求。如出什么《可怕的夏天》《午夜的声音》《小杏树的遭遇》等题。对这种题,学生是无话说的。我们试想,如果学生没有感到夏天的可怕,没有听见午夜的声音,没有遇到不幸的小杏树,怎么办呢? 能不胡思瞎想、胡拉乱扯吗? 这种作文题实际上就是要学生说谎,要他捏造不曾见过的事实。这不是把作文指引到邪路上去吗? 因此我在这篇文章中提出指导学生作文的第一步应是要学生有话说,并且还要让学生敢说话,拿起笔来能拉得开,教学生了解作文就是用笔说话,想说什么,就写什么,话怎么说,就怎么写。这就是让学生的作文向说话看齐,跟着说话走,这就是"文从写话起"的意思。

1963 年我写过一篇《关于中学语文教学的两个问题》,文中对作文教学也还是强调首先要学生有话说、敢说话。对敢说话一点讲得较多,指出学生不敢说话是由于教师指导有问题。文章说:"命题如果对头,作文本来不是什么难事。比如参观了展览会,家里人一问,就能说一大摊;可是让写文章就写不出来了。这固然与有些字词不会写有关系,但更重要的是学生有顾忌,不敢写,不知教师要求写什么。学生的这个思想问题与教师的指导方法、指导思想有关系。学生不敢说话,由于教师要求太死,框框太多。有些教师出题之后讲得太多,写什么内容,分几段,如何开头、结尾,都给学生讲了,还怕学生不会写,再给读范文,提供该用的词汇。学生完全由教师摆布,随教师的指挥棒转,自己一点思想都不用,结果不但写出的文章大家都一个样,千篇一律;更大的恶果是形成学生的依赖思想,失掉作文的信心。这样的方法不是指导,而是枷锁,不能开启学生的心窍,反而会蔽塞学生的头脑。"

"指导学生作文,首先应让学生敢说话,先让他能写出来,写出来才好指导,才好批改。学生怕得不敢写自己的话了,教学也就无法指导了。宋朝有一位谢枋得编选了一部《文章轨范》,把文章分成两大类,一类叫放胆文,一类叫小心文,前者是畅所欲言之文,后者是力求精练之文。他主张初学作文要学放胆文,进一步才可学小心文。他说对初学者要使其见文之易,不见文之难。这个指导方法很对,容易打开学生的思路,使很快走上轨道。"

以上讲的是作文的第一步。进一步应该怎样作文,我在1956年写的《从〈反对党八股〉想到课本编写方面的一些问题》一文,讲的虽只是编写课本的问题,但对写一般文章也同样适用。那篇文章讲到语言问题,说:"话是开心的钥匙,"又说,"一句话能把人说得跳起来,一句话也能把人说得笑起来。"足证语言的巨大作用,群众也都体验到了。文中说:"课本是学生学习基本知识的主要材料,当然应该写得明确、具体、生动、有趣,以充分发挥语言的巨大作用。……选用反映事物最恰当的词儿,选用表达意思最有力的句子,删掉不必要的词句,这是一切文章在语言方面的基本要求。删掉不必要的难词难句,用浅显通俗的词儿代替某些名词术语；用简单明白的句子代替某些复杂长句,这是一切通俗读物在语言方面的基本要求。这两种要求都是课本在语言方面应该做到的。

"文章要发生更大的作用,语言的条理化也是一个重要条件。层次分明,有条不紊,是好文章的特征；语无伦次,乱说一通,是文章的大病。层次条理主要体现在段落的划分与安排上。段落的划分与安排体现内容各部分的重轻主次及其相互关系,应该做到不可移前挪后,不可合并或再分。文章的举例和比喻也要有讲究。举例要举典型的例子,简洁生动的写出其突出部分,使人如闻如见,才能给人深刻的印象。用比喻应力求恰当,要准确地抓住比喻和所比事物的共同特征,使人通过比喻能对所比事物有更明确的了解。"

四、对双基教练问题的主张

所谓双基教练就是基础知识的教学与基本技能的训练。加强双基教练问题是因何提出来的? 我想有两方面的原因。1963 年我写了一篇《如何加强中学语文的基础知识教学与基本技能训练》,文中对这两个原因是这样讲的:"一方面是由于课堂讲授的知识超出了基础知识的范围,空论过多,把语文课教成政治课、文学课。如《干部参加生产劳动是共产党的光荣传统》一课,全文只有六百七十来字,用四节课讲,大讲政治道理;讲杜甫的《兵车行》一诗,对杜甫的时代与生平就讲两课时。分析作品用一大套名词术语,浪费时间很多,学生听不懂。于是大家逐渐感觉到有必要把培养读写能力最有关的知识划个界线,这就提出了加强基础知识教学的口号。再一方面是训练不切实际。"课本上课后的零散练习多,学生抄笔记、背笔记多;读课文少,作文少。两多两少是训练方面的主要毛病。

讲课偏高偏深,训练烦琐而不切实际,这就是加强双基教练提出的原因。

针对当时教练上存在的问题,加强的办法主要应是精讲多练。精讲就是要讲得恰到好处,精讲要能起到解决疑难、加深理解、启发思考、激发热情的作用,要能开学生的心窍,能激励学生的积极思维、能培养学生举一反三的能力。教师的主导作用也就在于此。目前的教学,讲得过多是普遍现象。对此而言,精讲也可理解为讲得"少而精"。精讲要克服课堂上架空讲的教法,克服教书不利用书本,讲课不通过字句的讲法,对文章的字词语句、篇章结构要交代清楚,让学生真正理解。课堂上不要大讲时代背景、作者生平,不要大讲人物形象与写作特点,不要大讲修辞逻辑知识,也不要大抄黑板,大讲笔记。

课堂上不要光讲,也要练,而且要多练。主要的练应该是读课文。讲读课应该是串讲与朗读相结合,有讲有读。讲读是写作的基础,讲不好,读不好,不可能写好。作文的错别字主要由讲课不注意解字而来,文章杂乱无章、思路不清,也主要由于讲课时未注意具体指点文章结构条理而来。忽视讲读,片面强调作文教学是焦头烂额坐上席的做法(见曲突徙薪寓言)。多练除熟读之外,当然还有认字、写字、作文、做练习,这都是练。有人把课后的零散练习当作主要练习,把学生大半作业时间费在做这种练习上。如用词造句有的很难,意义也不大,学生一两个小时都写不出来,最后还得家长帮助作。另外有些练习倒还有用,如听写、抄写、默写课文,这能够帮助识字、写字、熟读、理解课文,可以适当采用。

五、对语文课的性质和任务的看法

全国解放初期,语文课重视政治思想内容,强调政策性和宣传教育作用。对语文课的教法,有的甚至采取了解放区办干部训练班的办法,即"自学—讨论—总结报告"的方法,这就把语文课教成了政治课。1953 年以后,语文教学也强调学习苏联的经验,把课本中的某些课文当文学作品去教,于是将人物形象、作品分析等一套教文学的名词术语都搬过来,这就把语文课教成了文学课。

我在 1979 年写了一篇《三十年来中小学语文课教学的回顾》,文中说:由于有把语文课教成政治课或文学课的现象,这才使人们不得不考虑:语文课的性质和任务究竟是什么的问题。这个问题也是长期争论的问题,特别是语文课与政治课的性质与任务,更是争论不清的问题。争论的焦点是语文教学与思想政治教育的关系,也就是如何理解语文教学中思想政治教育的任务。本来语文课是工具课,是培养学生掌握语言文字这一工具的课程。这是它的性质。它的主要任务应该是训练学生识字、写字,培养学生的阅读能力和思维能力,培养学生的口头语言和书面语言的表达能力。语文教学也有思想政治教育的任务,但它不是语文课的主要任务,也不应是与培养语言文字能力并重的任务。其理由如下:

1. 语文课与政治课各有其独特任务。语文课的独特任务是培养语文能力,而且语文能力的培养只有靠语文课来完成,别的不能代替。诚然,语文课的政治性很强,但政治性很强也不能改变它的独特任务。历史课也是政治性很强的课,我们不能因此说思想政治教育是历史课的主要任务,或说是与传授历史知识并重的任务。以思想政治教育为独特任务的,只有政治课一门。

2. 就教材的编选来讲,语文课与政治课也大不相同,政治课是进行思想政治教育的主要课程,编选政治教材必须全部着眼于政治内容,而且这些材料必须选取得完整,编排得有系统。语文教材的编选则不同,属于思想政治教育的课文应选多少,应选哪些,都无严格限制,编排体系更没有一定规格,应主要着眼于提高学生的读写能力。

3. 就教材的讲法而言,语文课与政治课也很不相同。教语文必须通过讲清楚字词语句、篇章结构,让学生理解课文内容,不应架空只讲道理。教政治则主要在让学生领会课文的精神实质,字词句篇几乎可以不讲。用教政治课的方法教语文,把语文课教成政治课,这是完全错误的。因为它抹杀了语文课的特点,不能完成语文课独特的任务。

语文课是工具课,有其独特任务,这本来是很清楚的。把语文课教成政治课, 或者把思想政治教育与培养语文能力并列为语文课的双重任务,这是强调政治挂帅过了头,强调语文课的政治性过了头的结果。这种过头的强调是政治上极左路线的产物,是多年来语文课的性质、任务混乱不清的原因,是历史给予我们的惩罚。

(原载《西北师范学院学报》社科版,1984 年第 4 期)

第三辑
教育学与人才培养

对三岁前幼儿语言发展教育的试验

（1980 年 5 月）

　　近来国内外研究儿童教育的人，似乎都有这样的看法：过去人们把婴幼儿的智力都估计过低，以致儿童有很大的潜力没有充分发挥出来；如果发挥出来，教育的成效会是惊人的。我很相信这一看法。儿童的语言能力是其智力水平的主要标志，儿童的语言发展是其智力发展的重要基础。因此，发展儿童智力应从发展儿童语言入手。我国一般家庭的孩子，主要是靠自己模仿别的儿童或成人学习语言，大人对其语言发展很少有意地指导。不少托儿所、幼儿园，对孩子也是抚养多、教育少，对语言教育的方法是较差的。如果能够改变这种局面，根据儿童身心的发展，遵循客观规律进行语言教育，儿童的语言能力，一定会大大提高，从而促进儿童智力的发展。

一

　　我身边有一个小外孙名叫乔岳。1979 年 8 月，他已一岁零四个月了，会说简单的词语。当时我想对他做一个试验，有计划地指导他学习语言，看看效果如何。我自己身体不好，视力尤差，每次看书不能超过一小时，要不断地休息。于是，从那时起，我在休息的时候，就带他在室内外散步，随时把眼前的事物指点给他，说："这是桌桌""这是鸭鸭"。他有时也随着说："桌桌""鸭鸭"，有时不说，只是听，看来很喜欢。

对乔岳语言发展的指导,一开始我只有三点简单的想法,一、有一个谚语说:"我听了,我忘掉了;我看了,我记住了;我做了,我懂得了。"我认为这应该是教育小孩子学知识的一个重要原则。因此,我尽量让孩子多看,可能时并让他动手做,从看与做中说给他听。二、让孩子先尽量认识具体事物,学说事物的名称,先学具体的词,再学较抽象的词。三、在会说相当多的词的基础上,再逐渐兼教简单的语句。这三点简单的想法,也可以看作我最初遵循的三条原则吧。

经过两个月的有意指导,待到乔岳一岁半时,我对他的语言程度做了一次考查、记录,学习成果如下:

1. 会说的词有爸爸、妈妈、爷爷、奶奶、姐姐、妹妹、哥哥、弟弟、姨姨、姑姑、舅舅等亲属名称;眼、耳、口、鼻、手等器官名称;帽、鞋、袜、袄、裤等衣服名称;锅、盆、筷、盘、盖、刀、桌、椅、凳、剪、针、线、布、包、瓶、缸、灯、门、棍、画等用具用物名称;瓜、果、糖、米、饭、菜等食物名称;猫、狗、鸡、鸭等动物名称;花、草、树、叶、水、土等自然物名称。共计会说七八十个词,说时多用重叠的方式,如"帽帽""门门""灯灯""猫猫"。也会说一些动词和形容词的字,如抱、戴、拿、提、看、怕、大、小、高、低等。

2. 会说一些两三个字组成的词,如大姐、案板、布袋、头发、眉毛、洋芋、浆糊、茅房、苍蝇、小门门、大瓜瓜、黑洞洞等。有些两个字的词,开始只说一个字,前加一个"阿"字,如说头发为"阿发",浆糊为"阿糊",随后便逐渐改正了。

3. 会说少量的短句,但许多是省略的、不完整的话,如戴帽帽、提水水,看书书,拿钢笔,抱娃娃等,有时会说妈妈抱娃娃。惊讶时会说"啊哟!"听到怪声时会说"怕"。

4. 自己不会说,别人问时能指出来的,有毛巾、草帽、火柴、勺子、水桶、热水瓶、热水袋、电话机、收音机、报纸、书本、梳子、照脸镜子、眼镜、眼镜盒、手表、厨房、阳台、雨鞋、毛主席像、列宁像、月亮、石头、鸽子、羊、猪、牛、牙刷、牙膏、肥皂、花瓶、拖把、扫把、抹布、簸箕、黑板、粉笔、枕头、茶杯、枣子、豆荚、白菜、辣子等共计六十来种。

5. 自己不会说，但能听懂并会照着去做的话，有闭住门门，拿来小板凳，找枕头来，小心跌倒，不要抓，慢慢走，叫爷爷来吃饭，拿抹布来擦桌子，拿拖把来擦地，快找妈妈去，等等。还有一些动词、副词、形容词的字，不会说，但能理解，如走、跑、睡、起、坐、打、骂、哭、笑、烫、冷、冰、快、慢，等等。

6. 会主动做一些有理解的活动。如要求吃糖时，会拉别人到放糖的柜前，指点开柜找糖；要开灯时，知道拉灯线；撒落水时，自己会找抹布去擦，等等。

二

在上述语言和智力的基础上，我从乔岳一岁半时开始，又进一步指导他学习语言一年半，直到最近他满三周岁为止。在指导他学习语言的过程中，随时记录一些教法和收到的效果以及某些体会。实践是认识的源泉，在这一年半指导他学习语言的过程中，同时向小孩子学习，把我原先遵循的所谓三条原则，不断加以充实，逐渐具体化为十一条，现分别介绍如下：

(一)随时随事指教，感兴趣时多教，无兴趣时即止

教孩子学语言，特别在三岁以内的时期只能在玩中去教，在玩中学习，绝不能强教。如果孩子不愿接受还要硬教，就会挫伤孩子学习的兴趣，不只无益，而且有害。在乔岳一岁半以前，我教他认识室内的东西时，指着桌子说"桌桌"，指着门说"门门"，指着碗说"碗碗"；他喜欢听，喜欢说，就再指再说，让他边听边说，如不喜欢，就不勉强了。他两岁以后到动物园里看动物，他很喜欢看猴子玩，就让多看一会儿，

并指点他观察猴子动作的花样;他不喜欢看鸟,就少看;他怕看狗熊,就暂不去看。要顺其自然,随其兴趣而指教。孩子的认识在发展,兴趣也在发展。随其认识与兴趣的发展而改变,提高指教的内容与方法,这也就是循序渐进的教法吧。序,应该就是孩子认识的客观规律。

但是,随孩子兴趣教,也不是完全放任自流。既是教育,就要有目的、有意识、费考虑、有计划;要千方百计想办法,要求教的多、得的多,争取事半功倍。因此,对孩子的兴趣要启发、诱导,要扩大、提高。

(二)教知识与教语言相结合

这里有两层意思:一层是说教语言时,要小孩子明确有关的知识,不是鹦鹉学舌般地只会发音而不明其意义。即使在一岁半以前,教孩子认识室内东西,也要指饭说饭,指水说水,使孩子明确知道饭是什么东西,水是什么东西,名实一致,绝不含混。两岁左右,我教乔岳认杨树时,指着校园里高高的杨树说:"这是钻天杨,它长得瘦瘦的、高高的,钻到天空去了。"这么一说,他的印象很深,钻天杨的名字就记住了。要把知识教明确,教时用的语言一定要让孩子能懂得,决不能说大人话。另一层是教知识时,要小孩子学说有关的语言。这就要求大人说的话不但要小孩子能懂,而且要小孩子能说。因此,大人要学习小孩子说话的方式。乔岳两岁七个月时,我带他在校园里玩,看到枫树,我就说天气冷了,枫树的叶子变红了,并指着让他看。我再一句一停地重复着说,让他也一句一句地跟着说。走到柳树下,我指着说,柳树的叶子不是变红,是变黄了。他看了之后,也同样说柳树的叶子不是变红,是变黄了。再走到松柏树前,我指着说,松树、柏树最厉害,不怕冷,叶子还是青青的,他也照着说了。这样,从学知识中学了语言,不但发展了语言,同时更加深、巩固了所学的知识。

(三)先教特征显著的东西

在乔岳两岁前后,到动物园我教他认识动物时,先教他认识猴子、孔雀、骆驼、熊猫几种,因为这几种动物的特征都比较显著。猴子会玩的花样多,孩子们最喜欢;孔雀开屏时特别漂亮,引人注目;骆驼高大,样子又怪,也能引起孩子注意;熊猫的花脸也很特别,小孩子看了容易记住。乔岳两岁半前后,我教他认花时,先教他认美人蕉和倒挂金钟。因为美人蕉的叶子最大,花也很大,容易引起孩子注意,也能记牢;倒挂金钟的名字就说明了花的姿态,也容易注意、记牢。

（四）引导比较事物的异同,注意事物的特点

观察事物,比较异同,认识事物的特点,这是科学研究的重要方法,儿童从小就应该训练这种能力。在乔岳一岁半以前,我指室内的桌与椅、盘与碗,让他细看,指出二者的异同与各自的特点;在校园里让他看牛与马、鸡与鸭,也指出二者的异同与各自的特点。到乔岳两岁左右时,我教他认识校园里的杨、柳、松、柏等树。先让他看杨树,高高地钻到天空,叫钻天杨,也叫杨树;以后又让他看柳树,也是高高地长到天空,但细细的柳条又垂落下来,叫垂柳,也叫柳树,后来又让他看针叶的松树,叶子一丛一丛像马尾的毛,叫马尾松,也叫松树;隔些日子又看叶子青绿像松,但不是针状,也不扎人,这叫柏树。这样小孩子就容易识别四种树各自的特点及每两种间的异同了。后来我带乔岳到动物园认识虎与豹、狼与狗时,也用同样的方法,指出虎豹相似,但虎身上的花色是条纹,豹身上的花色是圆钱形;狼狗相似,但狼的尾巴是拖下来的,狗的尾巴是卷上去的,狼的耳朵是上立的,狗的耳朵是下垂的。又有一天,我和乔岳走到学校大礼堂门前,他说:"这是图书馆。"我说不是,便把他带到图书馆楼前,指出图书馆和大礼堂都是大房子,但图书馆比大礼堂高,上边有个小楼,楼上还有个大钟表,而大礼堂却没有这些东西。这样指出特点,比较异同的去教,小孩子就会把事物认识得很明确,同时也训练了他的观察能力与习惯。

（五）由个别到一般，由笼统到具体

乔岳一岁半前后，我教他认识动物时，多半是先教具体的名称，以后再教较抽象的总称（一般）。如先认识麻雀、乌鸦、老鹰、鸽子，隔了很久，才教这都是飞鸟，是在天空飞的；先认识牛、马、猪、羊、虎、狼，很久以后，才教这都是走兽，是在地上走的。可是，有时似乎与此相反，不是先个别而后一般，倒是先一般而后个别，准确些说，就是先笼统而后具体。如公鸡和母鸡（特别是来杭鸡），小孩子很难分辨其差异，应先教鸡，以后再分公母。动物的特点还易识别，植物是静止的，本来小孩子就不大注意，其间差别更难分辨。因此，我原先教乔岳认识植物时，不是先认识具体的，而是先笼统分成三大类，教他认识树、草、花。高大的叫树，低矮的叫草，似草而花朵鲜艳的叫花。以后才从树中分辨各种树，花中分辨各种花，草中分辨各种草。我体会这是教小孩子认识动植物的两条不同的途径，都是使认识深化、提高的规律，应该很好运用。

（六）指导认识事物间的联系与变化及其与人的关系

小孩子认识的事物比较多了，指出事物间的联系，指出同一事物的变化、发展，指出事物对人的关系，把孩子的零散知识组织起来，这是又一种使知识深化、提高的工作，可以训练孩子的思维能力。在乔岳两岁时，我告诉他：鸡吃的是米，羊吃的是草，蛋是鸡下的，人可以吃；洋芋可以蒸熟吃，也可以炒菜吃；蒜瓣栽在小盆里，不久可长出蒜苗来，这是冬天的景象。待他到两岁以后，正是春暖花开的时候，事物的变化、发展、联系更好教了。油菜籽种在地里，长出油菜来，结下油菜籽，榨成油，供人炒菜用。麦粒种在地里，长出麦苗来，结了穗，打下麦粒，磨成面，人可以吃馍、吃饼、吃面条。苹果树开了花，结上果子，秋天成熟了，供人吃。在乔岳一岁半时，我教他认识人的头和手在灯光下照在墙上的影子，和人照在镜子里的影子，两岁前后又教他认识人和树在太阳下照在地上的影子,后又教他认识太阳、月亮照在水里的影子,使他很早就弄清楚了影子和实物的关系。生物间和各种现象间的联系,对小孩子来说是大自然的奥秘,是未知的王国,你越指点,他越有求知的欲望,他的知识、语言也就越扩大,越提高。四季变化是比较复杂而难于理解的问题,在乔岳两岁半到三岁期间,我试教他理解这个问题。当他两岁半时,正是深秋天气,我带他到校园玩,反复指点秋天的特征,告诉他现在是秋天了,天气冷起来,花草变枯、变死,树叶变红、变黄,有的落下来;告诉他以后天气还要变得更冷,那就是冬天。当冬天来到时,教他注意水结成冰,下雪,人穿上棉衣,蚂蚁、苍蝇都不见了等特征,让他记住这是冬天。春天来到,天气逐渐暖和,迎春花开了,杨柳树的叶子绿了,蝴蝶、蜜蜂、蚂蚁又出来了,告诉他这是春天。同时告诉他以后天气还要更暖,花草树木长得更加茂盛,人热得只穿汗衫、短裤,那就是夏天。春、夏、秋、冬合成一年,人长一岁。对这个变化只能要求小孩子初步地、粗浅地了解一点儿,不可能理解得很清楚。

(七)在指导利用玩具中进行教育

玩具是很好的教育工具。如积木,小孩子在一岁半左右就可利用,用几块积木垒成高烟筒,用三块积木可以架成一个门。这些虽很简单,但小孩子却很高兴,并能训练孩子手指的运用。随着孩子年龄的增长,积木的玩法应逐渐复杂,可垒成三层、四层的门楼,可摆成汽车、火车,还可摆成动物园里的各种动物。石子本来不是玩具,但是从建筑工地选取一些回来,也可做玩具。可当小鸡,可当小羊,可练习数数,也可根据颜色、形状、大小的不同,练习分类。皮球是好玩具,小孩子虽不会正式拍打,但在手上扔来扔去,在脚下踢来踢去,可以锻炼身体。打秋千,小孩子到两岁以后也喜欢玩,可以锻炼胆量。用马戏枪打橡皮弹,小孩子很喜欢玩,别人指导他要想打准,就要瞄准目标,端平枪,他试几次就学会了,这种玩具可以训练技巧。乔岳的妈妈剪贴硬纸,折成各种动物,这种玩具可教给小孩子有关动物的知识。如把兔子、羊、骆驼等放在一起,说这都是吃草的动物,让他喂草吃;把狮、虎、狼、狐狸等放在一起,说这都是吃肉的动物,让他喂肉吃。这样,小孩子就懂得了草食动物与肉食动物的区别。玩具只要多变化、能引起儿童活动的,就是好玩具,若能与生活联系起来,玩得就会更好。那些只能看,不能变化、活动的玩具,不是好玩具,不好利用来进行教育。

(八)认真答问,鼓励多说,随时纠正错误

有一天,乔岳听他奶奶和别人谈话,说到他爸爸如何如何。他就问奶奶:"你有爸爸吗?"奶奶说:"当然有,谁也有爸爸。"他立刻又跑来问我:"爷爷,你也有爸爸吗?"我说:"有呀!"他又问:"在哪里?"我说:"他老得很了,早就死了。"这使他又增加了一种知识。我带乔岳到校园玩时,常把当时看到的新奇事物,或在外边做了的活动,让他回家后向奶奶或妈妈汇报。为了加深他的印象,使他回家后能够讲出来,我便在看的过程中,随时提醒他说:我们今天看到金银木结上红果果了;我们看了学生打篮球;我们看到喷泉不喷水了,等等。我用简明易懂的话做个示范,他就很容易学着说,并鼓励他回家后告诉别人。这样,他虽不一定能讲完全,但能讲一些。另外,在小孩子想说一件事而又不能表达清楚时,大人应帮他说清楚。一次,乔岳对我说:"公共汽车不让小狗坐,下去,下去,你说可笑不可笑?"那时他两岁多一点。我说:"你是讲你妈妈讲的那件事吧?一个坏娃娃,拉一只小狗上公共汽车,售票员说汽车上让人坐,不让狗坐,下去,下去。"这样随时指点、帮助,小孩子的语言就容易提高,容易说完整、通妥。有时小孩子把书柜子误说成书架子,把体温计误说成温度表,都应及时纠正,并说明其差别。由于小孩子的模仿性强,因此大人对小孩子的一言一动都要注意,要考虑后果。一天,乔岳向他妈妈要糖吃,他妈妈给了两块。乔岳问，"你从哪里找的？"她妈妈随口说："我从屁股底下摸出来的。"当天下午，家里来了客人，奶奶让乔岳拿糖给客人。客人问他糖是哪里来的？他也说："我从屁股底下摸出来的。"我随即改正说："不要瞎说，屁股底下那有糖？是从糖盒里拿的。"

（九）实物与图画、儿歌、谜语、故事相印证

小孩子如果先看过图画，听过儿歌、谜语、故事，再见到实物时，应该前后联系，认真指点，让其细密观察，以便互相印证。乔岳在图画上看过老虎，到动物园时，就让他细看老虎身上的花色是不是条纹式的；在图画上看过狐狸，到动物园时，就让他细看狐狸的尾巴是不是特别粗。他在儿歌里学过"小鱼小鱼游游游，摇摇尾巴点点头；一会儿上，一会儿下，好像快乐的小朋友。"到学校生物园看见金鱼时，就让他背诵这一儿歌，看看金鱼的游法是不是那个样子。他平时学过"麻屋子，红帐子，里边睡一个白胖子"；"红眼睛，白衣裳，尾巴短，耳朵长"等谜语，在见到花生和兔子时，就让他细看是不是那样的。我给他讲"乌鸦喝水""猴子捞月亮""司马光击缸救儿""文彦博灌水取球"的故事，都拿儿童读物或课本上的图画给他看，以加深印象。如果先见过实物，后看到图画或听到儿歌、故事，也应联系指点，互相印证。

（十）有理解才容易记牢

要让小孩子记牢一个词，最好能按照小孩子的理解方式，将其意义解释清楚。我教乔岳认识龙爪槐时，让他先看清龙爪槐的枝，是弯曲下垂好像龙的爪子，他就容易记牢了。教他认识钻天杨时，也用这个方法。兰大校园里有一种观赏树叫红叶李，叶子从春到秋常是红色的，教他认识时解释清楚树名的意思，他就记住了。学校生物园里有虎皮鹦鹉，羽毛颜色呈条纹式，对乔岳说清楚为什么叫虎皮鹦鹉，他理解了，也就记住了。经常对词语加以通俗解释，可以帮助小孩子记忆词语，习以为常。小孩子对听到的不理解的词语，喜欢提出问题，要

求解答。乔岳常提出不懂的词问人,听别人说某人出差了,他就问什么是出差? 听别人说家里请了个保姆,他就问什么是保姆? 听别人说邮局寄来个包裹,他就问是不是寄来苞谷面? 听别人说到何处坐公共汽车要倒车,他就问是不是车要翻倒? 对诸如此类的问题,我都通俗地予以解答,理解错的加以纠正。好问是求知的前提,是大好事,应该鼓励。要让小孩子记牢一种现象,大人要把话说具体些,生动些,使他有深刻的印象,乔岳两岁半前后,正是深秋天气,他一吃完早饭,便拿起蝇拍子,准备打苍蝇。我当即告诉他:"现在天气凉了,苍蝇不穿衣服,怕冷,现在藏在角落里不出来,等到太阳照在窗上,暖和了,它才出来爬在玻璃窗上或纱窗上晒太阳,那时才可以打它。"他听得笑了,后来也告别人说:"苍蝇不穿衣服,不出来,怕冷,太阳照到窗上才出来。"但是,对空间的大小、高低、远近的比较,对时间的白天、黑夜、早上、晚上、昨天、明天、一天、一月的比较,是较难给婴幼儿解释清楚的,只能适可而止,慢慢来。数目就更难理解,不可强教。

(十一)从零散到系统,训练分类能力

前边讲过的"从个别到一般,从笼统到具体","认识事物间的联系与变化",都是把知识组织起来的方法,使知识从零散到系统。分类,是更重要的组织知识的方法,是科学研究的方法之一,在幼儿时期可以进行简易的训练。在乔岳两岁左右时,我告诉他,麻雀、鸽子、喜鹊、乌鸦、老鹰,都是在天空飞的,叫飞鸟;牛、马、羊、猪、狗、猫、狼、虎,都是在地上走的,叫走兽。我和乔岳玩积木时,让他把同色、同形、同大小的挑选出来,放在一起。我和他玩石子时,也让他把同色、同形的挑选出来,放在一起。我和他玩剪折纸兽时,也让他把羊、马、兔、骆驼放在一起,喂上草吃;把狮、虎、狼、狐狸放在一起,喂上肉吃。这也是训练分类,让小孩子会从某一个角度看,把相同的归到一起,这对逻辑思维的训练是有好处的。

三

从乔岳一岁四个月开始,我有意识地对他进行语言教育的试验,直到最近他年满三周岁,共计教育了一年又八个月。其结果,他的语言表达能力是比较强的,智力的发展也是比较快的,就语言中运用词汇的情况说,一般日常生活中接触到的用具用物的词汇,亲友人事往来用的词汇,家里人上班、上学常说的词汇,动植物与天体、气象常识的词汇,他几乎都能听、能说;就语言的句型类别说,陈述向、疑问句、祈使句、感叹句都会说;就句子的结构说,会说复杂一些的单句,也会说一部分简单的复句(如"我一边吃饭,一边看电视","爷爷把皮球扔过来,我把皮球扔过去"),只是不会说复杂的复句(如用"因为……所以""虽然……但是"等连词的句子)。如何表述他已达到的语言能力与智力水平,我想不出很精确的办法,现在只根据我平时记录的部分资料,归纳成八个方面,粗略地表述如下:

(一)知道不少的词汇

要全部、系统地列出他知道的词,是不大容易的,这里只列出他会运用的副词和各种虚词, 因为这在一定程度上可以反映一个孩子的语言表达能力。另外把他认识的动植物的名称也列出来,这也可以反映他自然知识的一部分。

1. 会用的副词:很、最、顶、非常、尤其、特别、特、更、都、总、总是、一齐、多么、只、已经、刚才、刚刚、刚、马上、常、还、还是、又、也、再、准、不、没、没有、别、不要、就是、是、当然、也许、反正、果然、其实、明明、只好、突然、忽然、到底、是不是。

2. 会用的虚词:

介词:从、到、在、赶、朝、和、跟、给、叫、让、比、对、替、把、经过。

连词:和、跟、或者、如果。

助词:的、了、着、过。

叹词:哈哈、哎呀、喂、嗯、唉、哎哟。

语气词:吧、吗、呢、啊。

3. 认识的动物:猫、狗、猪、羊、马、牛、骆驼、鸡、鸭、鹅、鹤、狮、虎、豹、狼、狐狸、兔子、猴子、狗熊、熊猫、松鼠、老鼠、麻雀、鸽子、燕子、鹦鹉、孔雀、老鹰、猫头鹰、啄木鸟、乌鸦、鱼、青蛙、乌龟、蜻蜓、蝴蝶、蚂蚱、蜘蛛、蚂蚁、蜜蜂、苍蝇、蚊子、花大姐(瓢虫)、蝈蝈、蛇。

4. 认识的植物:一串红、美人蕉、迎春花、榆叶梅、丁香、倒挂金钟、仙人头、仙人掌、牡丹、灰灰草、苦菜、苍耳、枸杞、狗尾巴草、喇叭花、蒲公英、杨树、刺刺头、柳树、松、柏、塔柏、马尾松、龙爪槐、枫、云杉、红叶李、金银木、小麦、玉米、油菜、向日葵、洋芋、白菜、葱、茄子、西红柿、黄瓜、韭菜。

(二)会说一些儿歌、谜语、快板、故事

乔岳在两岁左右时,会说短儿歌两三个,两岁半以后,共会说十来个儿歌,如老鸡骂小鸡、小燕子、小老鼠、小鸽子、小鱼游游、小板凳、红绿灯、我家小弟弟、我有两只鸡、我家有只狗等。还会说十来个谜语,如花生、兔子、猴子、眼睛、头发、小腿、鞋子、笊篱、皮球、月亮、星星等。最近两月,快到三岁时,乔岳对短的儿歌已不感兴趣,喜欢他妈妈给他说快板。他要求反复说,听得很起劲,也学着说。他已能说《炊事班》这一快板,共有十几句;还能说《南京路上好八连》中一段讲南京路的,共有二十句。有时对个别一句说不来,别人提示一二字,也就想起来了。对快板里的词句,他绝大部分能理解,有时还能随机引用。如他妈妈给他剪折硬纸成各种动物时,他高兴地说:妈妈是"手又巧来心又灵",这是《战士之家》快板里的一句原话,引用得很恰当。又一次,他高兴地吃点心时,忽然说:"我心里激动难开口",这是《南京路上好八连》快板里的一句,引用的也比较恰当。乔岳把硬纸剪折成的动物摆在桌上，是他的动物园。一天，他高兴地说他的动物园是"繁华热闹有色彩"，这也是《南京路上好八连》快板里的一句。比起说快板来，乔岳讲故事的能力较差。本来在两岁时，他就能断断续续地讲《乌鸦和狐狸》《小猫钓鱼》《三只熊》等故事，两岁半时又会讲《司马光击缸救儿》《文彦博灌水取球》等短故事，可是在两岁半以后，他妈妈不断买配图的故事书给他讲，讲的故事数量多，一个故事重复讲的次数少，孩子反复听的机会少，自己说的机会更没有。学的虽多，但练得少，不易巩固。因此，他三岁时会说的故事还是很少的。这是教育方法上的经验教训之一。

（三）跟人对话能表达清楚

乔岳两岁半时，他妈妈出差去了，写信回来，乔岳把信要去，要求别人把对他写的话念给他听。有一天，别人问他："你妈妈到哪里去了？"他说："到北京、上海出差去了。"又问："妈妈给你来信了吗？"他说："来了。"又问："信上说什么？"他说："岳岳，你好，妈妈给你买好东西，你要听爷爷、奶奶的话，不调皮。"乔岳在两岁半以后，他和人说话，不但能表示同意与否，有时还能随机表示尖锐的反对。有个同志跟他开玩笑说"你妈妈不好，是坏蛋。"乔岳立刻："妈妈不是坏蛋，你是坏蛋。"到两岁十个月时，乔岳有时能够巧妙地回答别人的问话。有一天，他哥哥向大人问学习上的问题，大人正忙着，没有立刻回答。乔岳说："你问我吧，我懂得。"哥哥就故意问他了，他说不上来。哥哥说："你为什么不给我回答？"他说："我又不是你的老师。"又有一天晚上，家里的人都坐在外屋，看书的看书，说话的说话。一会，乔岳也来了，他坐在地板上。奶奶说："你怎么坐在地上？"他说："我没有座位。"大家一看，真的没有空座位，大家都笑了。

（四）会说较难的词语和句子

乔岳两岁左右时，我和他玩积木，他玩得不大喜欢玩了，便说：

"爷爷,算了吧。"一天,我有点头疼,拿出止痛片,找茶杯倒水,他说:"爷爷准备吃药了。"我吃罢饭摘下镶的牙齿冲洗,他看见了,惊讶地说:"大牙齿怕人!我的妈呀!"一天,乔岳的哥哥在窗口瞅了一下,说:"外边有一辆小卧车。"乔岳也爬上窗口,看了之后说:"我以为哥哥骗人哩,不是,真的有一辆小卧车。"在上述句子中用的"算了吧""准备""我的妈呀""以为"等,都是两岁左右的小孩子不容易说出来的。当他两岁半时,有一天他的感冒稍好了些,我问他:"你的感冒好了没有?"他没有立刻回答,停了一下,之后说:"我的咳嗽没有好,我的鼻涕不流了。"他似乎能理解咳嗽与流鼻涕都是感冒的现象,所以他不简单回答感冒好了或是没有好。当他到两岁十个月的时候,一天,下了雪,张老师给我和乔岳照了相。照罢,我带他回来时,他说:"爷爷!我们自己买个照相机就好了。"第二天他和哥哥玩,哥哥说"你不听我的话,小心我打你。"他回答说:"你敢打?你打我,奶奶不骂你才怪呢!"乔岳快到三岁时,有一天我和他到学校生物园玩了一趟,他回来对人说:"我跟爷爷到生物园玩得很高兴。"一天,天气闷热,似要下雨,他说:"天气闷乎乎的,风不刮,树不摇。"这时他正在楼下骑小三轮车,下来雨点了,我说:"咱们回家吧!"他接着说:"风吹雨打我都不怕。"以上这些话,似乎都是三岁前的小孩子不容易说的。

（五）能辨别语言的差错,也会绕弯说话

在乔岳两岁两个月的时候,有一天他自己吃饭,把饭粒撒在桌上,奶奶说:"看你把饭撒到地上了!"他立刻纠正说:"不是撒在地上是撒在桌子上嘛!"又一天,他拿起一本《世界知识》刊物,翻开一篇文章里的小图,指着问我:"这是什么?"我说:"图太小,我看不见。"他说:"不是看不见吧,是看不清楚吧?"当他两岁半的时候,有一天他妈妈洗衣服,乔岳拿一个东西玩,几乎掉在洗衣盆里。他妈妈说:"看你把东西掉在盆里了。"他说:"其实没有掉进去。"乔岳想干什么事,怕别人不允许时,还会说一些绕弯的话。当他两岁四个月时,有一天我在楼下用铁锨平地,他也想拿铁锨玩弄,于是对我说:"爷爷,你休息休息吧,给我铁锨!"又一天,他妈妈洗衣服,他想在洗衣盆里玩水,就说:"妈妈,我帮你洗衣服吧!"

（六）有一定的观察力与注意力

乔岳在一岁半左右,对室内陈列的东西就很注意,什么东西在哪里放着,他多半知道。谁拿走了什么,或者什么东西移换了位置,他就发现了。在他两岁时,家里人说他认识他妈妈的自行车,我不相信。有一天,一楼门洞里放着三辆新旧相仿的自行车,他妈妈的也在其中。我带他去看,让他指出他妈妈的自行车来,他果然指对了。我很奇怪,问他:"你妈妈的车,什么地方不一样?"他指着绿色的车锁说:"有这个。"原来他注意了绿色车锁这个特点。他非常喜欢坐汽车、看汽车,认识各种汽车。有一天他对我说:"什么汽车都有方向盘,没有方向盘就不能开动。"乔岳能观察到汽车的这样一个特点时,他才两岁半。一天,奶奶洗出小衣服,找不到小衣架子,问谁都不知道在哪里。乔岳在旁插嘴说:"妈妈房门后不是小衣架子吗?"奶奶去看,果然在那里。又一天,乔岳随奶奶到学校后门,同院刘奶奶对奶奶说:"真糊涂,刚才上街忘了把信放到邮箱里了。"乔岳说:"后门跟前不是也有信箱吗?也能放信嘛!"刘奶奶高兴地说:"活得还不如小娃娃!"一天晚上,大家正准备睡觉,乔岳说:"妈妈的自行车还没有拿回来。"他妈妈就跑到楼下把车子推上来,大家都说今天岳岳立了一功。

（七）有较好的记忆力与理解力

乔岳的记忆力比较好。在他两岁的时候,家里人和他一同去过一次白塔山公园。过了半年,我们又带他到该园去玩,走到半山腰一个亭子时,他爬上亭子栏杆坐板上说,从前我在这里睡过。据他妈妈说上次来时,他是在这里躺过。上次来白塔山时,正是布谷鸟在树荫里叫的季节,他哥哥曾用弹弓打过布谷鸟。对这件事,乔岳也能记得。此外,还是在乔岳两岁半前后,客人常爷爷送给他大姐一个书包,送给他哥哥一支钢笔,别人问乔岳"常爷爷给了你什么?"他说:"给了我衣服。"别人问:"就是你身上穿的这件吗?"他说:"不是,这是老家姑姑给的。"老家姑姑给衣服也在半年以前,但他仍然记得。乔岳的理解力,从前边讲过的实例看,也是比较好的。但他对时间、空间、数目这几种抽象的概念的理解却相形见绌。他对空间的大小、长短、高低还能理解;对远近就模糊了。他对时间的白天、黑夜、今天还明白;对上午、下午、昨天、明天就模糊了。他把昨天理解为过去、以前,把明天理解为将来、以后。他在数数目上,两岁时能理解三以内的三个数。以后很长时间没有注意教他,最近两个月才利用玩石子,练习数数目,他能指着实物数到五、六,有时能数到十,但很没有把握。他对时、空、数目的理解较差,主要原因是我没有抓紧教,教法上也未找到窍门。

(八)爱好能变化、能活动和具体形象的事物

小孩子的主要爱好,能反映其智力。在家庭生活方面,乔岳很能注意事物活动、变化的关键。他很小的时候,就看见人们把水龙头一拧,水就流出来,再一拧,水就不流了,他喜欢玩水,因而就很喜欢拧水龙头。他对电灯的开关也很注意,要学着开和关。家里箱子、抽屉上有锁子,用钥匙才能开,因而他对钥匙特别感兴趣,总要找机会学着开锁。他对收音机和电视机上的旋钮极感兴趣,有机会就试学开和关。这些他都学会了。他对汽车的方向盘,也很感兴趣,总想摸摸。他最喜爱《看图识字》等图画书,不是认字,只是看图,把书当玩具。其次喜爱积木和石子,因为可以变着花样玩。他喜欢用马戏枪打橡皮子弹,因为可以有不同结果,又能练习技巧。他也喜欢扔皮球、骑小三轮车、打秋千、捉迷藏,因为这些能活动,他爱到校园去玩,尤其爱到学校生物园和五泉山的动物园去玩,因为这既能出外活动,又能见到许

多新奇事物,满足他求知的欲望。

四

我在对幼儿语言发展的试验教育期间,曾翻阅了一些外国教育的译文资料,发现近年来国外生理学、心理学、教育学对婴幼儿的教育,进行了大量的研究,出现了惊人的突破,使我们更清楚、更客观地理解了人类行为、心理机制和学习过程。

大脑神经生理学阐明:人的大脑发展的关键时期是出生后第五个月到第十个月,到第二年的末期,大脑就完成了它的成长过程。儿童五岁时的脑重已经达到成人脑重的百分之九十五。这些研究表明:人的大脑还有很大一部分潜力未加利用,据某些权威学者估计,大脑未加利用的潜力高达百分之九十。如果能得到更加有利的发展条件与新型的教育,人脑就能把应创造的才能发展到不可想象的限度。可是相反,如果在生命的头四年的时间内营养不良,就会使儿童在入学年龄时表现出智力平庸;教育的缺陷对大脑的发展会带来更不利的影响,可能给大脑的发展带来灾难性的后果。学前儿童不仅有游戏、运动的社会需要,同样也有知识的需要,有理解、领会和揭示等的求知欲,这是生活的最大动力。

美国的一位心理学家布卢姆,在1964年发表了他的研究成果《人类特性的稳定与变化》。据美国有关人士的调查分析,这一研究成果应列在十五年来最有意义的十项教育研究的首位。近年来美国、法国、比利时、波兰等许多国家学前教育的有关资料,往往引用这一研究成果。目前在高度工业化的国家里,已确认学前教育是一个决定性的时期。布卢姆的研究以先前发表的近千个有关人类特性的"追踪研究"为基础,进而提出了他的重要假设:

第一,五岁前是智力发展最为迅速的时期。他说与十七岁时所达到的智力水平相比,四岁时就有约百分之五十的智力,其余的百分之三十是四岁到八岁获得的,最后的百分之二十是八岁到十七岁获得的。他还说环境对智力发展的影响,在智力发展极为迅速的时期(四岁以前)为最大,而在变化极为缓慢的时期则甚小。

第二,儿童学业的成败,在很大程度上取决于早期经验。生命最初的五年里获得的知识,对他以后的学业有着重大的影响。学生的学业成绩,至少有三分之一在他六岁进小学一年级时已经定型。幼儿时期被剥夺了智力刺激的儿童,永远达不到他们本来应能达到的高水平。

上述研究成果,有力地说明了婴幼儿时期的教育是极其重要的。

苏联近年来最著名的教育家、心理学家赞科夫,进行了二十年的教育实验与研究,提出了他的新教学论的原则:制定了新的小学实验教育计划各科教学大纲,编写了各科教科书和教学参考书。他的新教学论的原则的第一条就是在高难水平上进行教学。根据这一原则,教师在每堂课的教学过程中,要给学生十分丰富的知识,使学生集中全部智力吸取它,由此来加快学生的发展速度。美国近年来最著名的教育心理学家布鲁纳 1960 年出版了《教育过程》一书,这书被评为最重要最有影响的教育著作之一,已被译成二十三种文字。《教育过程》中提出,儿童智力发展的每个阶段,都有它自己观察世界、解释世界的特殊方式;给任何特定年龄的儿童教某门学科的任务,就是要按照儿童自己观察事物的方式去进行。这样,任何学科的基础知识,都可以用某种形式教给任何年龄的儿童。这两位教育家的意见,都是要我们认识并利用儿童认识发展的客观规律,改进教学方法,大大提高儿童的学习效果。他们讲的虽都是小学教学原则,但我认为这些原则对婴幼儿的教学,也同样适用。

我用了一年又八个月的工余时间,对一个幼儿的语言发展进行了试验与教育,取得了一些成效。但是比起上述近年来国外科学界认定的婴幼儿发展的潜力之大与教育上可能达到的水平之高,差距是很大的。我殷切希望担任婴幼儿教育工作的同志和婴幼儿的父母,认真学习国内外关于婴幼儿教育的理论与经验,加意培养祖国可爱的花朵,高标准、高要求地教育我们的新生一代,使其顺利成长为明天祖国的栋梁之材。

（原载《教育研究》,1980 年第 5 期）

改进教学，更有效地培养人才

（1980 年 8 月）

　　四个现代化的建设，关系着我们国家的前途命运，是当前最大的政治。时间在飞逝，我们必须树雄心，立壮志，狠狠抓住这个最大的政治，专心致志、同心同德地干下去，一天也再不能耽误了。

　　在这个大前提下，我们高等学校必须承担的光荣而艰巨的任务，就是快出人才，多出人才，出质量高的人才。要完成这一任务，高等教育方面有一系列问题需要解决。仅就学校内部说，全校的工作，自上而下，各个部门，都必须有所改进。我这里只就与教学有直接关系的课程、教材、教学方法三个方面，讲一些个人的看法。

一、关于课程问题

　　关于大学的课程问题，我没有做系统的研究，现在只就下列四个问题，参考外国经验，讲一些我们的情况与改进意见。

　　（一）课程门类的多少与互相配合

　　根据社会的需要与学生接受的可能，一个专业课程门类的多少应该适当，太多了，负担过重，太少了，学生吃不饱，都不符合教学的要求。我国高等学校 20 世纪 50 年代的课程体系，特别是理工院校的课程体系，基本上是从苏联搬过来的。1958 年曾做过一些改革，但那个体系的痕迹还是存在着。苏联高等学校 20 世纪 50 年代开设的课程，一般偏多，一个专业往往有三十来门，教材分量又重，我国学生学起来困难较大;在今天内容也是很陈旧了。最近三年来,我们对课程安排做了一些调整,但改变不大,总的说来还是偏多。如兰大的地质地理系、数力系、物理系的有些专业,四年共开二十好几门课,一学期同时开的课程,多则七八门,少的也有六门,中文系一年级同时开七门课,都嫌太多。我看了一些有经验的教师的论文,也征求了校内一些教师的意见,初步设想:一般专业,四年内基础课与专业必修课共设十六七门,另外指定选修与任意选修课,每个学生再有四至六门,共计二十门稍多即可。当然,各专业可以稍有不同。至于用三五周即可讲完的专题讲座,可不受此限制。有人认为某些专业的课程虽多,但都是必要的,减不下来。果真如此,那就所用教材,不能求完整体系,只能选最必要的讲。

各门课的教学时数,也应安排适当,偏多偏少,也是问题。如历史系中国古代史、近代史、现代史各占一年,结果古代史讲不完,近代史却又讲得太繁,学生听得有厌烦情绪,应该加以调整。我的意见是:古代史至少应占整个中国史的一半时间。

一个专业所设课程相互间的分工、配合,应成一个完整的合理的体系,先修课与后继课应有密切的联系;对必要的知识,各科间应是既不重复,又无遗漏。但是从现在的实际情况看,在这方面存在的问题很多。如兰大物理系一年级讲电磁学、热学需用的数学公式,在高等数学上还未讲到,给教学造成很大困难。应该是一年级的高等数学多教一些,电磁学等课移后一点儿再学,这样就衔接上了。又如物理系一年级的理论课与实验课自成系统进行教学,也有问题:实验课讲义中着重讲实验方法,对理论概念不加解释;理论课还未讲过的内容,上实验课时学生连概念也弄不清楚,盲目地进行实验,效果很差。为了避免脱节现象,理论课与实验课也应当加以适当调整。再如数力系的理论力学与普通物理两门课程内容有不少重复,浪费时间;这两门课与数学物理方程课又有脱节现象,由于衔接不紧密,学生学数学物理方程课有很大困难,这也需要调整。以上所举,都是与教学计划有关的问题。今后教学计划应制订得严密、合理,各科教学大纲也要经过周密的研究,把课程教材间有交叉的地方,集中地适当安排在一处讲清楚,在别处就不要再重复了。同时也要保证知识的连贯性、循序渐进,不能有所遗漏、躐等而进。

(二)关于公共必修课

外国近年来,对于公共必修课十分重视。日本的大学生四年共修一百二十四个学分,一般教育科目,即公共必修课就占三十六个学分,占了总学分百分之二十九的美国麻省理工学院的学生,除学自然科学的公共必修课外,还必须学人文和社会科学七十二个学分,占了四年大学全部三百六十个学分的百分之二十。

外国这样加强公共必修课的学习,其主要理由是:

1. 发展学生口头与书面的表达能力;

2. 加强学生对于构成人类活动的基础理论、基本概念与思想体系的理解;

3. 促进学生对于国家社会的政治、经济、法律机构的认识。

就培养通才而言,上述理由及做法是好的,有可取之处。但从我国实际出发,现在还不能这样办。因为我们的高等学校经过林彪、"四人帮"的十年破坏,学生的程度比较低,教师在数量和质量上,也都难于胜任那样广泛课程的教学。再就我们的社会主义制度而言,我们首先应该强调政治,特别在今天国内外的情况下,需要大大加强四项基本原则的教育,加强马列主义理论基础的教育。因此,我们公共必修课内设哲学、政治经济学、党史等三门政治课是非常必要的,文科还应加授国际共产主义运动史或科学社会主义。这也正是我们教育的先进性。

我们的政治课,作为必修课虽很重要,但也存在问题。当前的大学生因种种原因,有重专轻红、重业务轻政治的倾向,因此,政治课成了不被重视的课,上课时有无故不到的,也有偷看其他书籍的。这种状况必须改变。政治课是讲马列主义理论的,是我们对学生进行政治思想教育的重要组成部分,是学生学习马列主义理论基础,培养革命世界观和人生观的重要方面,是德育的一部分。我们的教育方针是培养学生成为德智体全面发展、又红又专的人才,如果不重视政治课,培养的学生是只专不红的人,那我们的教育和资本主义国家的教育还有什么差别呢? 要改变不重视政治课的状况,只就教师方面而言,应努力学习,提高自己的业务水平;再能解放思想,敢于对现实问题发表自己的观点,改进教学方法,多和学生共同研究、讨论,政治课教学的现状是能够有所改善的。政治课本来还规定每周有一次形势任务教育,这是很必要的;但后来常被别的活动所占用,这也是一个应解决的问题。

公共必修课的外语也有问题。因为学生在中学里有的没学外语,有的学了很少一点儿,因此程度很低。外语每周上课虽只有四节,但复习的时间,每天少则两小时左右,多则三四小时,这就严重影响了基础课和专业课的学习。因此,兰大很多学生对外语学习很发愁,中文系和历史系的一部分学生提出免修外语的要求。免修当然是不恰当的,一个大学生连一门外语都不学,是不合格的。解决这一问题,从现状出发主要还应从提高教师水平与改进教学方法上找出路。就兰大的情况而论,学生学外语困难,一方面是由于学生外语程度低而又参差不齐;另一方面也由于教师的业务能力差,教学经验少。因为兰大的外语系是"文化大革命"后才成立的,水平较高的教师多留在系内教专业课,教外系公共课的教师,有的水平较低。今后要特别加强外语教师的培训工作,教师自己也要抓紧业务学习,认真备课,以改变目前的被动局面,把外语教学的水平大大提高一步。

还有一点我认为应该考虑,就是在大学一年级各个专业都开设《中国语文》的问题。过去南京大学一年级开设了《中国语文》课,最近上海许多大学都开设了,我认为很有必要。现在的大学新生由于受各种影响,其语文水平普遍偏低甚至严重不达标。因此,兰大有的师生也主张在大一普遍开设《中国语文》课,以增补学生的语文知识与提高写作水平;或者开设写作课,着重提高书面表达能力。因为语文是工具课,水平太低,会影响任何专业的学习。我同意这一看法,大一的公共必修课,应增设《中国语文》。如果有很少数学生的语文程度确实高,可以经过考试,合格者准予免修。

(三)关于基础课

对于基础课程,近年来外国也很重视,都在大大加强。如西德在培养工程师的教育中,头两年进行基础教育;日本大学新生入学后,先进"教养部",读两年普通基础课;法国大学理科一二年级的"初学级段",也是对公共基础学科进行集中教学。为什么他们这样重视基础理论呢?因为虽然科学发展的趋势是分科越来越细,但任何分细的学科都与最基本、最普遍的基础理论有一定联系,掌握了基础理论的普遍规律,对研究分细的专业学科有方便之处。实践也充分证明,基础理论掌握好了,适应性强,学习和工作才能有后劲。专业课即使学得少一些,补学起来也比较容易,如果基础课学得差,专业课也不易学好,所学专业课只能适应很窄的需要,要改学别的困难就很大。有了扎实的基础训练,才能有较强的适应性。我国古人说:"根深才能叶茂,源远才能流长",就是这个意思。

我国在"四人帮"横行时期,对高等学校的课程,鼓吹以战斗任务带教学,大破"老三段",火烧"三层楼",取消了基础理论课与专业基础课,只在专业课中选讲一点点基础知识,把基础课教学几乎破坏无余了。粉碎"四人帮"后,基础课教学有了很大的改观。就兰大说,去年上半年学校提出加强基础课教学的问题,经各系讨论后,在统一认识的基础上,下半年把许多有经验的教师(包括正副教授三十八人,讲师一百一十四人),调到基础课的岗位上,大大加强了基础课教学。这就使教学秩序稳定了,教学质量也有所提高,师生都比较满意。

（四）关于选修课

外国大学课程设置的新趋向是选修课开的多。如美国麻省理工学院每个专业一般能开设选修课四五十门,圣戈达加利福尼亚大学的戏剧专业,低年级设选修课十八门,高年级设选修课六十一门,让学生从中选一部分。从选修课占的比重说,法国的大学每年最低总课时为一千一百,其中选修课即占百分之三十五;在选修课中,学校指定的选修课占百分之二十五,学生自选课占百分之十。麻省理工学院的指定选修课与学生自选课,有一种专业占总课时的百分之二十五,另一种专业占总课时的百分之三十七。日本大学的选修课,比重也不小。

他们为什么要设很多选修课呢?这里有社会的需要,也有学生个人的要求,同时也是科学技术发展的必然结果。从社会需要说,把社会上工作中实用的学科列在大学选修课内,学生学了就能在工作中用得上,可以解决社会用人的问题。从学生个人要求说,多设选修课,便于因材施教,发挥学生的特长,也可满足学生不同的兴趣。从科学技术的发展说,现代科学技术发展的趋势是各学科之间互相渗透,使课程内容综合化。因此,在课程设置方面产生了文理结合,理工结合,理工医结合,使学生理解不同学科之间的关联性,培养学生分析综合的能力,以适应科学技术发展的需要。

学科间的相互渗透,产生了许多原先没有的边缘学科,也就是新兴学科。如理工方面的信息科学或工程、生物物理或生物工程、自动控制或系统工程、环境工程,等等。社会科学间的互相渗透,也超出了单科学科的范围,甚至超出了人文与社会科学的范围。如政治学、社会学与心理学之间,哲学、语言学与心理学之间,经济学、管理学与数学之间,都产生了新的学科。这种新兴的学科反映了课程的先进性。因此,有人说,没有课程的综合化,也就没有现代化。外国大学有不少选修课,就是属于这种新兴学科。

根据上述经验, 我国高等学校的课程, 也应在加强基础课的同时,多开一些选修课。但是,我们的课程现状,却是选修课很少。以兰大为例,一九七七级的学生上半年已是三年级了,二十几个专业,开了选修课的只有历史、经济、物理金磁半①、地理水文地质等几个专业。当然,要多开选修课,当前教师的力量(数量与质量)与学校设备,都有不少困难。不过我们要肯定多开选修课的方向是正确的,要积极创造条件,不但专业课设选修课,基础课也可设选修课。我们应该鼓励教师开出各式各样的课, 特别要鼓励他们开出新兴学科与不同流派的学科,这既有利于发挥教师的学术专长与教学才能,培养提高教师,也更有利于活跃学术空气,开展百家争鸣,把高等学校真正办成教学和科研两个中心,我们还应该鼓励学生按照社会的需要、个人的兴趣及科学技术发展的趋势,选学各门各类的科目,使自己成为适应性很强的专门人才。

二、关于教材问题

教材是教学的主要内容,教材建设是提高教学质量的重要一环。三十年来,我国高等学校的教材工作做出了不少成绩,但也走了些弯

---

①指兰大物理系当时的三个专业:金属材料、磁学、半导体。

路,与整个教育工作一样,有正反两方面的经验。一种好的教材,至少应具备三个特点:一是"新",二是"精",三是"清"。现行高等学校的教材无论基础课的,还是专业课的,在这三方面,都还存在问题。有比较好的,也有缺点不少的。

（一）先讲教材要"新"的问题

教材是科学知识,一定要保证其科学性,概念的说明,原理的论证,公式的推导,都必须正确,数据的引用,都要有可靠的依据。但光是科学上正确还不够,还应求新。什么是"新"呢? 就是要吸取科学的新成就。自二十世纪五十年代以来,世界上科学技术在很多领域都有重大的突破。生产自动化的发展,把作为社会主要生产力的人的作用,提到一个惊人的高度。现代化的生产过程,要求教育从根本上来一个改变;要求一般工人不仅要"双手""受过训练",而且要"头脑"也"受过教育",掌握一定量的最低限度的科学技术知识,至于指导生产的技术人员应该在高等院校受到更深更高的新的科学技术教育。

现在已经出现一个知识急速陈旧化的过程。据说,一个工程师的业务知识,在十年期间,过时的就有一半;在今后的五年到八年内,各行专家所必须具备的基本知识,有很大一部分,今天人们还未掌握。国外教育界曾探索一条途径,企图克服教育内容的稳定性与工程活动高速度发展变化之间的矛盾,于是采取了许多措施,首先就是在教材内容上,吸取科学技术的新成就,以解决教育内容与科技革命成果之间的脱节现象,使教育赶上时代的要求。因此,近二十年来,国外大、中、小学的教材,都进行了不小的改革,吸取了新的科学成就。

以上是讲自然科学,至于社会科学和文学艺术,二十年来,国内外也有很大的发展。因此,高等学校在这方面的教材,也有不断更新的必要。

我国高等学校理工科的教材,多是从五十年代苏联的教材搬过来的，文科教材多是我们六十年代初期自编的。拿今天的标准来衡量，当然是很陈旧的。粉碎"四人帮"四年来，在教育部领导、组织下，经过广大教师的努力，新编了不少教材，把原先的教材又修改了许多，在教材建设上，做出了不小成绩。就兰大的情况看，上学期共开课一百四十门，有现成教材的一百三十六门，仅有讲稿的四门。在一百三十六门现成教材中，"文化大革命"前出版的二十三门，其中经过修改的十七门，未经修改的六门。"文化大革命"后新编的一百一十三门，其中统编的五十五门，自编的五十八门。据师生反映，现在有书可用，有的教材质量也比较高，吸取了不少科学新成就，对提高教学质量起了很大作用。

但是用新的标准严格要求，教材老化还是一个问题。未经修改的，一般说更显得陈旧；修改过的，也有不少像是旧衣打补丁，新旧不够协调；即使是新编的，有的由于时间仓促，有的由于参考资料缺乏，有些仍是炒现饭，并未吸取多少新的科学成就。这个问题的进一步解决，当然主要靠教育部摸清情况，组织人力认真重新编写。但是各大学也应重视这项工作，凡教师力量与资料条件较好的，应鼓励教师自己重新编写，为教材建设贡献力量。

（二）再讲教材要"精"的问题

教材内容不应贪多求全，应求"少而精"。少而精就是要求教材质量较高，分量适当，能抓住重点，讲清讲透，让学生学精学通。我国古人讲"少则得，多则惑"，是很有道理的。那种取材上贪多求全，不留余地；写法上平铺直叙，不抓重点的教材，教师赶进度教，学生拼命地学；教师教过去了，学生未学到手，似懂非懂，糊里糊涂，这还不是"多则惑"吗？因此，教材必须在保持本门课程必要的完整性、系统性、思想性的前提下精简其内容。学生的头脑是有创造力的活的机器，不是单贮藏知识的仓库；教学的过程不是把书本上的知识简单地搬运到学生头脑里，而是着重培养学生自己获得知识的能力，即自学的能力，研究的能力，思维的能力，表达的能力。教材分量过重，课内学时太多，学生成天被动应付听课与复习教材，自己没有主动学习、研究的机会，这如何能培养学生自己获得知识的能力呢？而且心理学上讲："成功是学习的动力，失败会使学习的信心受到挫折。"要使学生学习有兴趣、有信心，教材的写法应有启发性，对一般问题，简要叙述；对关键问题，能深入浅出，讲清讲透；对复杂事物之间的联系，能交代得条理分明。这样的教材能使学生的心智"豁然开朗"，有"柳暗花明又一村"之感，觉得学习很有味道，发生"欲穷千里目，更上一层楼"的愿望。学生学习的积极性高了，有主动钻研的兴趣，教材分量又不大，学生就可自己钻研问题。这样学生的学习才算走上正轨，前进才有了基础。有人提出对大学生要断奶，要让他们吃粮食，加强自己的消化能力这一比喻很有道理，值得深思。

"少"与"精"不能并列，少是手段，精是目的。教材做到适当的少，教师才有条件集中兵力打歼灭战，讲透那些精华；学生才有思考、钻研、回味的余地，才能理解透彻。什么是精华呢？每种学科都有许多规律、概念和方法，它们都是互相联系、互相依存的，其中有一些带根本性的东西就是精华。前边讲过，近年来科学技术的发展非常迅速，新的科学知识不断增加。教学如果只是单纯传授知识，无论如何也学得有限，不能解决毕业后实际需要解决的问题。只有在传授知识时，抓住精华，抓住基本原理、基本概念，讲深讲透，让学生真正掌握，才能适应社会的需要，随时解决遇到的实际问题。

美国著名心理学家布鲁纳，1960年写了一本《教育过程》的书，这本小册子，在国际上被誉为最重要、最有影响的教育著作之一，已被译成二十几种文字，在全世界广为流传。他在这本书里也强调教材要把基本原理、基本概念讲清楚，强调抓住关键解决问题，这是符合教材要"少而精"的精神的。他认为讲清楚基本原理、基本概念的好处是：第一，可以使学生更容易理解学科内容。第二，可以使学生更好地记忆问题的细节。详细的材料是靠简化的表达方式保存在记忆里的，这种简化的表达方式，具有叫做"再生"的特性。学习普遍的基本的原理的目的，就在于保证记忆不会全部丧失，而遗留下来的东西将在需要的时候，能够一件件重新构思起来。第三，领会了基本概念和基本原理，能够通向"训练迁移"的大道。这也就是我们平常说的能够引申理解，能够随机应用，能够举一反三，触类旁通。《教育过程》里讲的是中、小学的教材编写原则，我认为对大学教材的编写也完全适用，很值得参考。

我国现行大学教材在"少而精"方面，当然也有不少是好的，但存在问题的也不少。

（三）最后讲教材要"清"的问题

教材不同于一般的书本和论文，它是在教师指导下，供一定程度的青少年学习用的。因此，在写法上不应由编者信笔写出，而应有所讲究。简单地说，教材应该写得"清"，即写得清楚明白。这个要求似乎很平常，但真正要做到，也并不容易。教材要写得"清"，首先是内容要逻辑性强，要组织严密，要条理清楚，要由浅入深，循序渐进，要能分清主次轻重，重点突出，善于深入浅出；再就是要有观点，有材料，观点与材料统一，用观点统帅材料，用材料说明观点；再次，语言必须准确、鲜明，不可含混不清，专用名词、术语不可不用，但也不应随便用，应根据学生年级的高低，有计划地使用；最后，大小标题，也不应随便写来，要提得既简明，又准确，引人注目。这样写出的教材，才便于阅读，便于理解，便于记忆，才能收到事半功倍的学习效果。

布鲁纳在《教育过程》一书中，很强调学科的结构，提出一种学科的教材要把要求学习的事物间的相互联系处理恰当。我体会他讲的就是教材写法上要"清"的问题。

我国现行的大学教材,在这方面有的是很好的,特别是一些有教学经验的老教师编写的,都讲得条理清楚,学起来容易。有的则不然,特别是众人合编的教材,在这方面的缺点就比较多。如果没有一位有经验而又有责有权的主编,统观全书,认真增删、修改,而是听由参加编写的同志各自为政,那么全书就难免出现或结构松散,或内容庞杂,或主次轻重不明显,或材料有重复与遗漏,或前后观点不一致等毛病。这样的教材,教起来太困难,教学效果是可想而知的。

去年12月,教育部召开了恢复高等学校理工科教材编审委员会的筹备会,讨论了1981—1985年教材规划的若干问题。高等学校的教材建设是一项很艰巨、复杂的任务,希望今后教育部加强对这一工作的领导,遵循教材编写的正常工艺流程,先认真制订各专业教学计划和各课程教学大纲,再根据教学大纲编写教材,进一步提高教材质量。

三、关于教法问题

教学是一门科学,有它自己的客观规律,有它自己的方法。长期以来,有一种说法:小学、中学应讲究教学方法,大学不需要什么教学方法,只要学术水平高,就可把课教好。历来的心理学、教育学、教学法,也只讲小学、中学的教育与教学,而不讲大学的。这实际上是一个习惯的错误,并没有科学根据。实践是检验真理的唯一标准,学术水平太低,要教好大学,当然是不可能的。但是学术水平并不低,教不好课的有的是,无论今天的哪一个大学,也无论过去哪一时期的大学,都不难找出有学识而教课效果并不好的教师,也不难找出学术水平、教学热情都相当而教学效果却不同的事例。原因何在呢?就在于有的教师没有掌握好的教学方法。要知道学术水平高,是说明他掌握了某学科本身的客观规律；教学效果好，是说明他掌握了学生认识过程的客观规律。这是两种规律，掌握了前一种而没有掌握后一种，做科研工作还成，做教学工作就差，这是必然的。小学、中学、大学的学生，年龄不同，知识水平不同，认识的规律、教学的方法，应有所差异；但都有其认识规律，都有其教学方法，是不应该怀疑的。

为了提高教学效果，我们大学的教师应该注意研究教学方法。向教学方法好、教学效果显著的同志学习，互相交流经验，取人之长，补己之短；征求同学们对自己教学的意见，采纳正确的意见，改正自己的缺点；总结自己教学的成功与失败，吸取经验与教训；也可找一些教育学、心理学的书本翻翻，求得一些启发。在高等学校对教学法的研究，应是科学研究的组成部分，对研究教学方法的论文应与其他科学研究论文同样看待，都是学术讨论的重要方面。

高等学校的教学办法应该注意哪些问题呢？首先要注意这样一个问题，即教学方法应有利于实现培养目标。大学的培养目标，就综合大学而言，应是培养各学科理论上高质量的人才。所谓高质量的人才，就是不单要学得一定的科学理论知识，而且要具有自己获得知识的能力，包括自学的能力、研究的能力、思维的能力、表达的能力等等，也就是分析问题、解决问题的能力。有此能力才能运用知识，发展知识；工作才能胜任愉快，才能创新。讲教学方法，应贯彻这一要求。至于具体的教学方法，我只讲如下三个方面：

（一）备课

有人认为备课是新教师、初教课教师的重要工作；有教学经验的老教师，备课不备课关系不大。这种认识是很错误的。无论自然科学、社会科学，新的发现、发明不断出现，新的理论、观点年年发生，教师不认真备课，如何能在教学中传授新知识、新思想，跟上时代前进呢？同时讲课不单要求教师自己理解，而且要让学生掌握。教师如何根据学生的程度,把要教的知识让学生确实学到手,这里有个教师在课堂上如何教学才有效的问题。教师在课前要考虑成熟,计划安排好,才能使课堂教学收到良好效果,而这些问题都要在备课中解决。事实上,真正有经验而又认真负责的老教师,并不放松备课工作,而是把备课抓得很紧的。

备课主要是钻研教材,要认真把教材吃透,同时要了解学生的接受程度与学习态度和方法。特别是一年级新生的学习态度与方法,往往不适应大学的教学,教师更须注意了解。因为教学是要学生掌握教材,备课如不考虑这两方面,教学方法就有盲目性,教学效果就不可能很好。当然,了解学生是教师平时经常的工作,不是要求每次备课都要做系统的了解。备课要理清哪些是主要内容,必须在课堂上讲深讲透,要求学生掌握的;哪些是次要内容,可以一般去讲的;哪些是无关紧要,可以删掉不讲的。哪些是难点,教材又写得抽象、概念化,学生不易理解,要考虑讲授时举一些具体事例,或运用图表、模型以及电化教育手段,帮助学生理解;哪些容易看懂,课堂上不必多讲,甚至可以不讲,让学生课后自己去看。

(二)课堂讲授

课堂讲授是教学的主要形式,是教学各环节中最重要的环节。"四人帮"胡乱批判"课堂中心""教师中心"是十分荒谬的。

课堂讲授,首先应注意如何贯彻备课时对处理教材的各种考虑。讲授要与所用教材配合好,既不重复教材内容,又不脱离教材另讲一套。照本宣科或脱离教材的讲法,都不单浪费学生的时间,而且会引起学生概念模糊,思想混乱。讲授时对教材中重要而难理解的地方,要加以阐发说明,对教材中在学术界观点不一,有争论的,应该指明讲清;万不要不分主次,什么地方都讲一通,估计学生能读懂的教材,只指点读时应注意之点,不要再浪费时间去讲。总之,讲课是指导学生学教材,不是重复读一遍或另讲一套。

其次,课堂讲授要提高质量,也要抓"少而精"。前边讲教材时强调了这个问题,但现行教材有不少不符合这一精神,分量偏重怎么办呢?我们不能完全让现成的教材束缚自己的教学,而应该根据教学的需要由我支配教材。应该是我用教材,不是教材牵我。对不符合"少而精"要求的教材,教师要采取适当的方法,抓住精华,讲清讲透,让学生学精学通。非精华的地方,可以指导学生阅读,不必详讲。相反,如果贪多求全,什么都讲,学生疲于奔命地往脑袋里装知识,成天忙于被动接受,缺乏主动思考,结果不但学习效果不好,而且学的过多,学生负担过重,被迫减少了必要的休息、睡眠与体力活动的时间。如兰大有一个班有三分之一的同学,每天课内外学习时间在十二小时左右。这样下去,势必影响健康。现在兰大学生中,有的体重减轻了,有的眼睛近视了,有的神经衰弱,夜里失眠。这虽与课程门类多、教材分量重有关,但与教师教学不甚得法,也有很大关系。我们的教育方针是培养德、智、体全面发展的人,大学里绝不可培养病号,造成社会的包袱。因学习负担过重而影响健康,不是个小问题,而是大问题,必须引起严重的注意。

讲课时也可以对学生提出一些问题,或者介绍一些教材内容上有争论的问题,启发思考,引起争论,开展课外阅读。这样便于培养学生的自学兴趣和才能,有利于发现人才,因材施教。

无论文科、理科,各专业在历史上或现实中,都有一些成就突出的专家学者,在教学的有关地方,向学生介绍这些专家学者的钻研精神、创造毅力、研究问题的思路、发明发现的过程,是有好处的,对学生有启发鼓舞作用。

课堂讲授,一般地说,黑板上不宜多写,不可形成一种抄笔记、背笔记、考笔记的不良学风。

（三）辅导和考试

教师的任务，除了备课与讲授之外，还有课后辅导的问题。在辅导工作上，首先要求主讲教师与辅导教师要密切配合，讲课的重点，难点，辅导教师都要切实理解，在辅导中要有计划、有安排地让同学理解、掌握。学生掌握知识，有接纳的过程，还有消化的过程。课堂上听讲，是在接纳，还未进行消化；课后经过认真复习，把新知识与原有的有关知识组织在一起，使之协调一致，这样新知识才算经过消化，变成学生自己的，才算真正掌握了。在学生复习消化的过程中，一定会产生疑问，遇到困难，有些疑难是学生自己钻研之后即可解决的，有些则需要教师辅导才能解决。这时，辅导就成了"雪里送炭"，是最有实效，最受欢迎的。

在课后辅导中，学生提出的问题，可能出乎教师预料之外，有的问题教师也难以当时解答，可下去查查资料或请教别人。这样做既解答了学生的问题，也增长了教师的知识，这正是我国古人所说的"教学相长"。教学能做到这一步，是教学的很大成绩。对课外阅读的辅导，应是辅导的重要一部分，这对培养学生的自学能力，自动钻研能力，开展学生的科研活动，能起很大的促进作用，值得大大提倡。

辅导学生复习，也要指导复习的方法。开始复习应将教材全面阅读一遍，再理出头绪，分清主次；然后对主要部分再细细阅读，进一步明确教材内容及各个部分之间的联系。这样，教材在学生的脑子里就不那么庞杂，而趋于简明了。有人讲，书是"越读越薄"，这是深有体会之说。另外，要告诉学生复习不能企图一劳永逸，还要间断进行，隔一定时间，再复习一次。因为学习是一个螺旋上升的发展过程，只有反复学习，反复领会，才能牢固，才能深入。

课外辅导不单是解答疑难，讲解知识，而且应注意指导学生的学习态度、思想作风、学习方法等。教师要结合讲授知识，在适当的地方,指点学生学习的态度要严肃认真,细致精密,切不可马虎,不可偷懒,不可粗枝大叶。有些学生重分数、爱面子,不肯切切实实地下功夫学习;有的学生贪多不求精,好高骛远;还有些学生只重记忆,不重理解。对这些毛病,教师应该诚恳地指出来,并帮助改正,消除学习上的障碍。教师还要强调预习教材的必要,并指导学生如何预习教材,如何记笔记,如何查检工具书,如何看参考书等。要指导学生在预习时,注意找疑难问题,上课时要特别留心听教师对自己疑难问题的讲解;对看参考书要根据学生程度的不同,提出高低两种要求。

大学生学习,应着重理解。但有些年龄大的同学,只求理解,不重记忆,这也是不对的。对于应该记忆的教材,还是要记住;不过不要盲目地笼统地让学生死记硬背,要在理解的基础上去记,在知识的组织联系中记,在简化了的形式中记,这样记忆就比较容易了。

考试应该是教学方式的一种,运用得好,能促进学习,能促使教师改进教学方法,促使学生改进学习方法。但是,多年来考试并没有起到这种良好的作用,而是成了对学生的一种压力,一种负担,不但不能促进学习,而且阻碍着认真钻研。为什么会成这样的呢?因为考试的方法不好,经常考死记硬背的东西,考零散的知识,考鹦鹉学舌的理论,有的还考教师在黑板上写的东西。要学生死记硬背课本、讲义已不应该,而抄笔记、背笔记、考笔记,就更不应该了。学生在临考前放弃了正常的学习,临时抱佛脚,死记硬背,脑子里装得满满的;但一考过后,很快就一片模糊,再过几天,也许就忘得一干二净了。这样的考试,考不出真正的水平,得分多的往往是很平凡的死用功的学生。这种考试对无连贯性的讲授与机械的学习是一种鼓励。我们应该把考试改变成鼓励学生钻研问题的方法,不管是知识测验或论文形式,都应把考题出成研究探讨式的,可以各抒己见,要能从事物的联系中考虑问题、回答问题。好的答卷不一定相同,可以各有特色。据说武汉大学历史系曾出过《对朱元璋的评价》这样的考题。这个题是比较好的,也许稍难了一些。考试评卷之后,教师对考卷应加分析研究,做出总结。根据考卷中暴露的问题,提出今后教学方面应求改进的地方,指出同学学习方面应求改进的地方,并向全体同学讲一讲,让大家议一议,是有好处的。总之,高等学校的考试问题是值得研究、讨论的,希望能够找出一个好的办法。

(原载《兰州大学学报》社科版,1980 年第 4 期)

孔子的教育思想①

（1981 年 7 月）

孔子生活的春秋后期，是我国历史上社会剧烈变动的时代；他生长的鲁国，又是当时传统文化在东方各国的中心；孔子的阶级出身是奴隶主贵族中最下层的"士"，他对上层社会比较熟悉，对下层社会也有所了解；他为了急于用世，曾周游列国十四年之久，见过各种各样的人物，接触了复杂的政治场面，遭遇了不少困难；孔子又是十分勤学好问、事事喜欢用心的人。这种种因素结合起来，使孔子成了中国历史上学识极其渊博，经验十分丰富的杰出人物之一。他看到的极多，想到得很远。

孔子的教育经验和他的社会生活经验，有许多经过长期的传授与熏陶，几乎成了汉民族的共同心理结构，成了民族文化的重要组成部分；他的不少言论，几乎形成我国社会上流传的格言谚语，成了人们长期以来评论是非的共同标准。

孔子在哲学上的主导思想是唯心主义，但也有唯物主义与辩证

---

① 此文部分内容分别发表情况：（1）《孔子的教育方法》，载《甘肃教育》1981 年第 7 期；（2）《孔子的教育思想》，载《甘肃教育》1981 年第 7 期；（3）《孔子的教育思想》，载《甘肃教育》1981 年第 8 期；（4）《孔子的教育思想》，载《甘肃教育》1981 年第 9 期；（5）《孔子的社会生活教育》，载《甘肃教育》1982 年第 1 期；（6）《孔子的社会生活教育》，载《甘肃教育》1982 年第 2 期。

法的因素;在政治上的主导思想是复古或保守的,但也有改良主义的成分。在文化教育方面的情况则与此不同,应该说他的主导思想是辩证的与唯物的,积极的方面为主,消极因素只居次要地位。孔子称得上是我国历史上一位杰出的思想家与伟大的教育家。他整理古籍,传播文化,对我国古代文化的发扬光大起了很大作用。他聚徒讲学,积累了丰富的教育经验;对教育提出好多创见,在中国教育史上甚至世界教育史上影响极大。在教育目的与教育内容的某些方面,因其与政治有较直接的关系,不免有保守与消极的成分,但他在教育对象、教育方法与社会生活教育方面的经验,却有很多创新,是积极与进步的,今天还应该借鉴、学习和继承。我在下面分六个部分讲。

一、复杂的社会经历

孔子原是宋国的贵族,后来迁到鲁国,家道已经衰落。孔子的父亲名叫叔梁纥,是鲁国的一个下级军官。孔子是公元前551年出生的,因为生前父亲和母亲在尼丘山祷告过,所以孔子名丘,字仲尼。仲是老二,孔子的父母先前曾生过一个男孩。孔子三岁时父亲去世,十几岁上母亲也死了,幼小时的生活是比较孤苦的。可是,这也给了孔子锻炼的机会,使他多学会了一些本事,正如他后来说的:"吾少也贱,故多能鄙事。"①

孔子十五岁时,即立志刻苦学习。殷周时代的典籍与文物,在鲁国保存的很多,孔子勤学好问,潜心钻研十多年,学得了很多知识。他做事也很负责,在二十六七岁时,曾做过"委吏",是会计工作,他的账目没有差错;还当过"乘田吏",是管牛羊的,他把牛羊养得肥肥胖胖

①引自《论语·子罕》。

的。孔子既做过委吏与乘田吏等小官，就有了进周公庙助祭的资格。一次，他进了周公庙，看到什么都觉得新奇，他对每一件不懂的事，都要问个明白。

孔子在三十岁开外时，学识已经很出名了。他开始收取了一批学生，其中著名的有颜路、曾皙、仲由等。这些学生和他的年龄相差不多，大多半是属于"士"这一阶层，是贵族中最低的一层，是比较贫苦的；还有些不属于贵族的城市人民。从此，孔子就开始了他的教育活动。

孔子在三十四五岁时，鲁国内部发生政变，陷于混乱状态。这时孔子急于用世，但在鲁国不便做事，于是就到了齐国。当时齐国的国君是齐景公，和孔子多次接触谈论，印象还好，想重用他。可是后来听了一些老臣不赞成用孔子的意见，对孔子的态度又冷淡了。因此，孔子在齐国住了两三年，就离开了。

孔子回到鲁国，鲁国仍是混乱局面。这时鲁国有个贵族公山弗扰反抗上级季桓子，召请孔子出来帮助。孔子急于用世，也很想去。但子路竭力反对，也许还有别的原因，没有去成。孔子在政治上一直没有出头的机会，这才使他定下心来，专心从事教育事业。他的名望越来越大，学生越来越多，著名的又增加了颜回、冉有、公西华等。颜回比孔子小三十来岁，是第一批学生中颜路的儿子。

孔子五十岁那年，鲁国内部安定了，孔子得到从政的机会，当了鲁国的中都宰，相当于首都市长；后来又升任司寇，相当于司法部长。当司寇的第二年，齐景公与鲁定公在夹谷会盟，孔子赴会，在外交上取得了胜利；在国内又堕三都，毁掉了孟孙、叔孙、季孙三家的城堡，削弱了三家贵族的势力。孔子感到形势很好，想进一步施展自己的才能，但鲁定公受了齐国的离间，不信任孔子了。孔子只得出走，当时已经五十四五岁了。

　　这次离开鲁国到卫国①去,是因为当时卫国国内安定,又有孔子敬佩的人物,他的学生也有不少是卫国的。孔子希望到卫国能得到重用。在去卫国的路上,孔子看到卫国人口稠密,就说这里人口真多啊!学生冉有随即问:人多了怎么办? 孔子回答说,发展生产,使百姓富足起来。冉有又问:富足了又怎么办? 孔子回答说:那就要兴办教育了。当时卫国的国君是卫灵公,对孔子不太尊重;又见孔子带领好多学生一同来,怕有什么企图。孔子在卫国住了几个月,看到卫灵公对自己冷淡,失望了,只得离开。这时晋国的一个贵族佛肸,正在反抗领导,派人来请孔子,要重用他。孔子也想去,想在政治上做一番事业,但是子路又竭力反对,终于没有去成。

　　孔子离开卫国,准备去陈国。在路过宋国地界时,遇上宋国的一个贵族桓魋,挡住去路,要杀孔子。逼得孔子改装换衣,逃出宋国,才到了陈国②。孔子在陈国住了三年,没有事干。其间东南的吴国发兵进攻陈国,南方的楚国又来帮陈抗吴,弄得陈国混乱不堪。孔子不得已又想到楚国去,楚国也想请他。在他去楚国的途中,遇到两位耕田的隐士,对子路说:天下这样混乱,人们都同流合污,你们怎么能改变他们呢? 子路把隐士的话告诉了孔子,孔子感叹地说:"鸟兽不可与同群,吾非斯人之徒与而谁与? 天下有道,丘不与易也! "③意思是说,我们既不能和飞鸟走兽一同生活,不跟这些人打交道还跟谁打交道呢? 天下如果太平,我也就不用来求改革了。

　　在去楚国途中,经过蔡国的一个地方,那里因吴楚战争,粮食缺

---

　　①卫国在今河南省北部。
　　②宋国和陈国都在今河南省中部。
　　③引自《论语·微子》。

乏。孔子和学生们被乱兵包围,粮食也吃光了。说孔子在陈绝粮,就指此事。当时学生们又饿又病,思想很混乱;孔子还沉着气,照常给学生们讲学、弹琴、歌唱,还找有影响的学生如子路、子贡、颜回等谈话,稳定人心。又派子贡办外交,和楚军交涉,护送他们进了楚国地界。楚国的昭王听到孔子来到楚国,本想重用他,但是楚国的贵族大臣子西坚决反对,说:孔子有一大批很能干的学生,重用了孔子,我们还能过平安的日子吗?我们的权力不会被他们夺去吗?于是,楚昭王没有用孔子。孔子感到在楚国没有希望,便又返回卫国,这时孔子已经六十三四岁了。

后来吴国侵略鲁国,子贡在外交上活动,孔子另有学生参加了抗吴战争,吴国才退了兵。这时鲁国的当权者季康子感到国势危急,人才缺乏,就请孔子的学生冉有回鲁国去。冉有回到鲁国后,季康子把孔子也请回去了。孔子在外奔波了十四年,这时已是六十七八岁的老人了。他回到鲁国后,对政治活动的兴趣不高了,专心从事文化教育事业,除教育大批学生外,同时收集、整理、编纂诗、书、礼、乐等古籍,钻研阐发易经道理,改写春秋历史。一方面宣传他的政治与学术主张,同时也传播和发展了中国古代文化。公元前 479 年,孔子逝世,终年七十三岁。

关于孔子的经历,在我国古代各种著作中,讲法不一。《史记·孔子世家》《孔子家语》《孟子》《左传》《庄子》各书的说法,有的有此无彼,有的互相矛盾。上述经历,主要是参考崔东壁的《洙泗考信录》写成的,自己未作考证。对有的史书上提到的某些情节,如孔子适周观礼、问礼于老聃、任鲁司寇后摄相事、诛少正卯事,都依崔氏考证,未予采用。"四人帮"把少正卯吹为古代大法家,把孔子诛少正卯一事讲得活灵活现,几乎像是亲眼看到的。《洙泗考信录》对此却完全否定,我看讲得很有道理,特摘录主要部分如下:

余按《论语》，季康子问政于孔子曰："如杀无道，以就有道，何如？"孔子曰："子为政，焉用杀！"哀公问社于宰我，宰我对曰："周人以栗，曰：使民战栗。"孔子曰："成事不说，遂事不谏，既往不咎。"圣人之不贵杀也如是，乌有秉政七日遂杀一大夫者哉？三桓之横，臧文仲之不仁不智，《论语》《春秋传》言之详矣；贱至于杨虎、不狃，细至于微生高，犹不遗焉；而未尝一言及于卯。使卯果尝乱政，圣人何得无一言及之？史官何得不载其一事？非但不载其事而已，亦并未有其名。然则，其人之有无盖不可知。纵使果有其人，亦必碌碌无闻者耳，岂足以当圣人之斧钺乎？春秋之时，诛一大夫非易事也，况以大夫而诛大夫乎？①

可是对崔氏的意见，我也有不予采纳的。如公山佛扰与佛肸的两次叛乱，都曾召请孔子，孔子也跃跃欲试，想去应召。但崔氏却详细论证了孔子不可能应召，其主要理由是：孔子言行一致，平时对犯上作乱深恶痛绝，因此断定他不会应召参加叛乱。我则认为崔氏的这个论断，是为了维护孔子的尊严而辩解的。其实，这个看法是只知其一，不知其二。孔子固然反对犯上作乱，但他急于用世的思想却是很强烈的。他梦寐以求的是，一朝执政，大展才能，做一番恢复周室的事业。孔子本有"无可无不可"的主张，遇到适当机会，他就可能权衡得失，去做平时认为不可做的事。因此，孔子两次欲应召而去，是完全可能的。

二、高度的好学精神

孔子的好学精神，的确是很突出的。在《论语》一书中，几次说到

---

① 孔子任鲁司寇，仍为大夫。

孔子是"学而不厌"的。他在学习兴奋的时候,高兴得连吃饭也忘掉了,忧愁的事也忘掉了,觉得精力很充足,连自己年纪已老也不知道了①。他对学习好像追赶什么一样,只怕赶不上;赶上了,又担心会丢掉②。孔子又说:"朝闻道,夕死可矣。"③其学习的强烈心情,真是跃然于纸上。

孔子是随时随地有机会就学习的。他说:"三人行,必有我师焉。择其善者而从之,其不善者而改之。"④意思是说三个人一起走路,必定有值得我学习的。人家表现好的,我可以依照去做;不好的,我应加以警惕,注意不犯。这不但是把别人好的和不好的行为,都作为自己的经验与教训,而且把学习与行动结合起来,使学与行一致。强调实践的重要,要求言行一致,这是教育思想上很重要的一条,至今我们也还在大力提倡。"见贤思齐焉,见不贤而内自省也。"⑤意思和前边说的一样,只是更明确地提出道德修养方面内省的功夫。曾子说:"吾日三省吾身:为人谋而不忠乎?与朋友交而不信乎?传不习乎?"⑥他检查自己是不是有这些缺点,也应该说是向孔子的内省方法学来的。孔子强调内省,强调检查自己,克制自己,以锻炼上进的意志,这是学习方面的重要问题,至今教育学上也还在强调。

好学必然要多问。孔子好问,也是他学习的特点。"子入太庙,每事问。"⑦意思是孔子到了周公庙里,见事就问,不懂就问。他对好学好

①《论语·述而》:"发愤忘食,乐以忘忧,不知老之将至。"
②《论语·泰伯》:"学如不及,犹恐失之。"
③⑤《论语·里仁》。
④⑥《论语·述而》。
⑦《论语·八佾》。

问的人,也非常赞赏,曾表扬孔文子"敏而好学,不耻下问"。①多问人、多听人讲,是多闻的方面;孔子还强调要多亲眼看看。他说:"多闻阙疑,慎言其余,则寡尤;多见阙殆,慎行其余,则寡悔。"②意思是说,多闻多见,慎言慎行,就可以减少错误,减少事后的悔恨。

孔子是很有学问的人,他渊博的知识,是从随时随地多问、多闻、读书、观察中学来的。一次,有人问子贡说:孔子的学问是从哪里学来的? 子贡回答说:周文王、武王的道并未失传,还散在人间。贤能的人便抓住大处学,低浅的人只抓住末节学。到处存在文武之道,我们的老师何处不能学习? 贤能的与低浅的人都是他学习的对象,何必要固定的教师专门传授呢? ③孔子的学习态度是十分虚心的,这也是他高度好学精神的一个重要方面。有一次,有人问子贡说:孔子每到一个国家,一定听到了那个国家的政事。这是他要求人家讲的呢,还是人家主动告诉他的呢? 子贡回答说:我们老师获得各国政事的方法和别人不同,他是用"温、良、恭、俭、让"的态度与方法获得的。④孔子周游列国能够了解到许多社会政治情况,和他的和气、善良、谦虚、礼貌有绝大关系;如果是一个骄傲自满,昂首望天,盛气凌人,不能与人为善的人,那就是走遍天下,也不会得到多少知识的。

孔子不单观察社会现象,也观察自然现象。有时他对自然现象也深有感触,发出耐人寻味的叹息。他说:"岁寒,然后知松柏之后雕也!"⑤这句话虽含蓄、简单,但言外之意是很显明的。这是说在困难面

---

① 《论语·公冶长》。
② 《论语·为政》。
③ 《论语·子张》。
④ 《论语·学而》。
⑤ 《论语·子罕》。

前,才能看出谁经得起考验。

《墨子·公孟》篇上说,孔子是"博于诗书,察于礼乐,详于万物"的人。的确,孔子的好学精神是表现在许多方面的。他是到处留心,到处观察,也到处有所收获、有所体会的。除松柏后凋一例外,他还说:"苗而不秀者,有矣夫! 秀而不实者,有矣夫! "①意思是说,庄稼苗子结不上穗子的,有的是! 结上穗子,不能成熟的,也有的是! 这当然不是为庄稼而叹息,而是深感有些年轻人不学习,荒废了,不能成材;有的学习了,却半途而废,也成不了材。他是为此有感而发的。有一次,孔子在河边上看水流,感慨地说:"逝者如斯夫,不舍昼夜! "②从字面上讲,就是一去不复返的就像这水吧?白天黑夜一直不停地在奔流。这当然也不是就流水而言,而是讲时间在飞逝,人应爱惜光阴,好好努力学习。也许还有这样的意思:进德修业是一息不可停止的。

孔子不只自己从观察自然现象中得到启发,他还指导学生也从自然现象中体会道理,从好的行为中理解品德的修养。有一次他对聪明的学生子贡说:"予欲无言。"子贡说:"子如不言,则小子何述焉? "意思是你如果不说话,那我们怎么传述你的道理呢? 孔子回答说:"天何言哉?四时行焉,百物生焉,天何言哉? "③意思是说,天说了什么呢? 四季照样在运行,百物照样在生长,天说了什么呢? 这里的"天",应指的是自然。他希望学生不要只从言教中学习,还要从身教中学习。

孔子一生那样好学,所以他一直在前进中。他曾讲述自己前进的历程,说:"吾十有五,而志于学,三十而立,四十而不惑,五十而知天命,六十而耳顺,七十而从心所欲不逾矩。"④意思是说,他从十五岁立

---

①②《论语·子罕》。

③《论语·阳货》。

④《论语·为政》。

志刻苦学习；三十岁时懂得了礼仪，立身行事心中有数了；四十岁时知识增多了，许多道理懂得了；五十岁时理解了天命，做事不强求如意；六十岁时一听别人的话，可以判断是非；七十岁时随心所欲，也不会越出规矩。孔子讲天命的地方不少，意义不尽相同。这里讲的"天命"，我认为应按照孟子所讲的来理解。孟子在《万章》篇里说："莫之为而为者天也，莫之致而至者命也。"这就是说，人生中有一种不期而遇的情况，或幸或不幸都不是人们有意识招致来的，这就叫作天命。

三、教育的目的与对象

春秋时期，由于经济的发展，奴隶与奴隶主的阶级斗争加剧，影响到政治上周室衰微，王权下移；诸侯国内，犯上作乱的现象也屡见不鲜。这就形成大小奴隶主贵族争权、各国诸侯争霸的局面。有权者为了保权，需要收用能干的人才，原先的贵族子弟不能胜任工作，于是就兴起了招贤养士制度。这样一来，"学而优则仕"的风气开始，使西周时期的"世卿世禄"制度不能继续维持了。有些衰落下来的贵族，掌握一定的典籍与文化知识，不满大奴隶主对文化的垄断，要求学术下移，于是私人讲学之风兴起，把西周时期"学在官府"的局面冲破了。这些都是时势所趋，历史发展的必然。在这个历史条件下，孔子的教育目的从"学而优则仕"这句话可以看出，就是培养学习成绩优良、能够当官的人才，其私人讲学的教育对象是收罗"有教无类"的学生，不再是原先"学在官府"时的贵族子弟了。这个教育目的与教育对象，顺应了时代潮流，是进步的。

"学而优则仕"是子夏讲的，但它正是孔子的思想，孔子也是这样做的。孔子急于用世，所以才周游列国十四年，希图"如有用我者，吾其为东周乎？"①他总想有机会打开一个局面，在周的东部地区做一番恢复西周的事业。这一点，孔子是复古、保守的。他培养了大批学生，也是准备有机会提拔使用，推行他的保守的政治主张的。

孔子对高才生因材施教的结果，分为四科。据《论语》一书中记载：德行科有颜回、闵子骞、冉伯牛、仲弓；言语科有宰我、子贡；政事科有冉有、季路；文学科有子游、子夏。德行科的学生是孔子心目中独当一面的全才，是做全面领导工作的，言语科是办外交的，政事科是当官的，文学科是讲学术的。因此，除文学科外，其它三科实际上都是从政、治民的。

孔子早期热衷于从政，所以《论语》中孔子对从政的教导是很多的。尤其对他认为的全才人物如颜回与仲弓，寄予很大的希望，经常教给他们治国安邦的大道理。如仲弓做了季氏的总管，是当权派，在他向孔子问政治时，孔子回答得简明扼要，他说："先有司，赦小过，举贤才。"②这三条对一个领导人来说，确实十分重要，可以说是反映了古今中外做领导人的客观规律。"先有司"是说在工作人员中要做模范，起带头作用；"赦小过"是说工作人员犯有小错误时，不必计较，不要抓人家的小辫子；"举贤才"是说在用人方面要提拔德才兼备的人。这三条对今天的领导人来说，仍有现实意义，实际上许多领导人并没有都做到。有一次，季康子向孔子问政治，孔子回答说："政者正也，子帅以正，孰敢不正。"③孔子又说过："其身正，不令而行；其身不正，虽令不从。"④这都是强调领导人要带头，要以身作则。在从政方面，孔子

---

①《论语·阳货》。

②④《论语·子路》。

③《论语·颜渊》。

很重视人才，多次提出要"举贤才"。他指责有权位而不举贤才的人是"窃位者"，说："臧文仲其窃位者与！知柳下惠之贤，而不与立也。"①孔子在《论语》中讲人才的地方很多，可以说他是具有初步人才学的观点的。同时，孔子还讲过："道千乘之国，敬事而信，节用而爱人，使民以时。"②意思是说，治一个千乘的大国，行政施治要谨慎，要讲信用，要节约开支，爱护人民，征用人民劳力时，要注意农事时间。这几条只要能做到，对社会、对人民是很有益处的，可称得上是"仁政"。此外，孔子还讲到先富后教、足食足兵等，都是治国安邦的较好办法。

孔子很重视领导者的作风问题，他教育自己的学生要做一个好的领导人。他有一段话用对比的方法讲好坏两种领导作风。说："君子易事而难悦也。悦之不以道，不悦也，及其使人也，器之。小人难事而易悦也，悦之虽不以道，悦也，及其使人也，求备焉。"③意思是说，在好的领导人的下边做事是很容易的，但你要讨得他的欢心，却很困难。因为你如果不以正当办法去讨他的欢心，他反而不高兴；在他给你分配工作时，却能量才使用，不过高要求。在不好的领导人下边做事是很困难的，但你要讨得他的欢心却很容易。因为你如果用不正当的办法去讨他的欢心，他正高兴；他对你的工作却是求全责备，这也不是，那也不行。这段领导工作的经验谈，至今天也还有现实意义，值得学习与警惕。

虽然孔子早期的教育目的是着重培养从政人才，但对文学科（学术）始终没有放松，即使他在周游列国从事政治活动时，也还是带着

---

①《论语·卫灵公》。

②《论语·学而》。

③《论语·子路》。

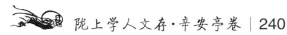

学生讲学的;在政治活动不顺利,定居一地时,更是着重讲学。因此,孔子对学术的研究、对讲学的活动,一直在进行。

孔子私人讲学,收取的学生是很广泛的,不受阶级、国别、年龄的限制。有贵族子弟,也有城市贫苦人民;有鲁国的,也有卫国、陈国、蔡国、宋国、齐国以及晋国、楚国的;有跟他年龄相差不多的,如颜路、曾晳、子路等,也有和他相差四五十岁的,如颜回比孔子小三十岁,曾参比孔子小四十六岁,子石比孔子小五十三岁,子夏、子游、子张、有子都比孔子小四十多岁。这些年轻学生,多是孔子后期讲学时吸收来的,他们对孔子学术的传播多有贡献。

孔子说过:只要带一些干肉来要求学习的,我从没有不教诲的。甚至有名的难与交谈的互乡童子求见孔子时,孔子的学生很怀疑,但孔子还是接见了,并讲了一段很精彩的话,值得古今从事教育的人学习。他说:"与其进也,不与其退也。惟何甚?人洁己以进,与其洁也,不保其往也。"①意思是说,人家洗刷干净自己来求见,应该是嘉许他现在的干净,不应计较他过去的不干净;应该嘉许他现在的进步,不应该考虑他回去又可能退步。为什么要这样拒绝人家呢?对这种广泛吸收学生的做法,以及来者不拒、往者不追的教育态度,孔子自称为"有教无类"。它比西周时"学在官府",受教育者只限于奴隶主贵族子弟的办法,大大进了一步。因为孔子教育的对象是有教无类,来者不拒,所以传说他一生教育过三千学生,其中身通六艺者七十二人。这说法虽难免有些夸张,但在春秋战国时期,从事学术活动,教育学生最多的,谁也比不上孔子,却是不争的事实。

孔子教育的目的,早期着重培养从政、治民人才,后来有几个学

①《论语·述而》。

生也确实做了官,如子路、子贡、冉求、仲弓、子游等,但大部分是没有做官的。他们假如做了官,推行孔子的政治主张,也不会有什么好的成绩,不过是逆着时代潮流做些复古活动,或者做一点改良工作。他在培养文学(学术)人才方面,才真正做出了宏伟的事业。由于孔子长期从事教育工作,积累了极其丰富的经验,也培养出不少后起之秀的文学人才,如子夏、曾参、有子、子游、子张等。他们又继续培养下一代的人才,在中国教育史和学术史上,留下了许多很宝贵的遗产。因此,孔子在中国历史上的伟大贡献不在政治方面,而在学术和教育方面。这个伟大功绩,是他在晚年回到鲁国后"删诗书,订礼乐、修春秋"等整理、编纂古代典籍与传授教育经验中才完成的。孔子政治上的失败孕育了他学术和教育上的成功,这应该说是我们中华民族的幸运吧!

四、教育的内容

教育内容是由教育目的决定的。孔子从事教育数十年,培养了一大批学生,其教育内容是很广泛的,主要有以下几个方面:

(一)六艺

有人说孔子讲的六艺,就是"礼、乐、射、御、书、数"。我认为这种说法不正确。因为礼、乐、射、御、书、数,是西周时期奴隶主贵族学习的六艺,不是孔子教育学生的六艺。孔子虽然也会射能御,但这是由于他也是贵族出身,曾受过西周传统教育。根据孔子的教育实践活动,他教育学生的六艺应是汉儒所谓的"六经",即诗、书、礼、乐、易、春秋。"六经"是中国古代宝贵的文化遗产,孔子的教育目的是培养从政、治民的人才,他认为必须学习这些文化遗产。

"六经"的主要内容,据《庄子》的《天下篇》讲:"诗以道志,书以道事,礼以道行,乐以道和,易以道阴阳,春秋以道名分。"这就是说,诗是表达人的思想感情的,书是记载古代文告大事的,礼是讲究各种制度和礼节的,乐是陶冶人的感情的,易是讲究阴阳变化、推求哲理的,春秋是正名定分,以示褒贬的。

据《论语》一书记载,孔子对学生的教育,在"六经"中主要讲的是诗、礼、乐,现在就只把这三者略讲如下:

《论语》中对《诗经》讲的很多,主要有这样一条:"诗,可以兴,可以观,可以群,可以怨;迩之事父,远之事君,多识于鸟兽草木之名。"①由此看来,孔子心目中的诗,远非我们现在所讲的诗,也超出我们现在所讲的文学范围;其内容是很宽的,其作用是多方面的。他除了给诗以文学的任务之外,还付之以事父、事君,甚至增加动植物知识的任务。

乐,据说原有一部《乐经》,后来失传了。现在《礼记》中有一篇《乐记》,对乐讲得很详细,对音乐的理论谈得很深刻。这是我国乐学方面很重要的一篇东西,是孔子以后的儒家写成的。

孔子对音乐很感兴趣,也有很高的欣赏能力。他在齐国时,听到舜时的"韶"乐,迷醉得厉害,三个月吃肉都觉不出肉味来了。②他跟人一起唱歌,听到别人唱得好,一定要他再唱一遍,然后自己跟他合唱。③

礼是维持社会生活的各种规律,大而言之包括一朝一代的典章制度,小而言之包括个人一言一动的规矩。孔子在《论语》中讲礼的地方很多,他认为礼极其重要,一个人不学礼,就不能立身做人,如果没有君君、臣臣、父父、子子等一套礼,社会就乱了。孔子要人们把礼和乐在社会生活中结合起来,互相补充,各发挥其长处。礼是分别贵贱

---

①《论语·阳货》。

②《论语·述而》:"子在齐闻《韶》,三月不知肉味。"

③《论语·述而》:"子与人歌而善,必使反之,而后和之。"

等级的,乐是陶冶人的心情,缓和上下矛盾的;礼教人互相尊敬,重外表形式,乐教人互相亲爱,重内部心理。

《六经》中除《春秋》外,都是古代传下来的典籍,但孔子在收集、整理、编纂、订正、阐明方面,做了很多艰苦工作。如对《诗经》,孔子自己说:"吾自卫反鲁,然后乐正,雅颂各得其所。"[1]这就是说,《诗经》中雅与颂两部分,是孔子从卫国回到鲁国后才订正、编排好的。又如《易经》,如果没有孔子晚年的潜心钻研,以至"韦编三绝",没有孔子从理论上的阐述,那它只不过是一堆古人卜筮的资料,作用是很小的。孔子说他在学术上是"述而不作,信而好古",但实际上他是在述中有作,传古中大有创新的。孔子编纂的"六经",保存了我国古代大量的宝贵历史资料,也包含了两千多年来儒学的哲学思想、政治思想、教育思想的基本观点,是中国封建文化的主体。孔子死后儒家虽分为八派,但八派共同遵循的,都是孔子编纂的"六经"。所以孔子对中国古代文化的保存与发展,是作了很大的贡献的。

(二)仁与礼

在《论语》一书中,孔子对道德品质,讲得最多的是"仁"与"礼"二字。仁字讲了一百零四次,礼字讲了七十四次,从此可以看出孔子对仁与礼的重视了。仁字虽不是孔子造的。而是原先已有的;但孔子提出仁来,却赋予了新的内容。仁的主要含义,孔子认为就是"爱人。"樊迟问仁时,他就是这样回答的。孔子的意思是把自己和别人都当人看待,把奴隶也当作人。在奴隶社会这是骇人听闻的,是高度的人道主义,是对"人的发现",这是春秋时期思想上的一大进步。

孔子认为从个人修养到理想政治,都离不开仁。仁是个人品德修

---

[1]《论语·子罕》。

养的核心,一刻也不能离开,这叫做"仁教";仁者在位,施行好的政治,这叫做"仁政"。孔子说:"君子无终食之间违仁,造次必如是,颠沛必如是。"①意思是说,品德好的人连吃一顿饭的时间也不能违背仁,在很匆忙的时候,也要守着仁,在颠沛流离中,也要守着仁。这是讲仁在个人修养方面的重要,属于"仁教"。再扩而大之,孔子又说:"仁者己欲立而立人,己欲达而达人。"②这就是"修己以安人","修己以安百姓"③的思想,如体现为政治措施,就叫做"仁政"。

礼,前边已讲过,它是维持社会生活的各种规律,大而言之包括一朝一代的典章制度,小而言之包括个人一言一动的规矩。如果说仁在孔子的哲学思想与教育思想中有很大的创新,那么礼就不同了。总的说来,孔子心目中的礼,是崇古的成分较浓,保守的东西多一些。孔子对于新兴的权贵人物的"僭越"行为是很反对的,如鲁国的季氏地位应是大夫,可是他越级用天子的礼乐,让六十四人在庭院中奏乐舞蹈。孔子对此咬牙切齿地说:"是可忍也,孰不可忍也?"④当然,孔子对礼也不是绝对崇古,也有损益、改革的地方。如有一次,子张问孔子:十世以后的历史变化可否知道?孔子回答说:"殷因于夏礼,所损益,可知也;周因于殷礼,所损益,可知也;其或继周者,虽百世,可知也。"⑤这就是说,商朝对夏朝的典章制度,有增减变化;周朝对商朝的典章制度,也有增减变化。这些增减变化也就是改革,改革的原因当然是由于社会不同了。周以后历史的发展变化,即使一百世,也无非

<hr />

①《论语·里仁》。
②《论语·雍也》。
③《论语·宪问》。
④《论语·八佾》。
⑤《论语·为政》。

是有增减变化罢了。这是孔子的历史观,是礼的大的方面。对礼的小节,孔子主张有的也可以改变。如他说:"麻冕,礼也;今也纯、俭,吾从众。"①这就是说,用麻料做礼帽,这是古礼;今天大家用丝料做礼帽,这样省俭一些,我赞成大家的做法。西周的制度是"礼不下庶人,刑不上大夫"。这就是说,庶人中不讲礼,大夫以上不受刑罚处理。孔子讲的礼,还有一点进步的意义是他把西周时不下庶人的礼,下到庶人了,这也是他的人道主义的表现。

仁与礼的关系怎么样呢?仁是内心中求善的自觉活动,礼是外部行为的合理准则。礼与仁结合起来,就成了很好的品德。礼如不与仁结合,就徒具形式,没有意义了。所以孔子说:"人而不仁,如礼何?"二者如何结合呢?孔子曾对颜回说:"克己复礼为仁。"具体要求是"非礼勿视,非礼勿听,非礼勿言,非礼勿动。"②这就是说,克制自己的缺点,做到礼,就是仁。如何克制?就是不合礼的事,不看、不听、不说、不做。

(三)忠与孝

孔子以后,《礼记·中庸》中称君臣、父子、夫妇、兄弟、朋友是天下的五条达道,即所谓五伦。这五伦道德是孔子以后的儒家发展成的。五伦道德是我国封建道德的主要部分,从文化思想上配合封建专制政治,对我国社会发展起了阻碍作用。特别是忠与孝,在统治阶级的影响下,后来发展成愚忠愚孝,一点人民性都没有了,成了扼杀人间生气、压制社会进步势力的沉重枷锁。

孔子对五伦只讲到三伦,即父子、君臣、朋友。孔子对父子关系讲得有好的一面,也有坏的一面。讲得好的如子游问孝,他回答说:"今

①《论语·子罕》。
②《论语·颜渊》。

之孝者,是谓能养。至于犬马,皆能有养;不敬,何以别乎。"①意思是对父母只做到养活,还不算孝;一定要内心有敬爱之心才算孝。讲得坏的就有点愚孝的味道,如有一家父亲偷了别人的羊,儿子出来作证明,人们称赞这个儿子正直,孔子却认为不对。他认为正当的做法,应该是"父为子隐,子为父隐"。②这个讲法在历史上起了很坏的作用。

孔子对君臣关系讲得稍好一些。他一方面讲臣事君要忠,但也提出君使臣要以礼;同时他主张臣对君固应忠实不欺,但君有错误时,臣也可以触犯他。③这对后世许多耿直敢谏之臣,给了很大鼓舞。

孔子对朋友关系讲得更好。如说:"君子以文会友,以友辅仁。"④即主张朋友间应一同研究学问,辅助品德。他又说:"益者三友,损者三友。友直、友谅、友多闻,益矣;友便辟,友善柔,友便佞,损矣!"⑤这就是说,三种好朋友是正直的,忠实的,见多识广的,应该结交;三种坏朋友是逢迎拍马的,两面三刀的,夸夸其谈的,不应结交。他对交朋友的这种讲法,在今天也还值得参考。

(四)中与权

孔子对中与权的估价很高,但在《论语》一书中,讲中与权却很少。这也许由于他认为其中道理较深,更不容易做到,对一般学生不必讲。《论语·雍也》中说:"中庸之为德也,其至矣乎?民鲜久矣!"意思是说,中庸这种品德是很高的,人们很长时间是做不到的。中庸也就是中或中道的意思。

---

① 《论语·为政》。

② 《论语·子路》。

③ 《论语·宪问》:"子路问事君,子曰:'勿欺也,而犯之。'"

④ 《论语·颜渊》。

⑤ 《论语·季氏》。

孔子的中道，就是要人做人做事都做得恰到好处，不要过分与不及。据《论语》中记载，有一次子贡问孔子：子张和子夏谁更好些？孔子回答说：子张有点过分，子夏有点不及。子贡说：那么，还是子张比较好一些吧？孔子说："过犹不及。"①这就是说，过分与不及一样都是错误的。这种看法比我们前些年"左比右好""宁左勿右"的思想合理得多。

中是一个原则，但又不能死守，还须根据具体情况，有一定的灵活性。所以，孔子说："可与共学，未可与适道；可与适道，未可与立；可与立，未可与权。"②这就是说，可以同他一道求学，但不一定同他都能得到某种成就；可以同他一道得到某种成就，但不一定同他都能依礼行事；可以同他都能依礼行事，但不一定同他都能通权达变。可见，权是在复杂的事物面前，权衡轻重，更适当地处理问题，它是补救中之不足的，是很难能而可贵的。所以孟子说："子莫执中，执中无权，犹执一也。所恶执一者，为其贼道也，举一而废百也。"③意思是说，假若死守一个中，没有一定的灵活性，就会对许多具体情况下的问题处理不当。

五、教育的方法

孔子教育思想中最宝贵、最可学习、借鉴的，应该说是他在教育方法方面的理论与实践。因为教育方法是一门科学，它反映实际教育活动中存在的客观规律。这些规律是不随人们的意志为转移的，是不受阶级性的限制与时代、国别限制的。孔子从事多年教育工作，他在

---

①《论语·先进》。
②《论语·子罕》。
③《孟子·尽心下》。

这方面有许多创见,不但是中国教育史上的光辉,在世界教育史上也是少有的。

孔子教育方法的内容,可分为身教、道德教育方法与知识、智能的教学方法三部分。

(一)身教

身教有道德教育方面的,也有知识、智能教学方面的。孔子不仅有高度的好学精神,而且有做人的高尚品质。他考虑问题,非常冷静,非常客观。他不凭空猜测,不绝对肯定,不固执成见,不自以为是。①孔子是"临事而惧,好谋而成"的人,他处理问题非常严肃谨慎。孔子胸怀宽阔,对待人的态度是:"老者安之,朋友信之,少者怀之。"②这就是说,对老年人要让他安安心心、舒舒适适度其晚年;对平辈朋友要以诚相待,团结共处;对年青一代要关怀他们的前途,帮助他们创造成长的有利条件。这也就是孔子的"修己安人""己欲立而立人"的伟大抱负。唯其有此抱负,孔子对事业才有强烈的责任感。当时有人见天下已乱,讽刺他东奔西跑,妄想改革。他却叹息说:"鸟兽不可与同群,吾非斯人之徒与而谁与?天下有道,丘不与易也!"其意思前边已解释过了。当时有人说孔子是一个"知其不可而为之"的人,确实如此,这种精神是很可贵的,它影响了中国两千多年的一部分知识分子。养成了"先天下之忧而忧,后天下之乐而乐"与"天下兴亡,匹夫有责"的积极负责精神。孔子又是一个"不怨天,不尤人,下学而上达"③的人,无论处境如何不顺利,他只冷静考虑怎样对待,丝毫不怨天尤人。怨天

①《论语·子罕》:"毋意,毋必,毋固,毋我。"
②《论语·公冶长》。
③《论语·宪问》。

尤人的毛病，古今中外太普遍了，其对人对事的危害是很大的。孔子能做到不怨天尤人，真是极高的修养。他还能下学而上达，能从简单事物中理解到高深道理，这也是极不容易的，只有伟大的哲学家、教育家才可做到。以上几点，都是孔子做人的极其高尚的品质。

　　人们一讲到孔子为人师表的方面，就会想到他的两句名言："学而不厌，诲人不倦。"①这两句话确实重要，它是孔子教育方法的重要经验总结，也是古今每一个教师应具有的极其高贵的品质。孔子十五岁志于学，一直到七十三岁逝世，一生近六十年始终在兴致勃勃地学习，从无厌倦情绪；孔子从三十岁开始收取学生，进行教育活动，直到老死，从事教育事业四十多年，也一直兴致勃勃，从无厌倦情绪。孔子一生"学而不厌，诲人不倦"。这一点必须是高度热爱教育事业，高度热爱学生，才能做到的。这两个高度热爱，在今天也是一个优秀教师应具有的高贵品质，在教师中应大大提倡。

　　孔子对学生的态度非常和蔼，与学生的关系非常融洽。他经常和学生互相问答，交换意见。他很喜欢跟学生谈心，学生也很乐于跟他交谈。有一次，子路、曾晳、冉有、公西华四人陪孔子坐着，孔子对他们说：我比你们年龄大些，这没有什么，不必拘束。你们平时常说，别人不了解你们，如果有人了解你们，准备提拔使用你们，你们怎么办？接着子路、冉有、公西华相继谈了一番个人的雄心壮志。轮到曾晳讲了，他还在那里鼓瑟哩，他先从从容容把瑟放下，然后慢吞吞地说：我和他们三位不一样，我是想在晚春时节，穿上春季的新服装，相随五六位成年与六七位青年，去沂水上洗洗澡，在午零台上吹吹风，然后一路唱着歌儿回来。孔子听完，对曾晳表示赞许。②这一段描写很能反映

①《论语·述而》。
②《论语·先进》。

孔子与学生之间的热情、和谐气氛,这与我国后来封建社会的师生关系是远不相同的。孔子对待学生的这种热情、和蔼态度与他"学而不厌,诲人不倦"的精神,都是优良的身教典型。

(二)道德教育方法

孔子对教育心理是很有研究与体会的。他认为人们生来的性情、资才是相差不多的,但是后来经过社会的习染就相差很远了。[①]据此,他深信环境对人的影响,教育对人的作用是很大的。现代心理学认为,一个人先天的遗传只能提供他发展的可能性,而不能决定其发展的现实性,发展的现实性,要由后天的环境、教育决定。一个人的智力水平与品德好坏,经过不同的教育可以有很大的悬殊。我们不能说孔子已具有现代心理学的知识,但他的"性相近、习相远"的观点,与现代心理学的说法在性质上是属于同一论调,只不过在量上有精粗之差、深浅之别罢了。

可是,孔子又讲过"唯上智与下愚不移"和"生而知之者上也"的话,这与"习相远"的观点不是矛盾了吗?这该如何解释呢?我认为孔子从事教育工作四十多年,经验在不断发展变化,前后讲的,难免有不一致的地方。庄子也说孔子"始时所是,卒而非之"。因此,某些观点前后有些矛盾是可以理解的。那么,该相信那个说法代表孔子的主要思想呢?我认为这个问题应参照孔子讲的其他话和他的实际行动来判断。孔子自居不是一般人,应属于上智,但他又说:"我非生而知之者,好古敏以求之者也。"[②]孔子也从来没有说过历史上任何一个圣人是生而知之的;同时,他一生勤学好问。这都说明"生而知之"与"上智

[①]《论语·阳货》:"性相近也,习相远也。"

[②]《论语·述而》。

不移"的说法是不正确的,不能代表孔子的主张。至于"下愚不移",那是事实,如生来身体有残疾的人,怎么能改变呢?

孔子既主张"性相近,习相远"的理论,重视环境的影响和教育的作用,因此,他对交朋友和选择环境十分重视。他说:"德不孤,必有邻。"①这就是说,一个人要求上进,学得好品德,必须有同伴互相勉励。他又说:"益者三友,损者三友。"这在上文已讲过了。他还说:"里仁为美,择不处仁,焉得智?"②这是说不选择风气好的地方住,是不聪明的。交朋友与选环境对一个人起潜移默化的作用,现在我们教育儿童与青少年,也应十分注意这个问题。进行品德教育,教师对学生要有耐心,要循循善诱,启发开导。颜回说孔子对他就是"循循然,善诱人,博我以文,约我以礼",才使他"欲罢不能",尽力学习的。在品德教育中,在适当的时候对学生进行鼓励或批评,也是必要的,孔子也使用这些方法。孔子有一次和子夏谈诗,发现子夏有新的领会,立刻高兴地说:"启予者,商也,始可与言诗已矣!"③他发现学生的缺点,也做批评。孔子对子路批评的很多,对子贡也有几次批评。颜回是孔子最赞赏的高徒,也批评过一次,说:"回也,非助我者也,于吾言无所不悦。"④指出颜回对他的教导从不提出质难和他讨论,对他没有帮助。孔子是很喜欢跟人讨论问题的。

品德教育除需要外力之外,更重要的是启发学生自己下决心,个人多做努力。在这方面,孔子也讲过好几条,都是很重要的。如一个人首先要立志,孔子常讲志于学,志于道,和学生谈论个人的志向,以指

---

①②《论语·里仁》。

③《论语·八佾》,商是子夏的名字。

④《论语·先进》。

导学生。立志是学生学习的大问题,也是一个人人生观的大问题。一个人有志愿、有理想,才有奔头,有干劲。孔子也强调力行,强调言行一致,行重于言,要"先行其言,而后从之";要"讷于言而敏于行"。因为好品德要表现在行动上,不是光在口上讲一讲就完了,所以强调力行是很对的。孔子强调学习要有坚持性,要有毅力。他说:南方人有句话,说学巫医是很容易的,但如果一个人没有恒心,连巫医也学不成。这话是很好的。孔子在品德教育上也强调内省功夫,要"见不贤而内自省",曾子的"吾日三省吾身",也是从孔子学来的。孔子还重视认识对修养的作用,所以他主张学习,要通过学习提高认识,不能满足于素质好而放松学习。他说:"好仁不好学,其弊也愚;好智不好学,其弊也荡;好信不好学,其弊也贼;好直不好学,其弊也绞;好勇不好学,其弊也乱;好刚不好学,其弊也狂。"[1]意思是说,一个人如果喜爱仁德,却不喜爱学习,其流弊是不辨好坏差别,容易受人愚弄;如果喜爱聪明,却不喜爱学习,其流弊是放荡而不信正道;如果喜爱诚实,却不喜爱学习,其流弊是不明是非,容易受人利用;如果喜爱直爽,却不喜爱学习,其流弊是说话尖刻,伤害别人;如果喜爱勇敢,却不喜爱学习,其流弊是捣乱闯祸;如果喜爱刚强,却不喜爱学习,其流弊是胆大妄为。孔子强调认清好坏之后,就应迁善改过,他说:"闻义不能徙,不善不能改,是吾忧也!"

孔子还强调道德教育要把认识提高到信念,有了强烈的兴趣,才能更大地发挥作用。他说:"知之者不如好之者,好之者不如乐之者。"[2]只有爱好学善,乐于学善,才能真正学好。学习要收到好的效

---

①《论语·阳货》。
②《论语·雍也》。

果,必须先引起学生的学习兴趣,这是现代心理学和教育学上极重要的原则。孔子对此已有很明确的认识,是非常可贵的。孔子又说:"人而不仁,疾之已甚,乱也。"①这是说对品德不好的人,一味深恶痛绝,是会逼出乱子来的。这话也对,而且有现实意义。现在有些青少年思想品德不好,实际上是"四人帮"的受害者,如果对他们采取厌弃的态度,压制的办法,也会出问题。应该采取耐心教育的方法进行疏导,效果才会好些。

(三)教学方法

因材施教是教学方法中很重要的原则。因材施教一语是朱熹对孔子教学方法的概括,孔子确实是这样做的。他首先提出"中人以上,可以语上也;中人以下,不可以语上也。"②这就是说,对高才生要讲高深的道理,不要限制他的发展;对一般学生就只讲一般道理,免得他接受不了。颜回是孔子的高才生,子贡也是孔子的高才生,但子贡自己说他只能闻一知二,颜回却能闻一知十,可见颜回在高才生里是最突出的。因此,孔子对颜回讲的道理是很深的。颜回自己也说,听了孔子的教导,真像看高山越看越高,用力钻研,越钻觉得越深,有时看来像在前边,忽然又觉得在后边,实在有些捉摸不住。③可是夫子能够循循善诱,用丰富的古代文献充实我的知识,又用一定的规矩约束我的行为,使得我想要不努力也不行。我用尽自己的才力,似乎才有所体会了。④

---

①《论语·泰伯》。

②《论语·雍也》。

③《论语·子罕》:"仰之弥高,钻之弥深,瞻之在前,忽焉在后。"

④《论语·子罕》:"夫子循循然,善诱人,博我以文,约我以礼,欲罢不能,既竭吾才,如有所立卓尔。"

另外,孔子对学生的特点很注意,很了解,他能根据各人的特点进行教学。在《论语》一书中,很多学生问同一问题,他的回答却各不相同。如子贡很聪明,但力行差一些。因此,有一次子贡问如何可算得君子,孔子回答说:"先行其言,而后从之。"子路粗心一些,考虑问题不细密,孔子就教他"知之为知之,不知为不知"。最典型的是孔子对"闻斯行诸"一问的回答。冉求问孔子听到该如何做就立刻去做吗?孔子回答说:当然,听到就应去做。子路问同一问题,孔子却回答说:怎么能听到就去做呢?有父兄在么,还应再听取些意见呀!第三个学生公西华就怀疑了,去问孔子为什么对同一问题两样回答。孔子说:冉求性慢,力行差一些,所以我鼓励他听了就去做;子路性急,说干就干,所以我要教他慎重一些,多听取意见。①这些都是从补救学生的不足方面进行因材施教的。

孔子还注意从发展学生的特长方面进行教育。他的高足弟子中有所谓德行、言语、政事、文学四科的区分,这正是从发挥所长教成的。孔子以后的儒家在《礼记》的《学记》中提出教学要"长善救失",这也就是孔子因材施教的经验。

因材施教在今天也还是在教学上需要研究的一个重要问题,外国教育家对此问题很重视,特别对高才生的培养提出许多新的经验。我国要多出人才、快出人才、出质量高的人才,也应创造这方面的经验。我国有些中小学教师,在班级教学的基础上,进行分组指导与个别辅导,这也是因材施教的做法。

启发式教学法也是孔子教学经验的创造,至今还是教学方法中极其重要的一条原则。孔子说:"不愤不启,不悱不发。"②这就是说,学

①《论语·先进》。
②《论语·述而》。

生不到想明白而不得明白的时候,不去开导他,不到想说出来而又说不清楚的时候,不去启发他。教师指教学生,要在学生有了求知的兴趣、动机、主动性、积极性的时候才有效。因为学习兴趣是学习的动力,没有兴趣,强迫灌输,学习效果是不可能好的。所以孔子也说:"知之者不如好之者,好之者不如乐之者。"兴趣在道德教育与知识、智能教学上,是同样重要的。教师应千方百计想办法,一定要在学生有兴趣的时候教学生,这是教学上很重要的原则。孔子不仅教学生时用启发的方法,自己和别人谈问题,也善于接受别人的启发。他与子夏、子贡谈诗时,都曾讲到他得到的启发。后来《学记》中把这一经验总结为"导而不牵"与"教学相长",这是教学上很宝贵的经验。

孔子又提出"学而时习之"与"温故而知新"的经验,这也是教学中很重要的原则。学习总得有复习,没有一定的复习,知识不能巩固;复习还要反复进行,不是复习一次就完了。复习时不应死记硬背,而要动脑子,求理解。这样,温习旧课不光能巩固已学知识,而且可以推陈出新,得到新的体会,这就是温故而知新了。

孔子还主张学生在学习中要把学与思结合起来,他说:"学而不思则罔,思而不学则殆。"①这就是说,只学不思则缺乏理解得不到要领,变不成自己的东西;只思不学,会走入歧途,那也危险。学与思结合,的确是很重要的,学如蜜蜂采花,思如蜜蜂酿蜜,光采花而不酿,百花之精英也不能变成蜜。可是没有百花之精英,就无法酿蜜。我们现在的教学中还不是反对学生死记硬背,要学生独立思考,求得深刻理解吗?经过思考理解了的知识,不只容易记牢,而且便于应用。孔子还主张学与问结合,要求学生多疑多问,要"不耻下问"。他自己就是

①《论语·为政》。

"入太庙，每事问"，不懂就问的。多问，多跟别人讨论，就能多得到启发，多了解问题。

对于影响学习的各种不良习气，孔子曾提出并批评了许多。他对于不肯用脑的人，不求上进的人，是很不喜欢的。他说："不日如之何如之何者，吾末如之何也已矣！"①意思是说，不考虑怎么办怎么办的人，我对他也真没有办法。他又说："德之不修，学之不讲，闻义不能徙，不善不能改，是吾忧也！"②意思是说，不修品德，不讲学问，听到正义不去做，有了错误不肯改的人，我看了真发愁！孔子是很有教学经验的，但对两种人，他也表示为难。一次说："饱食终日，无所用心，难矣哉！"③另一次说："群居终日，言不及义，好行小慧，难矣哉！"④后一次是说，三五个人整天聚集在一起，不说一句正经话，还好耍小聪明，出些怪点子，对这种人实在没有办法。孔子又说："道听而途说，德之弃也。"⑤这就是说，有的人正道话听不进去，却好打听并散布些小道消息，这是应该改掉的坏习气。在经过十年浩劫之后的今天的学生，不是也有不少人染上了这些坏毛病吗？如何教育这种学生，孔子感到为难，可是我们今天却必须解决这个问题。我想这种学生也不是不可教育的，只要对他们不嫌弃，不厌恶，能关心他们，尊重他们，让他们在人面前能抬起头来，没有自卑感，没有对立情绪，他们还是不难变好的。

六、对社会生活的教育

我所谓的社会生活教育，就是指关于人们日常生活中应遵循的

---

①④《论语·卫灵公》。

②《论语·述而》。

③⑤《论语·阳货》。

一些准则的教育。它讲的是关于待人接物的知识,即对人对己与处理事情的知识。这部分知识是与孔子教给学生的高深文化知识相区别的;这部分教育是与孔子培养从政、治民的人才教育相区别的。孔子的这部分教育思想,过去人们很少注意过,更未见到有人专题论述。对这个问题,我想分四个部分讲一些个人的看法。

（一）对人的研究和了解

孔子对人是很认真做了研究的,他说:早先我是听了一个人所讲的,就相信他所做的;现在我改变了,听了人的话,还要看他的行动,才敢相信他讲的是真是假。①他又说:要了解一个人的品质,你看他做的是什么事,再看他做事所采取的方式、手段,再考察他做事的目的、居心,那他的品质就可明白,无法隐藏了。②你看,孔子研究人的方法确实是很精密的,不但要注意言行一致而且对其所做的事,做事的居心和手段,都要去了解。这种思想方法不是片面的,而是比较辩证的,符合实际的。

孔子认为人的品质有好有坏,他把品质好的人称为君子,把品质不好的人称为小人。他说:"君子和而不同,小人同而不和。"③这就是说,君子对一般人都能团结,但又有正确的立场、原则,不跟坏人同流合污;小人却相反,他跟坏人同流合污,却不能团结一般人。孔子又说:"君子周而不比,小人比而不周。"④这就是说,君子是以义结合,能团结人而不勾结人;小人是以利结合,只勾结人不能团结人。

---

①《论语·公冶长》:"始吾于人也,听其言而信其行;今吾于人也,听其言而观其行。"

②《论语·为政》:"视其所以,观其所由,察其所安,人焉瘦哉?人焉瘦哉?"

③《论语·子路》。

④《论语·为政》。

孔子认为人犯错误是不好的,但人有好坏之分,因而所犯错误也就有不同的类型。看了一个人所犯错误的类型,也就可以知道这个人的品质好坏。[1]这个看法是很深刻的,现在也有这样的事例,可以证明这个观点是正确的。如林彪、"四人帮"横行时期,他们要整好同志,让别人揭发这一同志的错误,有的人明知这个同志有某些错误,但他为了保护这个同志,不去揭发;另有的人却为了讨好林彪、"四人帮",不仅揭发了,而且歪曲事实真相,夸大错误程度。这两个人都没有如实地反映情况,一般说来都是不对的;但两个人的品质却大不相同,一个是爱护同志,一个却是陷害同志。

孔子认为好品德的类型不同,它表现出来的优点也是不同的。他说:"智者不惑,仁者不忧,勇者不惧。"[2]因此,不能要求仁者一定也不惑、不惧。孔子又说:"有德者必有言,有言者不必有德,仁者必有勇,勇者不必有仁。"[3]这就是说,不同类型的好品德相互之间也有高低层次,即具有某种好品德的人,一定会有另一种好品德;相反,具有另一种好品德的人,却不一定有某种好品德。这一分析也很精密,而且符合实际情况。

孔子深信人是在发展变化的,特别是年轻人,前途不可限量。他说:"后生可畏,焉知来者之不如今也!四十五十而无闻焉,期亦不足畏也已。"[4]他对年轻人寄予很大的希望,希望及早努力上进,不要到了四五十岁一事无成,老大徒伤悲,也无济于事了。孔子认为最好的品德是说话忠诚老实,做事负责认真。他说这种人到什么地方,都是

---

①《论语·里仁》:"人之过也,各于其党,观过斯知仁矣。"

②④《论语·子罕》。

③《论语·宪问》。

行得通,受欢迎的;相反,不具备这种品德的人,就是在本乡本土,也行不通,不会受欢迎①。孔子认为最不好的品德是骄傲与吝啬,他说:"如有周公之才之美,使骄且吝,其余不足观也矣!"②意思是说,即使有周公那样好的才能,如果他骄傲而又吝啬,既不虚心向别人学习,又吝啬不肯帮助别人,那他就没有什么可取的了!这些看法的确是很正确的,在任何社会,说话忠诚老实,做事负责认真,都是很好的品德;骄傲与吝啬,都是很不好的品德。

这里需要讲清楚一个问题。过去曾有人认为,在阶级社会,道德就只有阶级道德,不会有超阶级的道德。这个观点是片面的,已有人反驳过了。应该说道德有阶级性的一面,也有非阶级性的一面;阶级道德是有的,但在阶级道德之外,也还有同一社会内不同阶级的共同道德,甚至在不同社会阶段的各阶级,也可以有共同道德。列宁说的"数千年来在一切处事格言上反复谈到的、起码的公共生活准则",指的也就是共同道德。为什么利害不同的阶级会有共同遵循的道德呢?实际上这也有其经济基础,就是各阶级除不同利益之外,也还有些共同利益。如盗窃是各阶级、各社会阶段都反对的,因为不论贫富,都有自己的或多或少的私产,不愿让别人拿去。因此,反对盗窃就是公共道德。又如买卖公平是道德,投机倒把是不道德,这也是各阶级一致赞成的。因为不如此,社会上就没有货物的合理交换,社会秩序乱了,对大家都不利。这一公共道德,也是有共同利益作基础的。"言忠信,行笃敬",也是以各阶级共同利益为基础的,所以也应属于公共道德。

---

①《论语·卫灵公》:"言忠信,行笃敬,虽蛮貊之邦,行矣!言不忠信,行不笃敬,虽州里,行乎哉?"

②《论语·泰伯》。

孔子对道德品质的言论,有许多讲的就是公共道德,并不受阶级与历史的限制。

孔子细心观察了人的一生,根据生理、心理特点,将人的一生分成三个大的阶段,并随每阶段一般容易犯的毛病,提出应该警惕的问题。他说:"君子有三戒,少之时,血气未定,戒之在色;及其壮也,血气方刚,戒之在斗;及其老也,血气既衰,戒之在得。"①意思是说,人在年轻的时候,血气没有稳定,还在成长,要警惕不可把精力放纵于女色;到壮年时候,血气正旺盛,容易发怒,要警惕不要跟人打架斗殴;到了老年,血气衰弱了,容易注意眼前利益,要警惕不可贪求无厌。这些话讲的都很深刻。此外,孔子对于染有"饱食终日,无所用心""群居终日,言不及义,好行小慧""道听而途说"等不良习气的人,是摇头叹气,很不喜欢的。因为这些虽不是太坏的品德,但妨碍一个人的进步。在我们今天,也应该反对这些不良习气。

(二)自己做人与对待别人的态度

在对人对己的要求方面,孔子主张"躬自厚而薄责于人"。②这句话已成了我国两千多年来的处世格言。对自己要求严格些,对别人不要要求过高。一般说来,这个主张今天也还可用,特别对于责人严格而不自责的人,更为适用。当然对于好的党员与干部,应该是对人对己都以高标准要求,不必对己严而对人宽。孔子说:"己所不欲,勿施于人。"③他要人将心比心,自己不愿别人如何对待自己,自己也不要用那种态度对待别人。这方法简明易懂,只要愿意学,谁都可以做到。孔子又说:"可与言而不与之言,失人;不可与言而与之言,失言。君子

①《论语·季氏》。
②《论语·卫灵公》。
③《论语·颜渊》。

不失人，亦不失言。"①意思是说，应该和他谈话而不谈，这就对不起这个人；不应该和他谈话而谈了，这是浪费语言。君子处理这个问题，应是既不对不起人，也不浪费语言。这也是考虑比较周到，处理比较恰当的。

孔子认为大家都喜欢的人，不一定就真好；大家都不喜欢的人，不一定就真不好，还应细加考察。②这样实事求是地了解人，毫不盲从，在认识方法上是辩证的、唯物的；在处理人事问题时，既不会冤屈好人，也不会受骗上当。我们今天的社会，由于林彪、"四人帮"的破坏，人们之间的关系不够正常，派性还有一定的影响，更不应轻信、盲从，还是要根据事实作判断。在《论话》中还有一段话，和上述众好众恶都要考察的意思相似。一次，子贡问孔子说：同乡里的人都喜欢他，这个人怎么样？孔子回答说：还难肯定。子贡又说：同乡里的人都不喜欢呢？孔子说，也难肯定。如果同乡里的好人都喜欢他，不好的人都不喜欢他，这样的人才肯定是好的。这和前边讲的"人之过也，各于其党"一样，人之好恶也是"各于其党"的。这个观点也是正确的，它不仅主张对众好众恶都要考察，而且还提出了考察的一种方法。

孔子说："法语之言，能无从乎？改之为贵；巽与之言，能无悦乎？绎之为贵。悦而不绎，从而不改，吾未如之何也已矣！"③这就是说，听了有根有据、直截了当指责自己的话，能不承认吗？只承认还不够，改正了才好。听了委婉曲折的劝告，能不高兴吗？且慢高兴，分析一下话里的真意才好。高兴而不加分析，承认而不去改正，对这种人我也没有办法。我们听了别人说有关自己的话，不管他是用什么方式讲出来

①《论语·卫灵公》。
②《论语·卫灵公》："众好之，必察焉；众恶之，必察焉。"
③《论语·子罕》。

的,都应力求从中取得教益,并见之于行动,这当然是难能而可贵的态度。

孔子认为一个人要求上进,离群索居、孤陋寡闻是不行的,一定要找同伴、交朋友。他说:"德不孤,必有邻";又说:"益者三友,损者三友"。不仅交朋友要注意,住处也要选择。孔子说:"里仁为美,择不处仁,焉得智?"交友和择邻,这对青少年的影响是很大的,"文化大革命"以来,我们的体会更深,教育工作上应十分重视这个问题。

孔子认为一个人的语言和做事能力有关系,又不相同。话讲得漂亮的人,不一定做事能力就强。因此,不能看他讲的好,就提拔重用;也不可因为他为人不好,就把他讲的正确的话,也说成是错误的。①

(三)观察、研究事物的态度和方法

孔子认为观察、研究事物,首先要态度端正,要"知之为知之,不知为不知。"②知道就是知道,不知道就是不知道,这似乎很平常,但有不少人并做不到。有的人好不懂装懂,强不知以为知;有的人辨别不明确,稍懂一点儿,就以为懂了,实际上还是以不知为知。因此,必须在观察、研究之前,先弄清自己对事物知道的实际情况,才好开始进行观察、研究。孔子在这两句话之后,还加了一句,说:"是智也。"就是说能做到这点,就是聪明智慧。可见,要做到"知之为知之,不知为不知"并不容易,也不简单。

孔子自己研究问题,力防主观。上文讲过,他不随意猜测,不主观武断,不固执成见,不自以为是。孔子自己也说:有一种人好不懂装懂,我是没有这种毛病的。我是多多地听别人的意见,选择其中合理

---

①《论语·卫灵公》:"君子不以言举人,不以人废言。"
②《论语·为政》。

的部分接受;多多地看事物的情况,全记在心里。①从这两点看,孔子研究问题的态度是很虚心、谨慎、不主观,是我们每个人应该学习的。

孔子研究问题的方法,也很值得重视。他说:我有许多知识吗?没有。即使粗野无知的人来问我一个问题,我脑子里空空的,一点意见也说不上来;但我也问问他,对这个问题有什么不同的看法,请他讲讲。我听了各种意见之后,再探索一番,也就有了主见,可以给他讲了。②孔子还是用多问、多闻、多思考的方法,来对待不懂的问题的。

孔子很喜欢多动脑子的人,对于不肯动脑子,遇事不研究怎么办的人,感到真没办法。③

（四）处理事情的方法

孔子对处理事情也总结了许多经验。这些经验久经传诵,其内容几乎成了汉民族共同遵循的处事准则,其语言成了格言、谚语,在今天也可借鉴、学习。如他说:一个人如果不能高瞻远瞩,一定在近期就会遇到忧患。④又如说:事情到手时应该小心谨慎,考虑周到,才能办成。⑤又如说:做事只求快,就达不到目的;只看重小利,就做不成大事。⑥又如说:工人要做好他的工作,必须先整理好他的工具。⑦

孔子有个学生认为做事过头比不及好些, 孔子告他说:"过犹不

---

①《论语·述而》:"盖有不知而作之者,我无是也。多闻,择其善者而从之,多见而识之。"

②《论语·子罕》:"吾有知乎哉? 无知也。有鄙夫问于我,空空如也。"

③《论语·卫灵公》:"不曰如之何如之何者,吾末如之何也已矣!"

④《论语·卫灵公》:"人无远虑,必有近忧。"

⑤《论语·述而》:"临事而惧,好谋而成。"

⑥《论语·子路》:"欲速则不达,见小利则大事不成。"

⑦《论语·卫灵公》:"工欲善其事,必先利其器。"

及。"意思是过分与不及一样都是错误的。这一看法是符合辩证法与实际的。孔子在两千多年前对此就有明确的认识，是难能而可贵的。

孔子又说："小不忍，则乱大谋。"①意思是说，在小事情上不果断，不下决心处理，就会扰乱大事，破坏大的计划。又说："君子成人之美，不成人之恶；小人反是。"②意思是说，品质好的人是成全别人的好事，不成全坏事；品质不好的人，与此恰恰相反。又说："君子周急不济富。"③意思是说，品质好的人是帮助生活上有困难的人解决问题，不是帮助富有的人发财。这许多都是讲得很正确的，至今还流传在一部分人的口头上。

类似上述的话还很多，从以上所举各例，也可见到一斑了。

前些年讨论孔子思想时，曾有同志认为"重人事，轻鬼神"是孔子学术思想中最可宝贵的唯物主义因素，认为这一思想经过两千多年的传播与影响，在一定程度上对汉民族奋发图强、重视主观努力等性格的形成是起了积极作用的；汉民族受宗教影响比较浅，与此也有关系。我完全同意这一观点。墨子的时代比孔子晚，还著有《明鬼》篇，宣传鬼神迷信；而孔子对鬼神却说"敬鬼神而远之""未能事人，焉能事鬼？"他虽不是明确而坚决地反对鬼神的存在，却也不是真诚相信的，而是看轻鬼神的，至少对鬼神是持怀疑态度的。至于重人事，这在他的哲学思想、政治思想、学术观点、历史观点各方面都是如此，教育方面当然也不例外。这一点也是孔子对社会生活方面的重要教育。

《礼记》中的《中庸》篇，过去传说是孔子的孙子孔伋著的，近年来

①《论语·卫灵公》。
②《论语·颜渊》。
③《论语·雍也》。

有人否定了,认为是战国末期甚至秦汉时的儒家学者著的。在《中庸》篇中有这样一段话:"君子之道,费而隐。夫妇之愚,可以与知焉,及其至也,虽圣人亦有所不知焉;夫妇之不肖,可以能行焉,及其至也,虽圣人亦有所不能焉。"意思是说,一种高明的理论,应用宽广,而含义深远。从浅显处说,一般文化程度很低的群众也可以理解,但其深奥处连圣人也有不能理解的;从容易处说,行为一般的群众也可以做到,但其艰难处连圣人也有做不到的。孔子有好多言论,特别是对社会生活教育的言论,正是这样,说浅也浅,说深也深,真有仁者见仁,智者见智,雅俗共赏,各取所需的妙用。

（原载《辛安亭论教育》,湖南教育出版社 1983 年版）

第四辑
历史文化及其他

德智体全面发展的光辉典范

——怀念徐特立同志

（1980 年 6 月）

《徐特立教育文集》出版后，我买来一本，如饥似渴地很快就读完了。读时发生了一个很奇特的感觉：全书共计六十三篇文章，其中绝大部分原先并没有见过；但几乎篇篇似曾相识，毫不觉得生疏。这是什么道理呢？我反复想了之后，觉得道理有二：一是文如其人，徐老的每篇文章，都充分反映出他为人的特点。我过去和徐老接触不少，徐老的为人处事、精神面貌，在我脑子里留有深刻的印象。因此，文虽是初读，反觉得似曾相识。二是徐老善于和人深谈，他对许多问题有独特的见解，容易给人留下亲切难忘的印象。我在延安的十一年中，和徐老见面估计总在二十次以上；在北京的十一年中，和徐老见面也有十几次。少数是在会议上相见，多数是个别接触。徐老是"学而不厌，诲人不倦"的典范，每次个别接触中总要谈好多话，涉及许多问题。在接触中听到的意见和文集中文章的主张是一致的，因此初读也不觉生疏。

徐老的知识极其渊博，教育经验又很丰富，是我们党的老一辈革命家，杰出的无产阶级教育家。他讲教育问题，常常结合社会科学和自然科学的某些具体内容，从不泛泛地空谈教育原理与教学原则。有时他讲得十分精彩，有理论，有实际；又原则，又具体，很能启发人的思想，鼓舞人的勇气。

按我与徐老接触次数之多而言,应该写出好多回忆来,讲出自己曾受到的教导;只恨自己近两年记忆力锐减,过去的事许多都模糊起来。好在徐老的教育文集已经出版,这是徐老留给我们的一份宝贵遗产,应该学习它,继承它,发展它。下面我只把印象较深、尚未忘却的几件事写出来,既作为对徐老的怀念,又为我们学习和研究徐老的教育思想,提供一些素材。

大概是在 1941 年的时候,延安《解放日报》上有一篇文章,批评我编写的高小历史课本中对秦朝政治的写法,认为只应写暴君暴政,对统一中国、废分封、改郡县、修长城,统一文字与度量衡等不应多讲,更不能说对历史发展起了促进作用。徐老看到这篇文章后,有一天来边区教育厅见到了我,就问我对那篇文章有什么意见。我说我不同意作者的看法。徐老立刻说,你的意见对,不能把秦朝的政治只看成是暴君暴政,秦朝政治徭役繁重,苦害了人民,是一个方面;但秦朝有许多措施促进了中国历史的发展,后来汉朝也继承了,这些是应该肯定的。他鼓励我写一篇文章,寄到报社,争辩一番。这件事充分反映了徐老实事求是、一分为二的研究问题的思想方法和热心教育青年、鼓励青年,倡导讨论、争辩的优良学风。

这次谈话结束时,徐老要了一套我编写的历史课本。过了些日子,我去找他,请求指教。他谈了不少意见,其中有两点到现在我还记得很清楚。一点是对历史问题要辩证地看,要有历史观点,不能机械地讲,不能讲死。如西周的井田制度,在当时促进了生产的发展,是好的;但到春秋战国时就阻碍生产,变成坏制度了。又如科举制度,在隋唐时代,比起原先的九品中正制是一个进步,能够选拔人才;但到明、清两代,以八股文取士,就变成坏制度了,妨碍了人才的选拔。再一点是,他说中国封建社会特别长,封建制度、封建思想的影响特别大,至今还是社会改革的阻力。因此, 讲中国历史要多揭露封建社会的黑暗，提高学生反封建的觉悟，注意肃清封建流毒，促进社会发展。徐老的指示，使我深受教育。当时我正在编写供小学教师和工农干部阅读的《中国历史讲话》，徐老的意见，我都在写稿中尽力体现了。

　　1944 年延安整风之后，有一次我和徐老谈起党内的官僚主义与主观主义问题，他讲了一段话，分析地很透彻。他说中国封建社会时期特别长，资本主义来的很晚。资本主义比封建主义进步，它的民主、自由是反封建的，是反封建主义的专制主义、家长作风的。可是资本主义在中国还没有得到发展，对封建的东西还没有彻底破除，社会主义就来了。就社会主义制度说，我们比欧美的资本主义国家是进了一大步，但就反封建的彻底说，我们远不如人家。人家的封建残余是很少的，我们却大量存在，在党内也还残存着封建思想和封建习气。官僚主义、主观主义这些东西都是不民主的表现，都与封建思想有关系。因此，我们不但要反资本主义，而且要反封建主义，或者说更要反封建主义。肃清封建主义的流毒，不是容易的事，而是我们文化教育工作的一个长期任务。这个意见我在延安只听徐老讲过一次，许多人对此似乎不甚了了。粉碎"四人帮"后，人们对这一点才明确地认识到了。

　　徐老的谦虚、好问是十分突出的。他在陕北当边区教育部长时，对地方干部十分尊重，经常征求当地干部的意见。他说当地干部是土生土长的，对地方情况了解的多，根据他们的意见进行工作，就不会脱离群众，脱离实际。他对后来边区教育厅的某些知识分子领导人的作风，很不赞成，说他们是上海亭子间来的，不了解下情，还不尊重地方干部，这就难免在工作中犯错误。大概在 1944 年延安整风之后，有一天徐老和我谈到陶行知先生，他非常钦佩，特别赞扬陶先生的小先生制，说陶先生谦虚，有民主思想，所以才能发现儿童的天才，发挥儿童的天才。还说到他在江西苏区时，也有与陶先生的小先生制相似的做法,但没有理论化,而陶先生却比他更进了一步,他自己要改名为"师陶",要向陶行知先生学习。徐老对自己不了解的问题,不仅问下边的干部,而且向农民群众请教。他曾对我说过,他初来陕北时,不懂得为什么冬天下了大雪,麦苗冻不死;不下雪,麦苗却有可能冻死。后来问了老农,老农告诉他干冻比湿冻更冷,雪是保温的。于是他恍然大悟,麦苗盖在雪下,温度就停在摄氏零度;如无雪覆盖,温度会降到零度以下。徐老对孔子的"三人行,必有我师焉",韩愈的"师不必贤于弟子"等讲法十分赞赏,不仅常对人宣传,而且身体力行。

1946年边区教育厅出刊《边区教育通讯》,由我们编审科的同志负责编辑工作。当时我们对小学教师可否采用体罚的办法管理学生,认识不清,有不同意见。于是写了一封信给徐老,请他指教。徐老回信把体罚的不良后果讲得很清楚;同时对犯错误的同学应如何用诚恳耐心的态度,用说服教育的办法解决问题,指示得很具体,使我们受到很深刻的教育。徐老的回信和我们的原信,现在文集中都有,这里不再详细讲了。

中华人民共和国成立以后,大概在1953年的时候,有一次我找徐老,请教对毛主席提出的"健康第一""身体好、学习好、工作好",应该如何理解。他说青少年是长身体的时期,首先应该注意身体健康。健康的精神寓于健康的身体,身体好了,学习、品德就都有了好的基础。身体不好,即使学习好,又有什么用呢?全国解放以前,北京、天津有些著名的中学,功课很紧张,学生程度好,考大学成绩最优;但上了大学以后,有的身体不行,常闹病,学习也就落后了。有的甚至大学毕业了,病很严重,不能工作,成了社会的负担,这是教育的失败。我们人民的教育,无论如何不能给社会培养"包袱",为社会增加负担。徐老对毛主席的指示理解得是多么深刻呀!

大约是1956年,一次徐老的秘书给我打电话说,徐老问我如有陕甘宁边区的《边区教育通讯》,给他送去一些,他要参考。我把身边有的都找出来送去了。去时,他在屋里地上站着,两腿微开,站得很稳,当时徐老已是八十高龄了。我关切地说:"站着太累了,请坐下来吧!"他说身体要锻炼,健康的身体应是"坐如钟,立如松,行如风"。坐要稳重,立要挺拔,行要如一阵风。我问他如何锻炼法,他说进城后不太方便,锻炼主要是走路。当时家里的人不让他随便出去,但他每天还是要独自出去转一转,走四五里路,而且要快走。他说人不运动不行,越老越要运动。他说身体健康了,就能朝气蓬勃,要干啥就干啥。他还说做事要专一,不要三心二意。学习就专心学习,坐下来,正正经经学;休息就认真休息,不要身子躺下,还拿一本书翻。这些话虽很平常,但却是经验之谈。由于徐老一贯坚持锻炼身体,所以他活了九十多岁。

1937年徐老六十寿辰时,毛主席在写给他的祝贺信中,高度赞扬了徐老的道德品质,说:"你是心里想的,就是口里说的与手里做的,而在有些人他们心之某一角落,却不免藏着一些腌腌臜臜的东西。你是任何时候都是同群众在一块的,而在有些人却似乎以脱离群众为快乐。你是处处表现自己就是服从党的与革命的纪律之模范,而在有些人却似乎认为纪律只是束缚人家的,自己并不包括在内。你是革命第一,工作第一,他人第一,而在有些人却是出风头第一,休息第一,自己第一。……"1947年,徐老七十寿辰时,毛主席又给以"坚强的老战士"的评价,周恩来同志赞扬徐老是"人民之光,我党之荣";朱德同志称誉徐老是"当今一圣人"。徐老在第一次国内革命战争遭到失败革命形势处于低潮时,毅然加入中国共产党,这充分说明他对革命无限忠诚,对革命必然胜利充满信心。他一生献身党的教育事业,勤勤恳恳,为国家培养了大批人才,其功绩是不可磨灭的。

综上所述,徐老品德高尚,学识渊博,教育经验丰富,身体健康,如是德智体全面发展的光辉典范,是最优秀的共产党员。毛主席在祝贺徐老六十寿辰的信中还说:"你是我二十年前的先生,你现在仍然是我的先生,你将来必定还是我的先生。"对我们大家来说,徐老当然更永远是我们的老师了,我们永远要向徐老学习!

（原载《兰州大学学报》社科版,1980 年第 3 期）

崔述及其《无闻集》

（1983 年 4 月）

崔述在中国学术思想史上应占重要地位，但这不是因为他有一部规模宏大的《考信录》，而是因为他有一本薄薄的《无闻集》。《无闻集》是一本特殊的文集，有很大的进步性与人民性，但从未见有人对它有所评论，这不能不说是一件怪事。我这篇文章就是为此鸣不平的。

一、崔述的生平

崔述姓崔，名述，字武承，号东壁，直隶省大名府魏县人。他出身于书香之家，高伯祖崔维雅是举人，因治黄河有大功，做过知府官。曾祖崔缉麟也是举人，未做过官，但品学兼优，人称"德行文艺，咸推第一。"他对治河也有研究，曾对当事者上过治河意见书。祖父崔濂是武秀才。父亲崔元森，累试不中，绝意仕途，长期过教书生活。

崔述生于公元 1740 年（清乾隆五年），三岁时父亲就教他识字，四岁即令读《三字训》《神童诗》等，并随读随讲。五岁授《论语》，每授若干，必限令读百遍，以百钱置书左，而递传之右。以后读《孟子》《小学》《大学》《中庸》及"五经"。崔元森教儿子读经书的方法是让先熟读经文，体会其含义，然后再读传注，以证验自己的理解。这一教法竟成了后来崔述研究学问的方法，也成了他著作《考信录》的方法。崔述自己说："自读书以来，奉先人之教，不以传注杂于经，不以诸子百家杂于经传。久之，而始觉传注所言有不尽合于经者；百家所记往往有与经相背者。"这正道出了其中消息。崔元森深信朱熹学说,反对王阳明的良知说,他认为学问不是从良知来的,是从"致知力行,博文约礼"中来的。他反对主观唯心主义,主张多读书躬行,这是很对的。崔元森教育儿子,主要是认真读书,但有时也引出去游览,过些时就带崔述登城观城外大水,上礼贤台远望,以散其心,使不致心滞而不灵。只是严格地不许同邻里群儿玩,不许家中养鸟雀,也无丝竹之器,至于赌博等事,更不允许。崔述的母亲是知识分子,能写诗。她对崔述的教育也很认真,常令他读书之余服手足之劳,恐其坐多而血气滞,身弱易病也。亲族中兄弟有互相吵架相斗者,严禁儿子同他们接近。因此,崔述在少年时,"市井童稚鄙倍之言不接于耳,陋劣之行不涉于目。"防止了环境的恶劣影响,这对他一生的行为有很大关系。

崔述十五岁时到大名府应童子试,大名知府朱瑛一见,认为是奇才,让他坐在大堂暖阁之侧。待其考卷写完,又把他召到内署晚香堂后池上。坐了一阵,然后让他到内室见了知府夫人,赏赐了荷包银锭,并让吃了饭。饭毕,已入夜,命人提府堂烛笼送回家。发榜以后,崔述得秀才第一名。第二年朱知府就召崔述到府衙内晚香堂读书,和他的儿子朱士琬做同学。崔述在这里一直读书八年,得益甚多,他自己说:"余自入署后,非但从公学举业,且得纵观海内之书,交游天下之士,以扩其耳目而开其知识。"朱知府爱才而对崔述这样大力协助其成才,这在社会上是很少有的。崔述一生感恩戴德,铭记难忘。因此,后来朱瑛去世后,崔述在《祭朱公文》中十分感激地说:"不阶尺寸,罗之署内;扶持吹嘘,饮食教诲。八年终始,雨夕风晨;经传马帐,雪立程门。……"

崔述从十六岁到二十三岁,这段在晚香堂的学习是他一生最幸运的时期,但这期间他家乡及家中的灾难却是很严重的。漳河夏秋间常泛滥成灾,崔述十八岁那年,漳河决口,魏县城全被淹没。崔述家屋水淹倒塌,财产用器全沉在水里。他的父母移住在城外,几个月不得安居,每天吃一些扁豆充饥。秋天霜降以后,还穿着单衣。冬天生不起炉火,母亲晚饭后把砖头放在灶内,睡觉时取出置于被中以取暖。家乡累被水患,往往一年迁家数次,家道衰落,甚至食无隔宿粮。魏县因累遭水灾,后来取消县治,并入大名县。

朱瑛调任离大名时,崔述和他弟弟崔迈同送了一程,然后兄弟二人上京应考,一同中了举人。崔述虽然中了举人,因无有力者推荐,也做不了官,以后就过教书生活,自己研读古书,并留心社会问题,写一些文章。他三十岁后立志考证古史真伪,要写一部《考信录》。四十岁以后开始写,先后写了三十多年,从上古唐虞夏商周以及孔子、孟子,都做了严密的考究。中间于五十七岁时做了福建罗源县知县,后调上杭县,后又回罗源,共任知县六年。在这六年中,政绩卓著,略述如下:罗源近海,很难治理。崔述治政如治家,不讲究衣食,不举行宴会,早起晚睡,遇事都亲自处理。每天与士民接见,书役禀报都让直入二堂,往往谈询很长时间。没有人敢来讲私情,也不敢送礼行贿,地方百姓的隐情都可上达,不致壅蔽,下边的衙役也都不能从中捣鬼渔利了。他判断讼案,毫不预存成见,让双方各尽其辞而后分析判断是非。在罗源三年,断案没有冤枉一人。崔述到罗源之前,地方上发生一宗人命案,牵连到村民数十人被冤捕而不能结案。崔述到任后,认为此案关系到数十人的生命,不是小事,经过调查了解,亲自写文详辩,理直辞达,才解决了问题,救出数十名村民。后调任上杭县,上杭地方辽阔,诉讼多,比罗源更难治理,只是税收多,人们都认为是能够发财的好地方,因而随他去的人都欢欣鼓舞。但是崔述到后,却把税收所余都移作为海上捕盗匪的费用,别人有的议论他矫情厉俗,太过分了;有的笑他愚蠢,不会发财。崔述却不以人言在意,自信做的是对的。其一生安贫守节,由此可见。他对一切政事与在罗源时同,而勤劳更过之。第二年他又调回罗源,群众悬彩颂德,夹道迎接。这次到罗源,他把先前在罗源时想做而未做的事又做了,如清理社谷,以救民困;建城西石桥,以便交通;修理文庙,集士讲学。他亲自给诸生讲《孟子好辩章》,引申而讲经学之兴废,圣道之明晦,古书之真伪,旧说之是非等等,往往讲至日落,不觉疲倦。

崔述第一次在罗源任知县,福建巡抚汪志伊就很赞赏他的政绩,说:州县廉善者以罗源为最,他县当效崔令所为。崔述二次回罗源任职二年,累求辞官北归,继续写他的《考信录》,汪公不允。最后同意了,临别时他对崔述说:"好官难得,我不能推荐提升你,很觉惭愧。"

这里需要补叙一笔,在崔述任罗源知县的前四年,即他五十三岁时,上北京待选,在逆旅中遇陈履和其人。陈读了崔的上古及洙泗考信录,十分敬佩,一定要拜崔为师。崔坚辞不可,即结为师弟,相视如父子。在京受业两月余,以后分手再未见面。但陈也是举人,连任知县,奔波各地,相互间常有书信往来。陈帮助崔在各处刻印《考信录》的各部分,不遗余力。崔在公元1816年去世时,把一部分遗稿交付家人,让其转交陈履和。当年陈来探望,接受遗书,继续刻印,八年之后始全部印完。陈履和对崔述遗书的刻印,关怀努力,可说至矣尽矣,这位弟子对老师的爱戴之深厚,也可说无以复加矣!

二、崔述的幸与不幸

韩愈在《与于襄阳书》中讲:"士之能享大名、显当世者,莫不有先达之上,负天下之望者,为之前焉。士之能垂休光照后世者,亦莫不有后进之士,负天下之望者,为之后焉。莫为之前,虽美而不彰;莫为之后,虽盛而不传。斯二人者,未始不相须也,然而千百载乃一相遇焉。岂上之人无可援,下之人无可推欤?何其相须之殷而相遇之疏也?"韩愈的这一段话,很能道出封建社会一般士大夫的遭逢遇合的感慨。崔述的遭遇可说是幸运的，前有爱才的朱瑛知府帮助他在府署研读八年，使他在学术上有所成就；后有陈履和这位忠诚的弟子辛苦二十余年，帮助刻印遗书，使传于世。因此，胡适在《科学的古史家崔述》一文中说："崔述少年时遇朱瑛，得他的帮助，方才有读书的机会；晚年时遇陈履和，结师弟之谊，履和牺牲一切，替他刊遗书，他的著作始得保存于世。这两个人都是云南南部石屏州人，离大名县万余里：这真可算是一段遇合奇缘了。"

但是，幸中也有不幸，公元 1824 年陈履和把崔述遗书全部刊印出来后，几乎一百年间未引起学术界的重视。直到"五四"以后，胡适、钱玄同、顾颉刚等对中国古史的研究提出疑古、考证的口号之后，才把崔述疑古、辨伪、考信的治学态度重视起来，把崔述的《考信录》推为一部奇书。胡适甚至说："崔述及《考信录》被时代埋没一百年，算是中国学术界的奇耻。"胡适这样推崇崔述和《考信录》，我认为是有道理的。因为中国长期信古、崇古甚至迷古，造成学术界死气沉沉，进步很慢；打破这种学术风气是有很大的历史意义与现实意义的。所以梁启超在"五四"时期介绍国学入门书目时，也对《考信录》说："此书考证三代史事最谨严，宜一浏览，以为治古史之标准。"他又在《辨伪书》一文中说："好古为中国人特性之一，什么事都觉得今人不如古人。因此，出口动笔都喜欢借古人以自重，此实为伪书发达之总原因。"又说："中国伪书极多，所以辨伪书为整理旧学里头很重要的一件事。"崔述疑古、辨伪、考信的成就，在古史研究的历史上是有其不可低估的功绩的。从"五四"时期，顾颉刚先生费了十五年时间，收罗标点崔述著作，最后出版了《崔东壁遗书》八十余卷，使崔述著作又流传于世，这又是崔述的幸运了。

崔述考证古史，自己定了一个原则，即："凡其说出于战国以后者，必详为考其所本，不敢以见好汉人之书遂真以为三代之事也。"他把六经孔孟之言作为判别真伪的标准，凡战国以后所讲上古三代之事而与六经孔孟之言抵触者，即认为是伪的。他的《考信录》本是要先考事实真伪而后才信，这样就不免先信而后考，是根据主观意见而找证据了。因此，后人对《考信录》的评价，意见不一。胡适的看法是：《考信录》虽有主观不符事实者，但绝大多数考证还是持之有故、言之成理，比较可信的。尤其他的"细为推敲""打破沙锅问到底"的精神是十分可贵的。因此，胡适称崔述是"伟大的学者"，称《考信录》是"伟大的著作"。我对《考信录》没有研究，提不出主见；在这篇文章中倒想对崔述的《无闻集》，别人从未注意论列到的这一小书，讲些个人的看法。

三、对《无闻集》的评价

崔述遗书共计三十四种、八十八卷，大半是上古、三代、洙泗考信录以及一些其他考古文章，诗文集很少，只有十六卷。在诗文集中，《无闻集》（文集）五卷，《知非集》（诗集）三卷，其余皆零星杂记，还有些是家中别人的诗作。《无闻集》共有文题五十二，其中缺文或别见者十二，实际长短只有四十篇文章。其中又有考究古人古事者八篇，所余一般议论、记叙文只有三十二篇，约只有全部遗书的三十分之一。但这三十来篇文章，我却认为是沧海明珠，是崔述遗书中最宝贵的东西，它富有很高的人民性，在中国学术思想史上应占突出的地位。虽然崔述自己并没这样估计他的文集，他的主要精力都是花在《考信录》上，他更重视他的《考信录》的重要性；这是由于他受了六经孔孟、尊师卫道思想的束缚所导致。

我为什么要对《无闻集》这样评价呢？简言之，因为我国历史上的许多文集，其中都有不少应接酬酢之作，有不少游山玩水之文，或者对有权者歌功颂德，或者对平常人溢美虚功。而崔述的《无闻集》中却没有一篇这样的文章。他关心的是人民的忧乐，群众的利害；他文不

虚作,一定要有裨益于社会,有实惠于民生。现分别介绍一部分文章内容如下;

1. 四篇《救荒策》。第一篇引经据典讲一些灾荒产生的原因及救灾荒的道理。第二篇细讲修渠打井、潴水引水、治沙治河的理论与措施,是关于兴水利,除水害,发展生产,以求富民的,对农民利害关系甚大。第三篇讲减少社会上非农业生产的各种人,如官吏、工商等,禁绝社会上的地痞流氓、娼妓、赌徒等,使耕者多而食者寡,让整个社会富起来。以上二策都是救于未荒之时的办法。至于已成荒后怎么办呢? 这就是第四篇所讲的了。文中讲了四条办法:一是让粮商往出卖粮,二是让有田地而缺粮者借用,三是以工代赈,让无土地而有劳力者做活得粮,四是赈济,只限于无田地而又无劳力者享用。赈济又分两种办法:一是发粮,每月发一次,领粮之民限于十五里以内,以便往返。予先宣布发粮日期与地点,领粮者持领牌排队而入,依次发给。早晨发起,临晚结束。二是发粥,每天发一次,民远来者不过数里,领粥者分行坐定,各拿饭具,听授粥者供给。

第四篇中还讲到灾荒的成因有二:一是年景不好, 二是吏胥为害。他说就是在赈济的过程中,吏胥"或伪造户口,或阴受请嘱。伪造户口,故粟多中饱而惠不及于民;阴受请嘱,故富者得粟而贫者无救而死。是以凶荒之岁,赈济之年,吏未有不增田,胥未有不建屋者。"他说为官者要知道吏胥之为害,"则民无所惮而不诉, 诉之而无不杖之革之流之杀之,则吏胥之害即可除矣。吏胥之害除,然后可以有饥馑而无死亡;不然,虽悉行救荒之策,亦徒为具文而已。"这些话,都是深知社会情伪而又关怀民命者,才能讲出来的。

2. 五篇治河水的文章。水利水害关系国计民生极大,崔述家乡大名一带即受漳河之害十分严重。因此,崔述对治水问题非常关心,做了许多调查研究,写了好几篇文章,探求河流变化规律,策划兴利除害的措施。他首先写了一篇八千来字的长文——《大名水道考》(原列《无闻集》卷五,今移在轶文内),把大名北的漳河和大名南的御水(卫河)的发源、流经地方、与他水汇合情况,一一讲清;并从历史上讲清两河的迁移变化,利害得失,作为当前对付二河的参考。《无闻集》第五卷存目又有《漳河源流利弊策》和《与吕乐天论漳水事宜书》二文,顾题思意,应是对漳河如何除水患、兴水利的具体主张。《无闻集》第四卷内又有一篇《直隶水道记》,把河北省的许多河流和湖泊的源流分合有条不紊地讲清,并从地理条件说明河流湖泊的形成原因与治理原则。不经过认真的调查研究,这种文章是绝对写不出来的。前边已写到,崔述在第二篇救荒策中曾详细讲了治河治沙、引水潴水的主张;在《无闻集》第四卷《上本县先布政公行状》一文中,又在讲他的高伯祖崔维雅的生平事迹时,特别着重讲了他治黄河的功绩。这些都说明崔述对除水害、兴水利这一关系民生的大问题,是十分重视的。

3.《争论》和《讼论》。我国自从孔子倡导礼让的道德以来,人们对争讼都是鄙视的。宋儒受佛学影响,思想更趋极端,认为礼让是绝对的好,争讼是绝对的坏。这种思想在社会上形成一种鄙视争讼的风气。崔述深感这种片面的道德思想与风气贻害极深,起而痛加批驳,写成《争论》与《讼论》两文。他在《争论》中讲:"宋之于金也,初割三镇,继割两河,继而又割京东京西陕西诸路。求和之使旁午于道,畏避不已,至于航海。自古以来有天下者未有如宋之让者也,然而金师南牧未尝为之中止。必待韩岳吴刘屡挫其锋,然后金人始许划淮以和。由是观之,苟力之所能争,虽百让之不止。国家之大,闾里之微,其理一而已矣。"对闾里之间,他说:"人之贪心,遏之则渐止,纵之则益甚。今日欲得其牛,与之;至明日而又欲得其车,又与之;又明日而又欲得其宅。故以让奉贪,常不足之势也。"又说:"圣人知其然,故不责人之争而但论其曲直,曲则罪之,直则原之,故人竞为直而莫肯为曲。人皆不肯为曲则天下无争矣。然则圣人之不禁争乃所以禁争也。"这里把处理争端的正确原则提出来了,就是要论是非曲直,对理曲者加以处分。他在《讼论》中讲:"讼也者,事势之所必趋,人情之所断不能免者也。"可是当时社会上的风气是"以斗伤为偶然,以劫夺为小事;……至于姑残其媳,弟侮其师,窃田禾,毁墓木,尤恬不以为怪。诉之宗族,宗族以为固然;诉之里党,里党以为固然。不得已而诉之于官,则官以为好事而里党亦共非之。是以豪强愈肆而善良常忍泣而吞声。无讼则无讼矣,吾独以为反不如有讼之犹为善也。"他还说:"夫使贤者常陵于不肖而孤弱者常受陵于豪强而不之讼,上之人犹当察而治之;况自来讼而反可尤之乎? 今不察其曲直而概不欲使讼,陵人者反无事而陵于人者反见尤,此不唯赏罚之颠倒也,而势亦不能行。"这里是对土豪恶霸与不负责任的官吏进行控诉,而替孤弱善良的人民叫苦喊冤。

从以上所择引原文,可说明崔述的《争论》与《讼论》两文,在中国学术思想史上有特殊重要的地位。因为它冲破了千百年来对礼让与争讼的错误思想,指责了官吏不理讼事的恶劣行为,具有高度的民主性与人民性。《讼论》中还有这样几句:"今之君子或亦生富贵之中,席祖父之势,居仁里,处顺境,未尝身杂保佣,目睹横逆,故不知涉世之难而安为是高论耳;不然,何其不近人情乃至是也? "这一批评是很尖锐也是很深刻的。它揭露出鄙视争与讼的思想的社会根源与阶级根源。这在一定程度上表现了崔述的人民立场,这在封建社会的知识分子中,的确是难能而可贵的。

4.《杨村捕盗记》与《冉氏烹狗记》。崔述任过亲民之官的知县,深知社会危害。衙门吏胥支持、窝藏盗贼为害乡里,而一县之长则庇护吏胥,不予严惩。他借杨村捕盗一事,指责内黄知县庇护吏胥勾结盗贼为害,而颂扬大名知县秦学溥严办此案而收到成效。他说:"盗贼横行,乡里屏息,其故皆由于吏胥,而为州县者尚曲庇之,何也? "又说:“彼吏胥盗贼,同类相庇,固无足怪,吾独不知为民上者何以恬然听其所为而不之问乎?”这是对内黄的指责。他对大名则说:“秦公办此察后,复办来二一案,自是盗风戢者十余年……向使为县官者皆如秦公,人岂复敢为盗!故凡治盗者,贵弭其源而不在遏其流。苟非有护盗而分其利者,盗何由炽!借乎贸令长之不可多得也!”他对此是深有感慨的。一贬一褒,表现了崔述态度的公正,也说明崔述是洞悉治民之要术的。

崔述在《讼论》中有一段话,与此可以互相发挥。他主张让人诉讼,又设问说:“或曰:子未睹夫讼之害耳。书役之鱼肉,守候之淹滞,案牍之株连,有听一人一朝之讼,而荒千日之业,破十家之产者矣;况有讼而诬焉者乎?”他回答说:“此诚有之,然此谁之过耶?苟官不护其下,书役安得而鱼肉之?讼至而即听,当逮而后速之,何淹滞株连之有哉?此乃己之不臧,反欲借口以禁人之讼,可乎?且讼而果诬,反坐之可也;不治诬者而迁怒于他人而禁其讼,是使直者代曲者罹殃也,镇孰甚焉!”由此可见,崔述对庇护吏胥、不负责处理讼事的州县令长是何其痛恨,他爱护人民的思想是何等深厚。

《冉氏烹狗记》是记叙一位姓冉的人,把家里勇于搏人而怯于见贼的一条狗杀了吃了。崔述在叙完事实后,深有感慨地说:“嗟乎!天下之勇于搏人而怯于见贼者,岂独狗也哉?今夫市井无赖之徒,平居使气,暴横闾里间,或窜名县胥,或寄身营卒,侮文弱,陵良儒,行于市,人皆遥避之;怒则呼其群,持械环斫之,一方莫敢谁何,若壮士然。……”这里把流氓地痞串通吏胥乡里苦害人民的情况,描绘得十分逼真。这也表现了崔述对这些人的憎恨,和对善良人民的爱护。

此外,《无闻集》中有一篇《漳南侠士传》,记述侠士李越寻反抗地痞流氓、援救孤儿寡妇的事情,另有《石屏朱公的墓志铭》,是记述朱瑛这位品学兼优、政绩卓著的大名知府的事迹,并颂扬其功德的。这当然是一位学者能够做到且应该去做的好事。《上本县先布政公行状》是记述崔述高伯祖的政绩，特别是他治理黄河水患的劳绩的；《先府君行述》与《先孺人行述》是记述崔述父母亲的学问品德与教育子女的辛勤事迹的。这又都是为子孙者对祖先容易做到而又应该去做的事。《江西赣县知县陈公墓碑》是记述陈履和父亲居家温良诚笃、庭训有素，其为官宽简治民、廉介不取的品德的。还有少数书、序及杂文，就不一一介绍了。

四、《无闻集》思想的社会根源

崔述属于封建社会的士大夫阶级，那么为什么他的《无闻集》中大量的文章，却与一般士大夫的言论大异其趣呢？为什么他对社会利弊那样注意，对人民疾苦那样关心呢？为什么他对社会上兴利除害之事那样热心，那样钻研呢？为什么他对社会上公正爱民之官（如朱瑛、秦学溥等）那样爱戴、推崇，而对不法吏胥、庇护吏胥之官以及市井无赖之徒那样憎恶、痛恨呢？这不是无缘无故，而是有道理的，这同他的出身与经历有十分密切的关系。他在《讼论》中有这样一段话："今之君子或亦生富贵之中，席祖父之势，居仁里，处顺境，未尝身杂保佣，目睹横逆，故不知涉世之难而妄为是高论耳；不然，何其不近人情乃至是也？"这话前文已引过，在《讼论》中是批评反对争讼的人的，在这里我们反其意而理解，倒可以讲清楚我们上边提出的许多问题。从家世而言，崔述虽出身书香之家，但除高伯祖任过知府外，曾祖以下都未做过官，父亲一生教书过生活，比较贫苦。所以说不上是"生富贵之中，席祖父之势"的。至于崔述自己，也是大半生过教书、著书生活，接近一般群众。当时社会风气很坏，豪强凌弱之事司空见惯，家乡又常遭水灾，崔述青少年时，家庭困难很大，这在前边讲他的生平部分已讲了许多。因此，他居的不是仁里，处的不是顺境；而是接近保佣，目睹横逆,所以他深知涉世之难而不妄发空洞虚伪的言论,倒能讲些切切实实的合于人情的意见。

那么,崔述在福建罗源和上杭做过六年知县,这又该如何理解、如何评价呢? 我认为由于崔述具有注意社会利弊、关心人民疾苦这些优良品质;因此,他任知县后,并没有沾染官场上的不良习气,丝毫没有玷污他"清水芙蓉,一尘不染"的高贵品质。他倒借做官的机会,勤理政事,亲自断案,更多地了解了社会利弊,了解了吏胥勾结市井无赖,鱼肉乡里百姓,县官庇护吏胥,纵容作恶的具体情况;这使他更增加了对社会上欺压老百姓的各种坏人的憎恨,而对受欺压的老百姓更加哀怜而热爱了。同是一个官位,有的人可借以贪赃枉法,祸害百姓;有的人则可借以压抑豪强,为民谋利。崔述正是这后一种人。他之所以难能而可贵,这也是其中的一端。

(原载《西北师院学报》社科版,1983 年第 2 期)

《中国历史人物》序言

（1983 年 12 月）

　　1981 年 8 月,甘肃出刊的《少年文史报》约我写一些通俗文章,供高小和初中的青少年阅读,以增进他们的文史知识。根据我平日的了解,经过"文化大革命",我们青少年的文化知识一般比较欠缺,尤其在一度"重理轻文"的影响下,他们的文史知识较为贫乏。党的十一届三中全会以来,我们国家对外采取开放政策,积极学习外国的先进科学知识与生产技术, 以迅速改变我国的落后状况, 这无疑是很必要的,也是很正确的。但是外国的某些消极的、坏的东西也随之而来,影响了我们的一部分青少年。这对我们国家、人民的利益,对社会主义制度,对四个现代化建设,对青少年的前途,都是很不好的。因此,我认为在增进青少年文史知识的同时, 结合对他们进行爱国主义的思想教育,以抵制资产阶级思想的腐蚀是完全必要的,也是我们教育工作者的一项光荣任务。基于这个认识,我接受了《少年文史报》的要求,决定写中国历史人物,使我们的青少年通过对历史人物的了解,既增长文史知识,又受到爱国主义的思想教育,提高民族自豪感,抵制崇洋媚外的不良习气。

　　我之所以要写历史人物,还由于我们伟大的祖国,是世界上最大的国家之一。我国历史上有许许多多杰出的政治家、军事家、思想家、科学家、文学家,他们有的从事革命活动或社会改革,做出了轰轰烈烈、惊天动地的事业,促进了我国社会的进步,有的埋头科学研究或文学创作,留下了宝贵的精神遗产,对民族文化的进步也起了很大作用。所有这些人物都是我们中华民族的脊梁,对我们民族的兴旺发达都做出了不小的贡献;了解他们、学习他们,可以丰富青少年的精神生活,提高其民族自尊心和自信心,这对建设我们社会主义的高度物质文明与精神文明,无疑是会有很大帮助的。

根据上述认识,我编写的历史人物,有对我国疆域的开拓、巩固与捍卫做出了重要贡献的,有对各民族团结做出突出成绩的,有的是社会政治改革家,有的是农民起义领袖;另外有伟大的诗人、散文家、小说家、艺术家,有杰出的思想家,有著名的科学技术专家,总共 136人。就大类而言,政治军事方面的有 66 人,文学艺术方面的有 35 人,学术思想与科学技术方面的有 35 人。就民族而言,汉族 122 人,少数民族 14 人,就性别而言,男的 125 人,女的 11 人。

我长期从事小学教材与通俗读物的编写工作,根据自己的实践经验,编写供青少年阅读的东西,必须写得内容充实而文辞浅显,这样才便于读者学习。我国古人元好问有首诗是:"好句端如绿绮琴,静中窥见古人心;阳春不比黄花曲,未要千人做赏音。"他认为好诗只能让少数人心领神会,大多数人是不能赏识的;写诗的人也不应要求多数人懂得。我是不赞成他的这个意见的,并唱反调,也写了一首诗是:"深入浅出苦用功,雅俗共赏最称神;阳春要学黄花曲,定要千人做赏音。"我认为写诗歌应如此,写散文也应如此,写历史人物同样应如此,都应写得通俗易懂。这是我写历史人物在写法上的态度与愿望。

具体该怎么写呢?首先要在材料取舍上下大功夫。一个人物,要求一般只写一千字左右,但要写好必须看很多材料,不单要看正史中的传记,还要力求参考别的书本。看的力求多,写的要尽量少,由博返约,于是就要下很大的剪裁功夫。根据什么标准剪裁呢?要根据人物的特点。材料中与人物特点无关或关系小的,就全部剪裁掉;关系大而又容易理解的,才选取一些。如汉武帝是一个雄才大略的君主,他有远见,也有魄力。为了写出他的这个特点,我只选取了他在文化政策上"罢黜百家,独尊儒术"一点,和在军事上抗击匈奴与开通西域这件大事。又如司马迁是一个杰出的历史学家,他的特点是发愤写《史记》。因此,我选取了他从小读史书与广泛旅游以收集资料,为写《史记》作了准备的情况;同时还突出地写了他一生受的两次大刺激:父亲的遗嘱与腐刑的折磨,以说明其发愤的根源。最后对《史记》这部著作只做了简单的评价。再如范仲淹,他的特点是少有大志:"先天下之忧而忧,后天下之乐而乐。"他的一生也是这样做的。因此,我就着重写他少年的志向,守边疆与在朝处理国家大事的情况,老来不治宅第与园林的高贵品质。

其次,剪裁的结果,要写得有具体事实,有情节,但又不能写成历史故事。历史故事一般只写一件事,如刘备三顾茅庐;但我在写诸葛亮时,就不能只写这一点。历史人物要写一个人的一生,但又不能求全,只能选取几个片段。如对吕蒙正这个做过三次宰相的人物,我只写了他不记私怨、公正处事、敢于坚持正确意见、能用人这几点。又如对班超这个卓越的政治家、军事家,我只写了他青年时有远大志向、在鄯善国袭击匈奴使者的机智勇敢、领导西域三十年间在用人和团结少数民族方面的经验这三点。

再次,在语言文字方面要力求浅显易懂。不用生僻的字词,少用复杂的长句;语句要朴实清浅,少用名词术语。官名、地名尽量少用,最重要且必须知道的可选用一些,用时不另加注释,只随文加插句说明即可。如用到"参知政事",可随即说就是副宰相;用到"户部",可随即说相当于现在的财政部;用到"户部尚书",就说相当于现在的财政部部长;用到"户部侍郎",就说相当于现在的财政部副部长。再如用到地方官"湖广总督",可随即说就是管理湖南、湖北两省的最高军政

长官;用到"福建巡抚",就说是管理福建省的最高行政长官。用到古今不同的地名,应加括弧说明是现在的什么地方。对皇帝的称呼,一般不用年号、庙号,只用谥号,如汉武帝、唐太宗、宋仁宗、明太祖,这样称呼比较习惯而且简单。少用年代,一个人物最好只选用两三个重要的年代,并一律用公元纪年,这样容易理解、记忆。总之,要时刻想到青少年这一读者对象,处处为减少他们阅读时的困难着想,尽量扫除语言文字方面的许多障碍。

司马迁的《史记》中的许多列传,是我国传记文学的典范。我写这本历史人物的方法,特别是多采用代表人物特点的具体情节,而少用人物官职、年代等烦琐知识,是学习《史记》列传的写法,要写成通俗的传记文学的。所不同的只是《史记》列传篇幅较长、内容较深,又用文言写出,是供文化水平高的人读的;我写的历史人物则篇幅短、内容浅、用语体文写出,是专供青少年读的。深浅不同,而意趣则是一致的。

在本书编写过程中,兰州大学高教研究室的刘景乾同志,对写法与选材提出许多有益的意见,并帮助我做了大量的文字加工和抄写工作;中文系的魏明安同志对材料的收集方面提过建议;还有《少年文史报》的有些读者,曾来信指出某些错误。这些都对本书减少错误、提高质量方面有所贡献,在此一并致谢!

本书付印前,我对已在《少年文史报》上发表过的许多篇作了补充、校正,同时又补写了一些人物,但限于水平,难免还有缺点错误,希望读者批评指正。

(原载《中国历史人物》,甘肃人民出版社 1983 年版)

《文言文读本》前言

（1984 年 1 月）

现在学习风气很浓厚，要求购买文言散文选本的青年与干部不少，有些出版社和学校编选了一些这类选本，但还不能满足需要。我认为学习文言散文是提高民族科学文化水平的一个方面，因而编好文言散文选本，为读者提供方便，也是文化教育工作中的一件重要事情。但是，如何编选文言散文选本，应遵循什么选取原则，具体选取哪些篇目，倒是一个很值得研究的问题，必须严肃对待。

对这个问题，我有一个总的想法：我们中国有悠久的历史，有灿烂的古代文化。我们历史上有不少进步的政治家、军事家，有不少民族英雄与革命人物，做出了惊天动地、振奋人心的宏伟事业；我们历史上有不少杰出的思想家、科学家、历史学家、文学家，他们写下了许多优秀作品；我们历史上也有不少品德高尚，富贵不淫，贫贱不移，威武不屈的人物，虽然没有做大事、立大功，但在关键时刻，表现出坚持正义、抵制歪风邪气的优良品质。所有这些人物都是我们中华民族的脊梁，对我们民族的兴旺发达起了不小的作用。别人表彰他们的文章，以及他们自己所写而足以代表其优秀品质与学识专长的文章，都是我们民族极其宝贵的遗产，在今天仍是丰富人民的精神生活，提高民族自尊心与自信心的资源，可以培养爱国主义思想，有利于促进精神文明与四化建设，值得我们借鉴、参考、学习。因此，我认为我们学习文言散文的目的，在语言方面是初步掌握文言文这一工具；在内容方面应是继承我们伟大祖国丰富的文化遗产,提高思想境界。讲文言散文应该充分发扬这些积极因素;编选文言散文应着重发掘、选取这方面的作品。

根据我这个认识,文言散文选本应做到:一方面,不应只限于文学作品范围,而对讲哲学思想、政治思想、教育思想、历史知识、社会知识、科学知识的文章都应吸收。不然,就抛弃了不少宝贵的文化遗产。因此,编选文言散文,不但应有文学观点,也要有政治观点、教育观点、学术观点、文化观点。这样才能视野广、思路宽,所选文章才能在内容上丰富多彩。选文面宽、丰富多彩的好处是:实用性大,适应性强,有利于工作与生活;便于引起思考,发展智力,有利于训练逻辑思维能力。另一方面,所选文章,应本着"剔除其封建性的糟粕,吸收其民主性的精华"的精神,力求具有积极的意义,避免消极的东西。因为学习古人是为了今人,"古为今用"的原则,还是应该遵守的。不然就无补于提高民族自尊心与自信心,不利于培养爱国主义思想,无益于我们的精神文明与四化建设。

按照上述观点,我用了一年多的工余时间,翻阅了大量古籍文献,编选了一本供中学学生和中等文化程度的干部学习用的《文言文读本》。这个选本称"文言文"而不称"散文"或"古文",一则是为了文章内容不限于文学范围,可以选取其它方面的;再则时间不限于鸦片战争以前的文章,以后的也可入选。根据读者对象,选文比一般选本的浅易一些,文辞力求浅显,篇幅也多选取简短的。现在选定的 210 篇,正文约 9 万字,其中 200 字以内的短文,200 到 500 字的中篇,500 字以上的长篇,约各占三分之一。文章内容虽好,但篇幅太长或文辞太艰深者不取;涉及的知识太多的也不取,免得注释太繁,学起来不方便。对文辞不太艰深的长篇,有的采取节选的办法。对中学语文课本中已经选上的,起初选了 30 多篇,后来考虑到既然课本中已经选了，而且甘肃人民出版社又出版了西北师院中文系编的中学文言文教学参考书，应该尽量避免重复，只保留了其中的 10 篇左右。为了便于读者循序渐进地阅读，我把全部选文由易到难、由浅入深地排列起来，同时将深浅相近、内容相关的文章，组织在一起，作为全书的体系。此外，为了帮助读者自学，每篇都加了必要的注释和提示，因此，又称为"读本"。

在具体选文时，我是力求把思想性、艺术性两者统一起来。如果有些文章两者不能兼备时，我是宁选思想性强、艺术性一般的，不选艺术性强、思想性一般或有害的，即首先从内容方面考虑，重视文章的思想性。我不是以是否千百年来为人们所传诵为取舍的标准，而是以对今天的读者的影响好坏为取舍标准的。

根据上述想法和原则，我编选的《文言文读本》，着重选取了如下六方面的文章：

第一，宣扬美好的社会理想，积极上进的人生态度。如《礼记》中的《礼运大同》一段，《孟子》中的《五亩之宅》一段，陶潜的《桃花源记》等。这些文章的作者都具有美好的社会理想，他们不满当时社会的黑暗，追求一个理想的社会并为实现理想而积极奋斗。即使遭遇不幸，理想不能实现，他们也能保持清白，不与恶势力同流合污；对人能以身教加言教，鼓舞人们抵制歪门邪道，努力敬业修德。如《楚辞》中的《渔父》，周敦颐的《爱莲说》，都能起到这种作用。具有上进人生态度的人，他们有雄心壮志，但又决不是个人野心，而是以救"天下苍生"为己任的责任感。如《论语》中的《长沮桀溺》，《孟子·论四圣》中的伊尹，范仲淹的"先天下之忧而忧，后天下之乐而乐"，顾炎武的"天下兴亡，匹夫有责"，都是宣扬这种责任感的，具有这种责任感的人，能够坚持真理，维护正义，毫不考虑个人得失，一心为社会需要、人民利益而努力，必要时甚至能够见义勇为，置生死于度外。如《孟子》中的《鱼我所欲也》，胡铨的《戊午上高宗封事》，夏完淳的《狱中上母书》，林觉民的《绝笔书》等。学习了这些文章，都能振奋人心，提高正义感，有助于正确人生观的树立。

第二，宣扬对开拓、巩固、捍卫祖国疆域做出贡献的人物。我们的祖国是一个多民族的统一大国，这是长期形成的。我国历史上对祖国疆域的开拓、巩固、捍卫出了力的人，都是对这多民族统一大国的形成立了功的。

秦汉时期，北方匈奴族的落后势力南下侵扰，对汉族是很大的威胁。如何团结西域各国以牵制匈奴，是政治上、军事上的一个重要任务。张骞出使西域，经历了许多艰苦，终于完成了任务，他对抵抗落后势力的侵扰、开拓疆域立了大功；同时在经济、文化方面，使西域的音乐与葡萄等传入中国，中国的文化与丝绸等传到西域，这对各民族的团结与发展，都是有益的。东汉时期西域一度不通，匈奴族的落后势力又来侵扰，班超再次通好西域各国，并守护、治理三十余年，也立了大功，尤其他在用人与团结少数民族的政策方面，都有很成功的经验，是我们民族优良传统的一部分。因此，我选了《张骞传》《不入虎穴，不得虎子》《班超告老归国》等文章。

在巩固民族团结，形成大一统的祖国方面，少数民族中也有一些杰出的政治家做出了贡献，如北魏的孝文帝力排众议，迁都洛阳，攻读史传百家，学习汉族文化；元代的耶律楚材限制圈地做牧场，继承汉族经济文化；清康熙皇帝发展生产，整理汉族历代古籍，团结各族人民，也做出了不少贡献。因此，我选了《北魏孝文帝》《耶律楚材》《玄烨遗诏》等文章。

在反抗侵扰掠夺方面，宋朝的宗泽与岳飞是很驰名的人物，他们做了惊天动地的事业，虽然壮志未酬，但仍然是可歌可泣的。因此，我选了《乞毋割地与金人疏》《五岳祠盟记》《十年之力，废于一旦》等文章。

此外，如文天祥、谢枋得等，他们在敌对者面前威武不屈，对于祖国充满热爱与忠诚，至死不变，这种品质也是很可贵的。因此，我选了《文天祥传》《正气歌序》《与李养吾书》等文章。

第三，宣扬清明的、进步的政治主张与改革措施，反抗黑暗统治。如魏征的《谏太宗十思疏》，方孝孺的《深虑论（二）》，苏轼的《决壅蔽》等，都讲的是治国的根本大计，可认为是清明的、进步的政治主张；《商子》中的《更法》、黄宗羲的《原君》等，都可认为是进步的改革措施，都是值得宣扬学习的。法制是政治的一个重要问题，定法须平，有法必守，执法必严，违法必究，才能把国家治理好。因此，我选了《史记》中的《入关告谕》和《释之论法》《韩非子》中的《信赏必罚》《后汉书》中的《董宣执法》等文章。用人也是政治的重要一部分，我国历史上对人才的发现、培养、使用、考核、赏罚，有丰富的经验，可以说具有人才学的初步规模。如主张重视人才，发现人人才；要爱惜人才，不能糟蹋人才；要用人唯贤，不能用人唯亲；举贤要内不避亲，外不避仇；工作要量才使用，不应求全责备；要听言观行，不要听信夸夸其谈，等等。这些好经验，在今天仍有现实意义。在这方面我选的文章比较多、主要的有：《吕氏春秋》中的《祁奚荐贤》、李斯的《谏逐客书》、曹操的《求贤令》，王安石的《兴贤》，《孟子》中的《左右皆曰贤》、《史记》中的《听毁誉而观实效》和《刘邦论成败》、《资治通鉴》中的《唐太宗用人》等。

至于反抗国内黑暗统治的，我选了歌颂农民起义领袖的文章，如方勺的《方腊起义》、计六奇的《李自成攻克北京城》等。学习了这些文章，能够了解古人的政治热情，激发人们的斗志。

第四，宣扬进步的民主思想，反对消极的空疏理论。明朝后期是我国资本主义萌芽时期，出现了不少进步的民主思想。如明末的袁宏道,对文学的主张,清初黄宗羲对政治的主张;顾炎武、戴震、崔述等对宋、明理学的批判,都具有民主精神,都是进步的。这里我选了他们写的《序小修诗》《原君》《与友人论学书》《论理与情》《争论》《讼论》等文章。至于从鸦片战争到辛亥革命前的进步学者,更能批判清朝统治阶级,揭露封建社会的病根,鼓舞人们革命到底的决心。这里我选了龚自珍的《病梅馆记》、严复的《论中国教化之退》、梁启超的《少年中国说》、孙中山的《兴中会宣言》等文章。

第五,宣扬好的道德品质与教育经验,揭露统治阶级的腐朽生活与社会上逢迎奔走的卑鄙风气。好的道德品质,如大公无私、重视实际、勤俭朴素、艰苦奋斗等。在这方面我选了司马光的《训俭示康》、吕祖谦的《论勤劳》、《孟子》中的《舜发于畎亩之中》等文章。关于教育经验,我国历史上是很丰富的,值得继承发扬。特别是尊师重教、勤学好问、宽厚待人、严格对己、改恶从善、教育青少年等等范例,对我们今天的青年,更有教育意义。在这方面我选的文章主要有:刘开的《问说》、郑板桥的《与舍弟墨书》、刘义庆的《周处除害》《韩非子》中的《曾子杀彘》、刘向的《孟母教子》《荀子》中的《劝学》,还有《论语八则》《学记四则》,等等。这些文章教育我们做人的态度和方法,促进我们做一个高尚的人,有道德的人,有益于人民的人。揭露统治阶级腐朽生活的有刘义庆的《石崇宴客》《资治通鉴》中的《陈后主的生活》等。讲旧社会卑鄙风气的有宗臣的《报刘一丈书》、刘基的《卖柑者言》、吴澄的《送何太虚北游序》等,这些都是好文章。它与前者好坏对比极其明显,学习了可以培养和加强读者好善恶恶的思想。

第六,传播自然、历史、社会生活的知识,介绍解决难题的机智。对传播古代科技知识的文章,我选的有沈括的《石油》和《陨石》,宋应星的《黄金》和《水晶》,徐宏祖的《江源考》,等等。对描写祖国大好河山的游记,我选的有姚鼐的《登泰山记》、恽敬的《游庐山后记》,吴均的《与朱元思书》,等等。对讲历史知识的文章,我选的很多,从《左传》《国语》《国策》《史记》《资治通鉴》《汉书》《名臣言行录》中都选了一些。对反映古代社会生活的文章,我选的有周密的《西湖游赏》与《钱塘观潮》,刘侗的《灯市》,封演的《拔河》,等等。学了这些文章,可以丰富读者的知识,扩大其眼界,加强其唯物主义世界观的基础,并培养爱国主义思想。

关于表现机智的文章,能启发读者的智慧,发展其逻辑思维的能力。这些是知识性文章,有些也是文学作品,我选的很多,共计有三十多篇,如《晏子使楚》《曹冲称象》《毛遂自荐》《甘罗十二为上卿》《妙算取胜》《长骄促亡》《惊弓之鸟》《河中石兽》《一举三得》《鲁侯养鸟》《螳螂捕蝉》等,都是很有意义的故事。

在编选过程中,我征求了许多教育工作者、语文工作者和中学语文教师的意见。他们不仅对编选原则、组织编排、提示和注释等方面提了不少好意见,而且推荐了许多篇目。在篇目基本确定后,西北师范学院中文系的吴福熙、秦效忠、甄继祥、杨风清、康国彦、刘镇江及兰州大学高教研究室的刘景乾等同志,积极参加了提示和注释的编写工作,同时又补充和抽换了部分篇目。全书初稿完成后,吴福熙同志细心地从头至尾进行了校订。对此,在这里一并表示感谢!最后,恳切地希望读者对本书选文不当和注释错误之处,予以批评指正。

（原载《文言文读本》甘肃人民出版社 1984 年版）

纪念蔡元培先生逝世四十周年

——兼怀张修校长

（遗作）

进步思想的闪光，锐于神箭，会射到任何黑暗的角落，布下火种，激发出光辉。"五四"运动前后，新文化运动中的带头人是蔡元培先生。他的民主自由思想，在当时知识界曾起了相当大的作用。蔡先生用了这样一个似乎对新旧思想无所偏袒的口号——"循思想自由原则，取兼容并包主义……苟其言之成理，持之有故……悉听其自由发展"，团结了一批进步学者，在北大占下了一个传布新文化、向旧思想斗争的阵地，实际上大大削弱了旧思想的势力，发展了新文化的力量。当时蔡元培先生的民主自由思想，不但在北京大学、北京地区促进了新文化的发展，而且在全国，在闭关自守的山西也起了振聋发聩的启蒙作用。1921 年前后，我在山西一个落后的山区的高小读书，我们同学深受一位拥护新文化、敬佩蔡元培先生的校长的启发、教育，开始沐浴五四新文化的阳光，萌发了追求新思想的要求。

民国以后，阎锡山多年是山西的土皇帝，他采取闭关自守的政策，不让异己的政治势力与进步的思想进入山西，企图维持他的"长治久安"。太原有个育才馆，是专为他收罗培育统治奴才而创办的，因此，有人把育才馆称为"奴才馆"。育才馆里出来的人有的当了县长，有的担任别的大小官职。但社会是复杂的，"奴才馆"里也竟出了一位奴性不足，傲性十足的人才，他名叫张修。大概因为他的奴性不足，没有分配当县长和别的官职，任命他担任了一个高小校长。职务当然不高，但他倒大大显了一下身手，在黑暗的社会里真正做了一番人民的事业。

张修先生担任校长的这个高小全名叫山西省立第二贫民高级小校，校址在晋西北很落后的山区方山县。阎锡山在全省分地区创办了七所贫民高小，专招收贫寒家子弟，供给饭食、制服与课本。这是阎锡山沽名钓誉的措施之一，但也还算是做了一件好事，培养了一些失学青少年。

张修先生在育才馆的时候，大概看了当时流行的《新青年》和《北大月刊》等进步刊物，他非常熟悉北京大学改革的情况，对蔡元培校长十分敬仰。1921年来到第二贫民高小当了校长，把北大教育的主要精神搬过来了。他做了大约五年工作，把一个学校改造得面目全新了。他的主要做法，可分下边三部分介绍。

一、宣传新文化，改革教学

当时学校有一门课程叫"修身"，是进行政治思想教育的。内容大部分是宣扬中国封建社会的人物，宣传封建思想的；少部分讲一些资本主义的民主、自由。张校长一到校，首先废除了修身课本，修身课的教学时间和教学内容全由他个人支配。学校只有两班学生，他有时分班上，有时合班上。他不用书本，单凭口讲。大半是讲五四新文化的内容，介绍一些蔡元培、李大钊、陈独秀、胡适、吴虞等人的文章片段；反对封建礼教，反对孔孟思想，宣传民主、自由，宣传文学改革。有时结合学校临时发生的问题，当众宣布，批评教育。像胡适的《新生活》、李大钊的《今》、蔡元培的《劳工神圣》、陈独秀的《文学革命论》、吴虞主张"打倒孔家店"的文章，以及蔡元培和林琴南对于办北大的争论，他都给我们介绍过。我们也不一定都能听懂，但贫民高小的学生都是贫寒子弟,年龄比别的高小生都大,一般在十六七岁左右,理解力较高,也听得津津有味,心向往之。

张校长对社会上一些旧现象、旧势力,深恶痛绝,每逢发现就当作活教材,当着学生面痛斥一通。一天,方山县的县长老爷来校看张校长,走上校长办公室门前的十几个台阶时,要两个卫兵扶着;离校时下台阶又要人扶。当天下午,张校长就临时召集全校学生讲修身课了。黑板上写了四个大字——行尸走肉。说我们中国社会上有一些人,不做事,好酒肥肉养得胖胖的,胖得路都走不动,还要人扶着走这叫行"行尸走肉",是一个能活动的死体。我们中国所以倒霉,强盛不了,就是这些人糟害的。讲得十分气愤,他没有点名,但谁都知道他讲的就是县长。大概他在办公室谈话时也没给那位县长好脸色,所以以后再没有见他来校。

当时的语文课叫"国文",课文全是文言。张校长到校后,让国文教师选讲一部分课文,另外从报刊上选教白话文。前述《新生活》与《劳工神圣》等文,就当补选白话文讲的。当时国文教师很紧张,要费不少功夫从各方面选找补充课文。

当时贫民高小和一般高小一样,也设英语课。张校长认为贫民高小不必设英语,因为学生都是贫寒家子弟,升学的可能性极小。于是和教师商量,课仍保留,讲授慢些,课本不必讲完,也不许考试。愿认真学者不限制,不愿学者可马虎。

二、倡导民主,实行自治

张校长倡导学校实行民主,学校的情况,他有时向全校师生报告,报告后让大家提意见。学校的各项杂务都要学生轮流分担,培养学生自治能力。学校有图书馆、《德学周刊》(小学报)、贩卖部(主要卖文具、毛巾、牙刷等)游艺室、洗澡室、传达室、校长办公室、厨房、食堂，所有这部门的一切服务工作都由学生轮流担任，都有一定的制度，同学必守。全校只用一个工友，就是厨房的大师傅，全校伙食由他安排指挥，挑水、烧火等由学生帮助。哪个部门工作有缺点，出了问题，要检查批评，做得好的表扬。这一方面，有点像苏联教育家马卡连柯的做法。

三、自力更生，发展学校

张校长让学生自办食堂，改善了伙食，还节省了省上发下的伙食费，全校工友大半不用，也节约了工资。方山县地广人稀，土地价格便宜，张校长要把学校节余经费，买地耕种。他召开动员会，讲他发展学校的长远规划。他说：现在省上每月给我们发经费，以后能不能保证永远发，不敢说；政治上有个变化，就难保证了。如果一旦上边不发经费，我们学校就得停办、关门。要防止这个不幸的局面，我们就要自力更生，用节余的经费买土地，自己种，收下粮食自己吃，这样一年一年下去，我们学校的产业越来越大，学校不论在什么情况下也可以坚持办下去。如果省上的经费一直发来，那当然更好，我们可以扩大招生，甚至办中学班。还可资助学习特别优秀的同学住中学，住大学，给我们贫苦人家培养人才。师生听了都受很大鼓舞，觉得我们的校长真是一个有理想有办法的教育人才，由衷地敬仰。

第一次买了二十多亩旱平地，就在学校附近。学校人粪很多，地里肥料充足，学生年龄大，都是农家子弟，会种地，组织领导又强，庄稼长得比农民的还好。冬季，当地又有一位开明地主捐给学校二十多亩山坡地。第二年植了两千多株杨柳和洋槐树，种庄稼的地也扩大了，大家劲头很足。

在劳动的过程中，有一次，年龄小点儿的同学两人抬一桶大粪从县立第一高小门前走过，正当大批学生在门外边。县高小的学生以鄙弃的态度互相议论,说:"穷学生,上学还要抬大粪!"同学归校后反映给校长,张校长为此又上了一次修身课,把蔡元培先生的《劳工神圣》大讲一番,从中国古代儒家轻视劳动,知识分子四体不勤、五谷不分、面黄肌瘦、弱不禁风讲起,讲到世界大战后形势的变化,讲到文明国家重视劳动,说明工人、农民、体力劳动者、脑力劳动者都是"劳工",都是对社会有益的人,都是光荣的;只有那些不劳而获的剥削者是可耻的。要我们认识劳工的价值,认识我们抬大粪是光荣的,讥笑我们的青年是旧教育的受害者,他们糊涂,他们才可耻!对《劳工神圣》中最后一段话:"我们不要羡慕那凭借遗产的纨绔儿,不要羡慕那卖国营私的官吏……我们要认识我们的价值。劳工神圣!"讲得咬牙切齿,十分有力,特别感人。

在旧社会,为人民的事业是不容易做下去的,特别是大刀阔斧、不同流俗的做法,更难见容于人。因此,张校长这样一位有识有胆的事业家也就只干了五年工作,便被调离了。

（原载《钟情启蒙　执着开拓——纪念著名教育家辛安亭诞辰100周年》,兰州大学出版社2004年版）

孔子的中庸之道

——辩证法思想

（遗作）

"中庸"一词是孔子首倡的。孔子以前，从尧舜以来，只讲"中"，不提"中庸"两字。如《论语·尧曰篇》中："尧曰：咨！尔舜！天之历数在尔执其'中'。四海困穷，天禄永终。舜亦以命禹。"

意思是尧传位给舜的时候，他对舜说："你舜呀，上天把任命落到你的身上了，你应该诚实地坚持'中'道。假若天下的百姓都陷于困苦贫穷，上天给你的禄位也就永远终止了。舜传位给禹的时候，也说了这一番话。"

朱熹在《中庸章句》一书序中也讲了与此相似的话。他说："允执阙中者，尧之所以授舜也。'人心惟危，道心惟微，惟精惟一，允执厥'中'者，舜之所以授禹也。"

中庸二字的意义，汉朝著名的儒家郑玄解释说："庸者用也，以其记中之为用。"宋朝的黎立武解释说："极天下至正，谓之中；通天下至变，谓之庸。中者天下之正道，庸者天下之定理。"各人所讲，都有其一定的道理。

孔子自己对他提出的中庸一词，没有明确的解释，但他对其重要性提得很高，如他在《论语·雍也篇》中说："中庸之为德也，其至矣乎！民鲜久矣。"意思是中庸这种道德，该是最高的了，但大家很久以来就缺乏它了。

孔子在《论语·子路篇》中又说:"不得中行而与之,必也狂狷乎?狂者进取,狷者有所不为也。"意思是得不到言行合于中庸的人和他相交,那就只好找狂者与狷者相交了。虽然狂者有自大的缺点,狷者有偏狭的缺点;但狂者有求上进的优点,狷者有不做坏事的优点,两者之所长,合而为一,也就近似中庸了。

孔子主张的中庸,不仅是他的伦理学说,而且是他对待世界的一种看法,是他处理事物的原则和方法论。这是他的重要哲学理论。并且他于探索对立物的相互依存、相互联结方面,留下了大量的、不为人们所重视的资料,闪烁着辩证法的光芒。

孔子的中庸之道的思想,不只对学术界有很大影响,而且对社会上一般人也有不小影响,以致形成一种风俗、习惯,人都赞成适中,恰当,不赞成过分与不及。中庸思想,常是从两种或多种不同的意见,不同情况的比较中研究问题,运用的是朴素的辩证方法。

我们试举一些实例,说明孔子不是明确讲中庸,讲辩证法,但却显示了他的中庸精神与辩证法思想。

在《论语·子罕篇》里有一段是:"子曰:吾有知乎哉?无知也。有鄙夫问于我,空空如也。我叩其两端而竭焉。"意思是:"孔子说,我有知识吗?没有。有个农民来问我问题,我本来对此问题一点也不知道,我就问他,对这个问题有什么不同的意见,他告诉我了。我就研究这些不同的意见,得出一个合理的意见告诉他。"这说明孔子是从各种意见中研究出一个最恰当的道理,即中庸之道,同时也表现了他从事物的矛盾和联系中研究问题的辩证法思想。

《论语·子罕篇》中又说:"子绝四:毋意,毋必,毋固,毋我。"意思是:"有四种缺点,孔子一种也没有。他不凭空猜测,也不绝对肯定,也不拘泥固执,更不唯我独是。"这表现了孔子虚心研究的态度,是符合辩证法的精神的。

《论语·微子篇》里还有这样一段："子曰：'不降其志，不辱其身，伯夷、叔齐与！'谓：'柳下惠、少连，降志辱身矣，言中伦，行中虑，其斯而已矣。'谓：'虞仲、夷逸，隐居放言，身中清，废中权。我则异于是，无可无不可。'"意思是："不动摇自己的意志，不辱没自己的身份，是伯夷、叔齐吧！柳下惠、少连，降低自己的意志，屈辱自己的身份了，可是言语合乎法度，行为经过思虑，那也不过如此；虞仲、夷逸，避世隐居，放肆直言，行为廉洁，被废弃也是自然的。这些人各有他们固定的言行。我和他们不同，没有什么一定要做的，也没有什么一定不做的。"孔子的意思是他不预先决定做什么与不做什么，做不做要根据具体的时间、地点、条件而定。对具体问题进行具体分析，这也是辩证法思想，也是中庸之道。

《论语·里仁篇》中又有这样一段："君子之于天下也，无适也，无莫也，义之与比。"意思是：君子对于天下的事情，没规定要怎么也没规定不要怎么干，怎么合理恰当，就怎么干。这是中庸之道，也是孔子的辩证法思想。

《孟子·公孙丑章》中有这样一段：有人问"伯夷、伊尹何如？"孟子说："不同道，非其君不事，非其民不使；治则进，乱则退，伯夷也。何事非君，何使非民；治亦进，乱亦进，伊尹也。可以仕则仕，可以止则止，可以久则久，可以速则速，孔子也。"意思是："他们各人走的道路是不同的。不是他理想的君主，他不去服事；不是他理想的百姓，他不去使唤；天下太平，就出来做官，天下昏乱，就隐居，伯夷是这样的。对任何君主都可以去服事，对任何百姓都可去使唤，太平也做官，不太平也做官，伊尹是这样的。应该做官就做官，应该辞职就辞职，应该继续干就继续干，应该马上离开就马上离开，孔子是这样的。"孔子是不一定要如何，而是根据具体情况，力求做到恰到好处。这是中庸之道。也是的辩证法思想。

在《论语·子罕篇》中还有这样一段："可与共学,未可与适道;可与适道,未可与立;可与立,未可与权。"意思是:"可以同他一道学习的不一定能够同他一道取得成就;可以同他一道取得成就的人,不一定能够同他事事依礼而行;可以同他事事依礼而行的人,不一定能够同他一道通权达变。"

这里的一个"权"字很重要,它是孔子辩证法思想的最高成就。权,除了权衡轻重的意思外,还包含具体情况具体分析处理的意思。礼是固定的制度,实行礼时还要根据具体情况灵活运用,力求恰当,这才符合中庸之道。

《孟子·离娄篇》中有一段讲权与礼的关系,讲得最清楚,不妨引来一谈。"淳于髡曰:'男女授受不亲,礼与? 孟子曰:'礼也。'曰:'嫂溺,授之以手乎? '曰:'嫂溺不援,是豺狼也。男女授受不亲,礼也;嫂溺援之以手者,权也。'"意思是淳于髡问:"男女之间不亲手接东西,这是礼制吗? "孟子答道:"是礼制。"又问:"假若嫂嫂掉在水里,用手去拉她吗? "孟子说:"嫂嫂掉在水里,不去拉她,这简直是豺狼。男女之间不亲手接东西,这是正常的礼制;嫂嫂掉在水里,用手去拉她,这是权宜变通的办法。"孟子把权字的意义与作用讲得再清楚不过了。从这里也可看出孔子重视"权"的意义,并可看出孔子的辩证法思想的高度了。

中庸思想在孔子的孙子子思著的《中庸》一书中有系统表述,这里就不讲了。

（原载《钟情启蒙 执着开拓——纪念著名教育家辛安亭诞辰100 周年》,兰州大学出版社 2004 年版）

附录一

辛安亭自传诗

一、家庭与初小十五年

忆昔幼小在家庭,父兄劳动真辛勤。
寒风刺骨犹拾粪,秋雨连绵拧麻绳①。
儿童不许吃闲饭,随兄上地做帮工。
白天劳动过疲累,夜里腿酸臂膀疼。
每当劳累难忍受,决意读书狠用功。
一朝学优能任教②,农家也有出头人。
难忘慈母教育好,兄弟团结多忠诚。
启发智慧讲故事,数算窗格学加乘。
更加言教兼身教,良好习惯早形成。
东西用罢放原处,做事坚持有始终。

二、高小三年

贫民高小住三年,读书种地两不松。
严格要求教导好,狠抓基础少而精。

---

①秋天下连阴雨,一天两天不能到田地里劳动,不愿在家空闲,也要利用时间把乱麻拧成麻绳。

②能任教即能当小学教师。

深深怀念张校长①,热心教育办法新。

传播五四新文化,学生受益影响深。

三、中学六年

博览群书知识广,下笔千言所见深。

漫评三晋老学究②,自期饱学通古今。

深信知识是力量。要凭书本求革新③。

北伐战争到武汉,个别同学去参军。

马列著作始流传,学校搜查不放松。

同学暗中相传阅,革命思想初发萌。

四、大学三年④

入学正逢九一八,抗日刊物雨后笋。

马列传播如风驰,朝夕赶读似鲸吞。

参加宏毅读书会⑤,报告讨论启发深。

---

①张校长指张修先生,山西崞县人,担任过我住的省立第二贫民高小校长。他接受五四时期的新文化思想,能用新思想教育学生,并能结合实际进行思想教育。我至今对张校长十分怀念。

②三晋老学究指当时山西大学的郭象升先生。郭是山西学术界名流,我们住高中时请他讲如何学习中国古籍,他大发国粹谬论。我听后写了一篇四五千字的批判文章,得到国文教师的过分夸赞。

③求革新指求社会的改革。

④我住北大历史系,本是四年制,住了三年因经济困难休了学,去教中学,没有再复学。

⑤宏毅读书会是原中学同学,在北京北大、清华、师大上学的进步学生组织的读书会,专读马列主义书本,研究新兴社会科学问题。

分析秦汉剧变史①,批判胡适政论文②。
蒋贼反共亲日寇,宪兵三团到北京。
亲见密友遭逮捕③,爱国有罪卖国荣。

五、教书六年

中学师范教六年,任课繁重备课艰。
家室拖累分精力,钻研学术少时间。
红军东渡阎匪急,太原搜查格外严。
横遭逮捕受管押,牢狱生活七十天。
社会黑暗深有感,学者迷梦已渐残。
卢沟桥畔烽火起,决心抗日走延安。

六、延安十一年

延安风气大变样,窑洞小米布衣裳。
河边谈论游击战,山沟响彻抗日腔。
五湖四海来圣地,共同目标是救亡。
三八作风改旧习,主席著作变思想。
觉悟提高加入党,生命开始新一章。

---

①在宏毅读书会上,各人要做读书心得报告或讲什么自己研究的问题,我讲了一次从秦始皇到汉武帝,分析这百余年间的历史对中国后来的影响。
②1933—1934年间,北京大学的学生会掌握在共产党员和进步同学手里,学生会办一个刊物叫《北大学生》,宣传抗日思想,揭露政府和学校的黑暗。我在该刊上写了一篇长文,批判胡适在《独立评论》上先后发表的许多反动政治文章。
③宪兵第三团是蒋介石专为镇压共产党调到北京的。团长是蒋孝先。我的同学宋邵文就是在1934年春被宪兵三团捕去的。

整风运动立场变,文教大会受表扬。
热情奔放思欲飞,超脱陈规笔生光。
从事教材编写业,成绩优异人赞扬。
言近旨远是所求,深入浅出功夫强。
工作胜利干劲大①,生活愉快永难忘。

七、甘肃两年②

重大责任初加身,钻研政策倍用心。
政策对头威力大,号令一出如风行。
领导工作无经验,两年一得印象深。
对待干部无巧法,以诚招待最要紧。

八、北京十一年

一届人大幸参与,讨论宪法大议题。
群英济济怀仁堂,万口欢呼毛主席。
教育战线学苏联,全盘苏化无人疑。
重视专家轻群众,多钻理论少实际。
个人愚直忤领导,三度检查并斗批。
决心脱离编写业,割爱如同母弃儿③。

---

①我在延安十一年,一直在教育厅编写教材,先后共写了小学教材、群众教材、干部文化课本等四十余本。

②1949—1951两年在甘肃任文教厅长。

③我对编写工作本来很感兴趣,因与出版社的第一负责人意见不合,要求调离人民教育出版社,又来甘肃,筹办甘肃教育学院。离社时真如母亲离别亲生儿子,很不忍心。

九、再来甘肃十五年

教育学院五经春,工作顺利精神振。
领导放手交任务,干部积极来担承。
老弱青壮齐努力,团结一致共完成。
学院无端遭裁并①,事业善始未善终。
一九六六至七六,也因愚直受折腾。
幸逢金秋传佳讯,卧病也觉大轻松。
驱散乌云见青天,长空万里太阳红。

十、最近十二年

一九七七至八八,十二年间如何评?
行政工作少成绩,写作成就比较丰②。
先后共写九本书,历史教育与语文③。
字数二百一十万,单篇文章不在中。
写法重视通俗化,雅俗共赏人赞称。
古代诗人元好问,把诗比作绿绮琴。
"阳春不比黄花曲,未要千人作赏音。"④

---

①当时强调精简学校,把教育学院并入甘肃师大。
②我在兰州大学任党委副书记兼副校长,行政工作没多少成绩;离休后写作东西较多。
③写了历史方面四本:中国古代史讲话、中国历史人物、中国现代人物、外国历史人物;教育两本:辛安亭论教育、教材编写琐忆;语文三本:论语文教学及其他、文言文读本、精选古诗一百二十首(古诗文背诵手册的前半)。
④元好问的原诗是:"好句端如绿绮琴,静中窥见古人心。阳春不比黄华曲,未要千人作赏音。"

我则反对此主张,力主通俗与易懂。
"阳春要学黄花曲,定要千人作赏音"①
通俗易懂作用大,读者众多影响深。

十一、总回顾

人生七十古来稀,我今八十已有奇。
少年曾有鸿鹄志,老来成就晨星稀。
工作两度受挫折,写作一半遭弃遗。
只有一点堪自慰,一生勤奋不知疲。

①我的诗是:"深入浅出苦用功,雅俗共赏最称神,阳春要学黄华曲,定要千人作赏音。"

附录二

辛安亭主要著作目录

一、论著

1.《论语文教学及其他》,兰州:甘肃人民出版社,1978 年版;1979 年再版;1982 年出版增订本。

2.《教材编写琐忆》,西安:陕西人民出版社,1981 年版。

3.《辛安亭论教育》,长沙:湖南教育出版社,1983 年版。

4.《辛安亭论教材》,北京:人民教育出版社,2020 年版。

二、通俗读物

1.《中国历史讲话》,辽县:华北书店,1942 年版;晋西北军区政治部,1943 年翻印(战斗丛书)。

2.《新百家姓》(石印本),陕甘宁边区新华书店,1945 年版。

3.《儿童谜语》(新儿童小丛书之二),涉县:新华书店,1946 年版。

4.《儿童作文》(新儿童小丛书之三)初级第一集,涉县:新华书店,1946 年版。

5.《儿童日记》(新儿童小丛书之五)初级第一集,涉县:新华书店,1946 年版。

6.《新三字经》,陕甘宁边区新华书店,1948 年版;1949 年 11 月第 5 版;1950 年再版;甘肃人民出版社 1950 年、1951 年再版;西北人民出版社,1951 年修正版。

7.《儿童谜语》,北京:宝文堂书店,1955 年版。

8.《儿童三字经》,北京:通俗读物出版社,1956 年修订版。

9.《注音儿童三字经》,北京:文字改革出版社,1958 年版。

10.《儿童三字经》,兰州:甘肃人民出版社,1962 年版;1963 年再版;1964 年 5 次重印。

11.《中国历史三字经》,北京:人民教育出版社编辑出版,1963 年版。

12.《中国地理三字经》,北京:人民教育出版社编辑出版,1963 年版。

13.《工作方法四字经》,兰州:甘肃人民出版社,1964 年版。(当年 3 次重印)

14.《历史歌》,兰州:甘肃人民出版社,1964 年版;1979 年、1980 年、1981 年、1982 年、1983 年再版。

15.《儿童三字歌》,兰州:甘肃人民出版社,1979 年版;1980 年、1981 年、1982 年再版。

16.《中国古代史讲话》,兰州:甘肃人民出版社,1980 年版;北京:中国少儿出版社、中国青年出版社,1996 年再版。

17.《新编儿童谜语》,兰州:甘肃人民出版社,1982 年版;1982 年、1983 年、1987 年再版。

18.《中国历史人物》,兰州:甘肃人民出版社,1983 年版。

19.《文言文读本》,兰州:甘肃人民出版社,1984 年版。

20.《儿童家庭教育五字歌》,西安:陕西人民出版社,1984 年版。

21.《精选古诗文背诵手册》(与路志霄合编),兰州:甘肃少年儿童出版社,1987 年版;1991 年再版。

22.《外国历史人物》(一、二、三册),兰州:兰州大学出版社,1988

年版。

23.《中国著名现代人物选》,兰州:甘肃人民出版社,1995 年版。

三、通用课本

1.《边区民众课本》,陕甘宁边区新华书店,1940 年版。

2.《地理课本》高小第三册,陕甘宁边区教育厅发行,1941 年版。

3.《民众课本》第一册,辽县:华北书店,1942 年版;陕甘宁边区新华书店。

4.《民众课本》第二册,辽县:华北书店,1942 年版。

5.《地理课本》高级第一册,延安、辽县:华北书店(陕甘宁边区教育厅审定),1942 年版;1943 年 2 月再版。

6.《地理课本》高级第四册,延安、辽县:华北书店(陕甘宁边区教育厅审定),1942 年版。

7.《历史课本》高级第二册,辽县、延安:华北书店,1942 年版。

8.《历史课本》高级第三册,辽县、延安:华北书店,1942 年版。

9.《卫生课本》(高级小学适用)第一册,华北书店,1942 年版;1943 年 8 月再版。

10.《卫生课本》(高级小学适用)第二册,华北书店,1942 年版;1943 年 8 月再版。

11.《卫生课本》高级第二册,华北书店,1942 年版。

12.《农村应用文》(与陈永康合编),华北书店,1942 年版;陕甘宁边区新华书店,1942 年版。

13.《卫生课本》高级第一册,华北新华书店,1944 年版。

14.《卫生课本》高小第一册,陕甘宁边区新华书店,1944 年版;华北新华书店,1944 年版。

15.《识字课本》,韬奋书店,1944 年版。

16.《识字课本》(陕甘宁边区冬学课本),新华书店发行,1944 年版。

17.《日用杂字》(陕甘宁边区冬学课本),新华书店,1944 年版;新华书店兰州分店,1949 年、1950 年、1951 年再版;甘肃人民出版社,1950 年、1951 年再版;西北人民出版社,1951 年再版。

18.《绘图日用杂字》(陕甘宁边区冬学课本),新华书店,1944 年版。

19.《冬学文化课本》,新华书店,1945 年版;西北新华书店,1945 年第 5 版。

20.《识字课本》(冬学民校夜校小学适用), 太岳新华书店,1946 年版。

21.《农村应用文》,山东朝城:冀鲁豫书店,1947 年版。

22.《干部识字课本》,延安、平山:陕甘宁边区新华书店,1948 年版。

23.《干部文化课本》(上),延安:陕甘宁边区新华书店,1948 年版;陕北新华书店。

24.《干部文化课本》(下),延安:陕甘宁边区新华书店,1948 年版;陕北新华书店。

25.《初小国语》补充教材,延安、平山:新华书店,1948 年版。

26.《高小国语》补充教材,延安:新华书店,1948 年版;1949 年第 3 版。

27.《(绘图)老百姓日用杂字》,华北新华书店,1948 年版;平山新华书店,1948 年版。

28.《农村干部文化课本》第一册,西安:西北人民出版社,1951 年版;兰州:甘肃人民出版社,1951 年版。

29.《农村干部文化课本》(第一册教学参考),甘肃人民出版社,

1952 年版。

30.《"绘图"农村日用杂字》(民校冬学补充教材),保定:河北人民出版社,1951 年修订本。

31.《农村日用杂字》,北京:北京出版社,1957 年版。

四、论文

1.《怎样编写在职干部文化课本》(1942.10),载《解放日报》1942 年 10 月 20 日;收入《教材编写琐忆》,陕西人民出版社 1981 年版(以下省略);《辛安亭论教材》,人民教育出版社社 2020 年版(以下省略)。

2.《关于冬学课本的教学问题》(1945.2),载《解放日报》1945 年 2 月 2 日。

3.《关于农民识字课本的编法问题》(1945.2),载《解放日报》1945 年 2 月 9 日;收入《教材编写琐忆》;《辛安亭论教材》。

4.《〈儿童作文〉编者的话》(1945.7),载《教材编写琐忆》;《辛安亭论教材》。

5.《〈儿童日记〉编者的话》(1945.7),载《教材编写琐忆》;《辛安亭论教材》。

6.《谈谈国语课本的使用与补充教材的编选问题》(1945.11),载《边区教育通讯》1 卷 1 期,1945 年 11 月;收入《辛安亭论教材》。

7.《顺宁巡回学校》(1945.11);载《边区教育通讯》1 卷 1 期,1945 年 11 月。

8.《冬学识字教学上的两个问题》(1945.12),载《边区教育通讯》1 卷 2 期,1945 年 12 月。

9.《旧〈百家姓〉与〈新百家姓〉——小学补充教材》(1945.12),载《教材编写琐忆》;《辛安亭论教材》。

10.《二十四节气的解释——冬学补充教材》(1945)，载《教材编写琐忆》。

11.《围着火盆谈天——小学自然课补充教材》(1946.2)，载《边区教育通讯》1卷3期，1946年2月5日；收入《教材编写琐忆》。

12.《群众急需字研究》(1946.2)，载《边区教育通讯》1卷3期，1946年2月5日；收入《教材编写琐忆》；《辛安亭论教材》。

13.《文从写话起——想说什么，就写什么；话怎么说，就怎样写》(1946.3)，载《边区教育通讯》1卷4期，1946年3月24日；收入《论语文教学及其他(增订)》，甘肃人民出版社1982年版(以下省略)。

14.《今年儿童节的感想》(1946.4)，载《边区教育通讯》1卷5期，1946年4月12日；收入《教材编写琐忆》；《论语文教学及其他(增订)》；《辛安亭论教材》。

15.《谈谈儿童谜语》(1948.12)，载《边区教育通讯》3卷1期，1948年12月10日。

16.《地理教学上的两个问题》(1949.6)，载《边区教育通讯》3卷4期，1949年6月。

17.《冬学识字教学上的两个问题》(1949.11)，载《教材编写琐忆》。

18.《中等学校的政治教学问题》(1950.4)，载《西北教育通讯》4卷3期，1950年4月。

19.《谈谈高小自然课本》(1950)，载《甘肃日报》1950年；收入《教材编写琐忆》；《辛安亭论教育》，湖南教育出版社1983年版(以下省略)；《辛安亭论教材》。

20.《中学历史课的教学问题》(1950.7)，载《西北教育通讯》4卷6期，1950年7月；收入《辛安亭论教材》。

21.《为开展工农教育而努力——在甘肃省工农教育会议上的讲

话》(1950.12),载《西北教育通讯》5 卷 5 期,1950 年 12 月;收入《辛安亭论教育》。

22.《高小地理课教学中如何贯彻政治思想教育》(1951),载《教育文选》第 5 辑,甘肃省文教厅 1951 年版(以下省略)。

23.《各学校必须重视健康教育》(1951.5),载《教育文选》第 5 辑;收入《辛安亭论教育》。

24.《改进小学语文座谈》(1953.7),载《人民教育》1953 年第 7 期。

25.《〈编辑工作〉发刊词》(1954.1),载人民教育出版社内部刊物《编辑工作》第 1 期,1954 年 1 月 25 日;收入《辛安亭论教材》。

26.《课本中的数字使用问题》(1954.4),载《编辑工作》第 2 期,1954 年 4 月 12 日;收入《论语文教学及其他》;《辛安亭论教育》;《辛安亭论教材》。

27.《普希金专家对语文教学改革的意见当如何理解》(1955.1),载《人民教育》1955 年第 1 期。

28.《小学语文的阅读材料必须丰富起来》(1955.5),载《人民教育》1955 年第 3 期;收入《论语文教学及其他》;《辛安亭论教材》。

29.《谈课本编辑工作中的群众路线问题》(1955.5),载《编辑工作》第 7 期,1955 年 5 月 15 日;收入《辛安亭论教育》;《辛安亭论教材》。

30.《我国发展国民经济的第一个五年计划》(1955.9);载《语文教学》1955 年第 9 期。

31.《我对小学低年级学生能否识一千五百字问题的看法》(1956.7);载《教师报》1956 年 7 月 24 日。

32.《课本内的图画问题》(1956.8),《编辑工作》第 18 期,1956 年 8 月 15 日;收入《论语文教学及其他》;《辛安亭论教育》;《辛安亭论教材》。

33.《从〈反对党八股〉想到课本编写方面的一些问题》(1956.11)，载《编辑工作》第 19 期，1956 年 11 月 15 日；收入《论语文教学及其他》；《辛安亭论教育》；《辛安亭论教材》。

34.《课本编辑工作方面的经验教训——对朝鲜教育考察团报告的一部分》(1956.12)，载《编辑工作》第 20 期，1956 年 12 月 15 日；收入《辛安亭论教育》；《辛安亭论教材》。

35.《从洛阳市中小学校教学中看出的几个问题》(1956.12)，载《辛安亭论教育》；同文也见《编辑工作》，第 22 期，1957 年 2 月 18 日。

36.《关于小学低年级的识字教学问题》(1957.1.25)，载《教师报》1957 年 1 月 25 日；收入《论语文教学及其他》。

37.《谈谈语文教学的朗读问题》(1957.2.22)，载《教师报》1957 年 2 月 22 日。

38.《关于小学高年级的长课文教学问题》(1957.2.22)，载《论语文教学及其他》。

39.《中学语文教学的讨论应改进一步》(1957.2)，载《人民教育》1957 年第 2 期；收入《辛安亭论教材》，标题改为《也谈文学教材的编法问题》。

40.《谈谈到外地调查教学》(1957.4)，载《编辑工作》第 23 期，1957 年 4 月 8 日；收入《辛安亭论教育》；《辛安亭论教材》标题改为《调查教学实际情况改进教材编辑工作》。

41.《怎样解决高中学生课业负担过重问题》(1957.4)，载《人民教育》1957 年第 4 期。

42.《关于文风问题》，(1958.6)，载《语文学习》1958 年第 6 期。

43.《我对小学集中识字的一些看法》(1961.10)，载《人民教育》1961 年第 10 期；收入《论语文教学及其他》；《辛安亭论教材》。

44.《关于中学语文教学的两个问题》(1963.5)，载《甘肃日报》1963 年 5 月；收入《论语文教学及其他》。

45.《如何加强中学语文的基础知识教学与基本技能训练》(1963.5)，载《甘肃日报》1963 年 5 月 23 日；收入《论语文教学及其他》。

46.《对小学语文教学的一些意见》(1963.11.22)，载《论语文教学及其他》。

47.《略论法家韩非的教育思想》(1974.4)，载《兰州大学学报》(社科版)1974 年第 2 期，此文第一作者为刘文英。

48.《中小学语文教学改革的两大问题》(1977 年，据 1972 年讲稿修改)，载《甘肃师大学报》(社科版)1977 年第 3 期；收入《论语文教学及其他》；《辛安亭论教材》编者作了删节。

49.《回顾在延安十一年的教材编写生活》(1949 年春初稿，1977 年夏修改)，载《甘肃师大学报》(社科版)1977 年第 4 期；收入《教材编写琐忆》；《论语文教学及其他》；《辛安亭论教材》。

50.《论谜语对儿童的教育作用》(1977.5)，载《论语文教学及其他》；《辛安亭论教育》；《辛安亭论教材》，同文也载《甘肃师大学报》(社科版)1978 年第 2 期。

51.《〈女神〉的威力》(1979.2)，载《书林》1979 年第 1 期。

52.《试谈陕甘宁边区编写教材的经验》(1979.6)，载《教育研究》1979 年第 3 期。

53.《编写陕甘宁边区小学及农村文化教材的几点体会》(1979.6)，载《教材编写琐忆》；《辛安亭论教材》。此长文分别在《甘肃师大学报》(社科版)、《课程·教材·教法》《陕西师大学报》(社科版) 分为六篇文章发表，此处从略。

54.《三十年来中小学语文课教学的回顾》(1979.6)，载《甘肃师

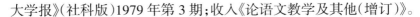

大学报》(社科版)1979 年第 3 期;收入《论语文教学及其他(增订)》。

55.《改进语文教学提高教学质量》(1979.6),载《中学语文教学》1979 年第 6 期;收入《论语文教学及其他(增订)》。

56.《谈编写教材的原则——延安时期编写教材的经验之一》(1979.7),载《陕西师范大学学报》(社科版)1979 年第 4 期,收入《辛安亭论教育》。

57.《谈谈外国教育发展的情况》(1979.8),载《社会科学》1979 年第 3 期,收入《辛安亭论教育》;《辛安亭论教材》题目改为《外国教育内容和教学手段的改革》。

58.《学习外国的经验教训——热情庆祝建国三十周年笔谈会》(1979.8),载《教育研究》1979 年第 4 期。

59.《可贵的品格——读姚成器老师的模范事迹有感》(1979.11.1),载《甘肃日报》1979 年 11 月 1 日(3)。

60.《谈谈小学生作文入门指导》(1980.2),载《陕西教育》1980 年第 2 期。收入《论语文教学及其他(增订)》,题目改为《怎样指导学生作文入门》。

61.《对三岁前幼儿语言发展教育的试验》(1980.5),载《教育研究》1980 年第 5 期;收入《辛安亭论教育》。

62.《对失足青少年的教育要有信心》(1980.5.27),载《甘肃日报》1980 年 5 月 27 日;收入《辛安亭论教育》。

63.《延安时期的民主精神》(1980.6),载《甘肃师大学报》(社科版)1980 年第 3 期。

64.《浅谈教育的地位和作用》(1980.7.26), 载《甘肃日报》1980 年 7 月 26 日;收入《辛安亭论教育》。

65.《德智体全面发展的光辉典范——怀念徐特立同志》(1980.7),载《兰州大学学报》(社科版)1980 年第 3 期;收入《辛安亭论教育》。

66.《改进教学更有效地培养人才》(1980.10),载《兰州大学学报》(社科版)1980年第4期;收入《辛安亭论教育》;《辛安亭论教材》标题改为《论大学课程·教材·教法问题》)。

67.《我怎样会喜爱历史学的》(1980.10),载《书林》1980年第5期。

68.《对识字教学争论的一点建议》(1980),载《教育研究》1980年;收入《论语文教学及其他(增订)》。

69.《在兰州市中学语文教学座谈会上的讲话》(1980),收入《论语文教学及其他(增订)》。

70.《重视教育科学的研究》(1980),载《兰州市教育科学研讨会论文选》,《教与学》编辑部1980年版。

71.《必须办好师范教育》(1981.1),载《甘肃教育》1981年第1期;收入《辛安亭论教育》。

72.《〈中国古代史讲话〉修订说明》(1981.2),载《中国古代史讲话》,甘肃人民出版社1981年版;收入《辛安亭论教材》。

73.《在甘肃省小学语文教学研究会成立大会暨首届年会上的讲话》(1981.4),载《甘肃教育》1981年第4期;收入《辛安亭论教育》;《辛安亭论教材》。

74.《对编选文言散文选本的意见》(1981.6),载《甘肃师大学报》1981年第3期;收入《论语文教学及其他(增订)》;《辛安亭论教育》题目改为《〈文言文读本〉编选说明》;《辛安亭论教材》收录《〈文言文读本〉前言》,甘肃人民出版社1984年版,与此文文字略有差异。

75.《孔子的教育思想》(1981.7),载《辛安亭论教育》,此长文部分内容分6篇在《甘肃教育》1981、1982年发表,此处从略。《辛安亭论教材》节选了其中的第四部分。

76.《要重视文史知识的学习》(1981.8.20),载《少年文史报》第

53 期,1981 年 8 月 20 日(1)。

77.《总结经验,继续前进——认真学习〈关于建国以来党的若干历史问题的决议〉》(1981.8),载《教育研究》1981 年第 8 期。

78.《编写教材必须注意联系实际——延安时期编写教材的经验之二》(1981.10),载《辛安亭论教育》;同文也见《课程·教材·教法》1982 年第 1 期。

79.《谈大学优秀学生培养问题》(1981.10),载《辛安亭论教育》;同文也见《兰州大学学报》(社科版)1981 年第 4 期;

80.《司马迁和〈史记〉》(1982.6),载《西北师院学报》(社科版)1982 年第 3 期。

81.《谈人才的成长》(1982.8),载《社会科学》1982 年第 3 期;收入《辛安亭论教育》。

82.《江隆基同志及其教育论文选》(1982.10),载《教育研究》1982 年第 5 期。

83.《要加强小学生的思想品德教育》(1982.11),载《辛安亭论教育》。

84.《〈中国历史人物〉序言》(1982.12),载《辛安亭论教育》;《辛安亭论教材》收录《中国历史人物》序言,甘肃人民出版社 1983 年版,文字与此文略有差异。

85.《减轻中学生的学习负担,提高教学质量》(1982.12),载《辛安亭论教育》;《甘肃教育》1983 年第 7 期同名发表。

86.《历史人物的选取和写法》(1983.3),《与青年朋友谈治学》,中华书局 1983 年版。

87.《崔述及其〈无闻集〉》(1983.4),载《西北师院学报》(社科版)1983 年第 2 期。

88.《办好师范教育是振兴教育的关键》(1984.1),载《天水师范学院学报》1984 年第 1 期。

89.《我与语文教学——三十多年来我在中小学语文教学方面的主要意见》(1984.8),载《西北师院学报》(社科版)1984 年第 4 期;《辛安亭论教材》选取少部分内容,标题改为《对语文课及其教材内容改革的意见》。

90.《"进山"六年》(1985.1),载《中学生文史》1985 年第 1 期。

91.《普通教育是人才成长的根基》(1985.1),载《甘肃教育》1985 年第 1 期。

92.《〈现代普通教育管理学〉序》(1985.10),载《甘肃教育》1985 年第 10 期。

93.《陕甘宁边区对教材的改革》(1986.6),载《西北史地》1986 年第 3 期。

94.《陕甘宁边区部分教材介绍》(1986.6), 载《西北师院学报》(社科版)1986 年第 3 期。

95.《子贡是孔子弟子中最杰出的人物》(1986.6),载《兰州大学学报》(社科版)1986 年第 3 期。

96.《延安时期在职干部教育》(1987.2),载《丝路论坛》1987 年第 1 期。

97.《我国历代的民族团结政策》(1987.4),载《丝路论坛》1987 年第 2 期。

98.《孔子论教学与论学习》(1987.8),载《西北师院学报》(社科版)1987 年第 4 期。

99.《江隆基同志的教育思想与优良品质》(1987.8),《纪念江隆基论文集》,兰州大学出版社 1987 年版。

100.《〈外国历史人物〉前言》(1988.1),载《外国历史人物》第一分册,兰州大学出版社 1988 年版,收入《辛安亭论教材》。

101.《谈精神文明建设》(1988.3),《理论与改革》1988 年第 3 期。

102.《旧社会一位杰出的教育工作者张修》(1988.8),载《西北师院学报》(社科版)1988 年第 4 期)。

103.《我国历史上对人才的论述和使用》(1989.1),载《甘肃人事》1989 年第 1 期。

104.《〈中国著名历史人物选〉前言》(1995.9),载《中国著名现代人物选》,甘肃人民出版社 1995 年版,收入《辛安亭论教材》。

105.《论韵二编写的识字教材》(遗作),载《钟情启蒙 执著开拓——纪念著名教育家辛安亭诞辰 100 周年》,兰州大学出版社 2004 年版(以下从略)。

106.《全国解放以后对中小学语文教学改革方面的主张与成效》(遗作),载《钟情启蒙 执著开拓——纪念著名教育家辛安亭诞辰 100 周年》。

107.《纪念蔡元培先生逝世四十周年——兼怀张修校长》(遗作),载《钟情启蒙 执著开拓——纪念著名教育家辛安亭诞辰 100 周年》。

108.《孔子的中庸之道——辩证法思想》(遗作),载《钟情启蒙 执著开拓——纪念著名教育家辛安亭诞辰 100 周年》。

109.《中庸初探》(遗作),载《钟情启蒙 执著开拓——纪念著名教育家辛安亭诞辰 100 周年》。

《陇上学人文存》已出版书目

第四辑

《刘天怡卷》赵　伟编选　　《韩学本卷》孔　敏编选
《吴小美卷》魏韶华编选　　《初世宾卷》李勇锋编选
《张鸿勋卷》伏俊琏编选　　《陈　涌卷》郭国昌编选
《柯　杨卷》马步升编选　　《赵荫棠卷》周玉秀编选
《多识·洛桑图丹琼排卷》杨士宏编选
《才旦夏茸卷》杨士宏编选

第五辑

《丁汉儒卷》虎有泽编选　　《王步贵卷》孔　敏编选
《杨子明卷》史玉成编选　　《尤炳圻卷》李晓卫编选
《张文熊卷》李敬国编选　　《李　恭卷》莫　超编选
《郑汝中卷》马　德编选　　《陶景侃卷》颜华东　闫晓勇编选
《张学军卷》李朝东编选　　《刘光华卷》郝树声　侯宗辉编选

第六辑

《胡大浚卷》王志鹏编选　　《李国香卷》艾买提编选
《孙克恒卷》孙　强编选　　《范汉森卷》李君才　刘银军编选
《唐　祈卷》郭国昌编选　　《林家英卷》杨许波　庆振轩编选
《霍旭东卷》丁宏武编选　　《张孟伦卷》汪受宽　赵梅春编选
《李定仁卷》李瑾瑜编选　　《赛仓·罗桑华丹卷》丹　曲编选

第七辑

《常书鸿卷》杜　琪编选　　《李焰平卷》杨光祖编选
《华　侃卷》看本加编选　　《刘延寿卷》郝　军编选
《南国农卷》俞树煜编选　　《王尚寿卷》杨小兰编选
《叶　萌卷》李敬国编选　　《侯丕勋卷》黄正林　周　松编选
《周述实卷》常红军编选　　《毕可生卷》沈冯娟　易　林编选

第八辑

《李正宇卷》张先堂编选　　《武文军卷》韩晓东编选
《汪受宽卷》屈直敏编选　　《吴福熙卷》周玉秀编选
《寒长春卷》李天保编选　　《张崇琛卷》王俊莲编选
《林　立卷》曹陇华编选　　《刘　敏卷》焦若水编选
《白玉岱卷》王光辉编选　　《李清凌卷》何玉红编选

第九辑

《李　蔚卷》姚兆余编选　　《郝慧民卷》戚晓萍编选
《任先行卷》胡　凯编选　　《何士骥卷》刘再聪编选
《王希隆卷》杨代成编选　　《李并成卷》巨　虹编选
《范　鹏卷》成兆文编选　　《包国宪卷》何文盛　王学军编选
《郑炳林卷》赵青山编选　　《马　德卷》买小英编选